Hans-Jochen Gamm
Der Flüsterwitz im Dritten Reich

SERIE PIPER
Band 1417

Zu diesem Buch

Der Witz, eines der letzten Relikte mündlicher Erzähltradition, vermittelt gerade in Zeiten politischer Zensur ein Bild von der wahren Stimmung in der Bevölkerung. In der um zeitgeschichtliche Daten erweiterten Neuausgabe seines berühmten Werks untermauert Hans-Jochen Gamm seine These, daß der politische Flüsterwitz im Dritten Reich die Waffe des kleinen Mannes gegen den allgegenwärtigen Unterdrückungsapparat war, und gleichzeitig ein Zeugnis der Ohnmacht und Resignation einer Bürgerschaft, die ihre Mündigkeit nicht erprobt hat.

Von der Machtergreifung bis zu den Nürnberger Prozessen chronologisch angeordnet und ausführlich kommentiert läßt sich die Anthologie gewissermaßen als Geschichte des Nationalsozialismus »von unten« lesen. Ein Nachwort erläutert außerdem die Geschichte des politischen Witzes und die Sonderstellung der Witze im Dritten Reich.

Hans-Jochen Gamm, geboren 1925, Professor für Allgemeine Pädagogik an der Technischen Hochschule in Darmstadt, befaßte sich bei seiner wissenschaftlichen Arbeit vornehmlich mit dem Nationalsozialismus. Zu seinen wichtigsten Veröffentlichungen zählen: »Der braune Kult« (1962), »Führung und Verführung« (1963), »Judentumskunde« (1966), »Umgang mit sich selbst« (1977), »Pädagogische Ethik« (1988).

Hans-Jochen Gamm

Der Flüsterwitz im Dritten Reich

Mündliche Dokumente zur Lage der Deutschen während des Nationalsozialismus

Piper
München Zürich

ISBN 3-492-11417-2
März 1993
R. Piper GmbH & Co. KG, München
Lizenzausgabe mit Genehmigung des Paul List Verlags, München

Umschlag: Federico Luci
Satz: Fotosatz Leingärtner, Nabburg
Druck und Bindung: Clausen & Bosse, Leck
Printed in Germany

Inhalt

I Einführung

II Quellenteil

III Anhang

I Einführung

Kapitel 1

Der politische Witz 1933-1945 und das gesellschaftliche Bewußtsein in Deutschland

Während der nationalsozialistischen Herrschaft in Deutschland entstanden die in diesem Buch gesammelten, ausgewählten und kommentierten 371 politischen Witze; damals wurden sie hinter vorgehaltener Hand weitererzählt. Vorsichtsmaßnahmen empfahlen sich, weil das Regime unverzüglich gegen solche einschritt, die durch ironische Bemerkungen auf die Unstimmigkeiten zwischen idealem Anspruch und politischer Wirklichkeit verwiesen und damit zweifellos so etwas wie Gegenpropaganda betrieben. Joseph Goebbels, der für »Volksaufklärung« zuständige Minister, konnte trotz seiner zweifellos beachtlichen Fertigkeiten in der Massenpropaganda nicht verhindern, daß sich eine Art sarkastischer Opposition während der Diktatur nach 1933 beständig anzeigte und daß deren Produkte in Breslau und Königsberg, in Flensburg, Freiburg oder anderswo umliefen. Dies aber blieb ein Pfahl im Fleisch des faschistischen Systems, das seinem politischen Ansatz nach uneingeschränkte Kontrolle erstrebte, bedingungslose Treue forderte, weil sonst dessen imperialistische Absichten nicht hätten verwirklicht werden können. Eine kritisch eingestellte, zur Analyse gesellschaftlicher Interessen gerüstete Bevölkerung ließ sich den hegemonialen Ansprüchen nicht bedingungslos unterwerfen. Die intellektuellen Abweichler mußten folglich dingfest gemacht werden. Ihre vom heutigen Standpunkt aus vielleicht eher harmlos anmutenden Witze wurden von den Machthabern gefürchtet und als subversive Tätigkeit eingestuft.

Indessen sind diese Materialien in einem spezifischen Sinne ambivalent. Zweifellos enthalten sie durchaus Kritik an der offenen Diktatur und schließen damit auch Elemente von Widerstand ein; andererseits bleiben sie in der Grauzone der Feigheit. Heimlich nehmen sie den Mund voll, und ihre Träger konnten sich gleichwohl als fügsame Gehilfen in die große Terrormaschine namens Faschismus einbauen lassen. Selbst die politischen Kader jenes Systems waren dem regimekritischen Witz nicht abhold. Nirgends hat dieses intellektuelle Produkt nachweislich Widerstand ausgelöst; ob es als Ferment des faktischen Widerstands gelten darf, läßt sich schwer beurteilen. Die Ambivalenz liegt schlicht darin, daß die Kolportage von Witz lustbesetzt ist und der Witzeerzähler seinen Spaß darin findet, mit überraschenden Pointen aufzuwarten, sich als Besserwisser und überlegener Interpret anerkennen zu lassen. Mithin haben jene Witze ihre damaligen Zwischenträger einerseits gefährdet, sofern sie in die falschen Ohren gerieten; andererseits haben die Kolporteure sich dadurch moralisch nicht aufgerüstet. Sie fochten für die Nazis bis zum bitteren Ende und bleiben mitverantwortlich für die Greuel, die seitdem mit dem deutschen Namen verbunden sind.

Wie der politische Witz im damaligen Deutschland tatsächlich ein allgegenwärtiges Phänomen gewesen sein muß, erfuhr ich, als ich vor einem Vierteljahrhundert die erste Auflage dieses Buches veröffentlichte. Auf keine andere meiner Schriften habe ich eine so große Anzahl von Briefen erhalten. Der Tenor jener Schreiben war weitgehend der gleiche. Einer subjektiv gehaltenen Stellungnahme über den Nutzen des Buches folgte zumeist die Variante, wie man diesen oder jenen Witz in Bayern, Schwaben, Schlesien oder Schleswig-Holstein abweichend erzählt habe. Die Lektüre des Buches hatte also einerseits Erinnerungen an psychische Prozesse während des offenen Faschismus lebhaft aktiviert, zum anderen aber auch gewisse Dubletten im Material hervortreten lassen. Überprüfte ich nun die verschiedenen Ausformungen, so zeigte sich das landsmannschaftliche Kolorit der Witze; ihr Kern aber blieb davon zumeist unberührt. Das war bei wechselnden Gewändern und Namen die Pointe. Darin sehe ich einen sicheren Indikator für übergreifend politisch-atmosphärische Bedingungen im damaligen Deutschen Reich.

Mit dieser Erkenntnis beantwortet sich zudem die Frage, ob denn alle Deutschen etwas von den verbrecherischen Seiten des faschistischen Systems hätten wissen können. Alle wußten davon, sofern sie nicht schwachsinnig waren oder allgemein Wahrnehmbares verdrängten. Behaupteten manche nach 1945, sie hätten von der Existenz deutscher Konzentrationslager nie erfahren, so wäre die Lesefähigkeit zu bezweifeln. Im Brockhaus (Leipzig, 1937, Bd. 2) findet sich folgender Artikel über Konzentrationslager:

> **Konzentrationslager 1**) während eines Krieges ein Lager für die Festhaltung von Zivilgefangenen oder von Truppen, die auf neutrales Gebiet übergetreten sind. **2**) im Deutschen Reich ein polizeilich beaufsichtigtes und bewachtes Unterkunftslager, in dem Personen zeitweise festgehalten werden, um das Aufbauwerk der Regierung nach der nationalsozialist. Revolution von 1933 nicht zu gefährden. Es handelt sich dabei um Anhänger des Bolschewismus, in dem der Nationalsozialismus den Todfeind aller europ. Kultur sieht, oder um Personen, die sich durch Bestechlichkeit, Charakterlosigkeit, unsoziales Verhalten usw. als politisch haltlos oder gefährlich erwiesen oder die Verrat an der nationalsoz. Aufbauarbeit und an der Volksgemeinschaft begangen haben. Sie werden in Gruppen zusammengefaßt und zu nutzbringender Arbeit angehalten. Die meisten K. sind nach Befriedung der Verhältnisse wieder aufgelöst worden.

Über die literarische Informationsmöglichkeit hinaus aber ist jeder Deutsche jener Jahre selbst auf verbrecherische Machenschaften gestoßen, beziehungsweise hat durch Angehörige, Freunde oder Bekannte davon erfahren. Millionen deutscher Soldaten, die im Osten bei der Wehrmacht stationiert waren, sind zweifellos auch zu Informationen gelangt, die mit der Ermordung jüdischer Menschen vor allem in Polen und in der Sowjetunion zu tun hatten.[1]

Wie allgemein bekannt die Existenz der Konzentrationslager gewesen sein muß, geht aus der Ortsbezeichnung »Dachau« hervor, was damals als Stätte der »Umerziehung« für politisch Andersdenkende oder für verfemte Minoritäten galt. In einer deutschen Provinzzeitung des Jahres 1937 findet sich folgender Beleg, der als exemplarisch gelten darf:

> Ein Unbelehrbarer
> **Betriebsführer sabotiert Gemeinschaft**
> Unglaubliches Verhalten der Schuhfabrik X. Bernhard in Rodalben
>
> Wie gewisse Unternehmer ihre Pflichten gegenüber dem Staat und seinem Träger, der nationalsozialistischen Bewegung, die sie in vielen Fällen vor der Krise, wenn nicht gar vor dem Zusammenbruch gerettet haben, auffassen, beweist das Verhalten der Jugendschuhfabrik *Xaver Bernhard* in *Rodalben*. Diese Firma ging von der Kurzarbeit zur Vollbeschäftigung der Arbeiter über, gemäß einer Anordnung des Reichsbeauftragten des Vierjahresplanes. Aus diesem Grunde wurde vom Treuhänder der Arbeit die Genehmigung zur Entlassung von 30 Arbeitern erteilt.
>
> Soweit geht also die Sache in Ordnung. Besondere Beachtung verdient aber die *Auswahl*, die die Firma für die zu entlassenden Arbeitskräfte getroffen hat. Für jeden anständigen Betriebsführer wäre es eine Selbstverständlich-

keit gewesen, Männern, die sich um die nationalsozialistische Bewegung verdient gemacht haben, ihren Arbeitsplatz zu erhalten. In einem Betriebsappell wurde dem Betriebsführer von dem Vertreter der Deutschen Arbeitsfront auch ausdrücklich zur Auflage gemacht, diesen Gesichtspunkt zu berücksichtigen.

Was geschah aber! Alte SA-Leute setzte man auf die Straße, während man einen Arbeiter, der schon wegen Vergehens gegen das Heimtückegesetz Bekanntschaft mit Dachau gemacht hatte, für würdig hielt, weiter der Betriebsgemeinschaft anzugehören. Und blutiger Hohn und eine Frechheit, für die es keine Bezeichnung mehr gibt, war es, wenn irgendeiner der Zurückgebliebenen den Hinauswurf der SA-Männer mit den Worten »SA marschiert« begleitet.

Von welchem Geist die Betriebsführung beherrscht wird, ergibt sich aus ihrer »großen Steuerfreudigkeit«. Obwohl sie bei gutem Willen dazu in der Lage gewesen wäre, sabotierte sie ihre Steuerzahlungspflicht und erst auf Drängen seiner Verwandten bequemte sich Bernhard zur Erfüllung seiner Verpflichtung gegenüber der Allgemeinheit. *Wie Schuppen fällt es einem aber von den Augen, wenn man sich die Vertreter-Liste dieses »Volksgenossen« näher ansieht.* Da finden wir:

1. Die Heros-Schuhgesellschaft m.b.H. (jüdisch)
2. Heule und Hamburger (jüdisch)
3. Eugen Ring (jüdisch)
4. Walter Schmeidler (jüdisch)
5. Fritz Wassermann (jüdisch)

Das sind also lauter Angehörige des edlen Stammes Davids. Sollte sich wirklich kein einziger Arier unter den Vertretern befinden? Doch halt! Einen haben wir vergessen! Der sechste im Bunde ist der Arier Paul Bernhard und – der Bruder des Betriebsführers.

Bedarf es noch weiterer Worte, um diesen Typ des deutschen Unternehmers, wie er nicht sein soll, zu charakterisieren? Kann man überhaupt scharf genug sprechen, um die gemeinschaftsfeindliche Haltung dieses Saboteurs am Aufbau unseres Staates zu kennzeichnen. Wir aber verwahren uns zusammen mit jedem deutschen Volksgenossen und vor allem mit jedem anständigen Unternehmer dagegen, daß man brave SA-Männer und treue Anhänger der Bewegung schlechter stellt als Gegner und Feinde der Volksgemeinschaft und des Staates.

Solche Betriebsführer sind im nationalsozialistischen Staate untragbar. Bernhard hat durch sein Verhalten in diesem Falle sowie durch seine seitherige Einstellung das Recht verwirkt, Führer einer Betriebsgemeinschaft zu sein und wird nun die Folgen zu tragen haben.[2]

Der kleine Bericht ist aus mehreren Gründen für das hier verhandelte Thema aufschlußreich. Zum einen zeigt er sozusagen die Gemengelage des politischen Bewußtseins unter deutschen Arbeitern. In der genannten Schuhfabrik genießen die faschistischen Betriebsangehörigen, zumeist SA-Leute, offenbar kein Ansehen. Vielleicht hatten sie sich seit der Machtübertragung an Hitler am 30. Januar 1933 ihren Anteil an Herrschaft dadurch gesichert, daß sie sich der politisch nicht gleichsinnigen Mitarbeiterschaft gegenüber als den verlängerten Arm ihres Führers auswiesen, sich durch Denunziation oder andere mögliche erpresserische Formen hervortaten. Bei einer der Verwertungskrisen des Kapitals nun hatte der Unternehmer gerade die rührigen Nazis entlassen. Auch dies ist eine Art Psychogramm der Kapitaleigner; in den wenigsten Fällen dürften sie aktive Hitler-Anhänger gewesen sein, denn ihre Sorge um die Verwertungsprozesse stand primär; solche aber verliefen ökonomisch, nicht politisch-weltanschaulich. Produziert wurde demnach, wo Arbeitskraft und Kapital sich vorfanden. Erwies sich die Arbeitskraft bei den Nicht-Faschisten als qualifizierter, so waren die Unternehmer schnöde genug, diese den eingeschriebenen Nazis gegenüber vorzuziehen, was wiederum den zornigen Protest der Redakteure herausforderte, denn diese liefen an der langen Leine des Joseph Goebbels, und ihre weitere Existenz hing eindeutig vom Wohlwollen des »Reichsministers für Volksaufklärung und Propaganda« ab. Spürten sie in ihren Provinzblättern regimefeindliche Aktivitäten auf, so durften die Zeitungsleute wiederum einen Bonus aus Berlin erwarten, denn sie verfügten nur über entliehene Produktionsmittel.

Was nun das Stichwort »Dachau« angeht, so heißt es in dem hier zitierten Artikel gänzlich ohne Umschweife, daß jemand bereits »Bekanntschaft mit Dachau« gemacht habe und gleichwohl in der »Betriebsgemeinschaft« verblieb. Dergleichen Formulierungen sind nur üblich, wenn Reporter voraussetzen dürfen, daß die gesamte Leserschaft sogleich voll im Bilde ist, mithin sozialpsychologisch geläufige Inhalte lediglich anzurühren sind. Das ist in diesem Falle evident und zeigt, was an Tabu-Wörtern nur benannt zu werden brauchte, um immer auch die Drohung mit der Geheimen Staatspolizei (Gestapo) mitschwingen zu lassen, Stillschweigen zu wahren, Widerspruch unter der Decke zu halten. Das Klima der mentalen Korruption während der faschistischen Epoche bleibt als Hintergrund der folgenden Ausführungen zu erinnern. »Bekanntschaft mit Dachau« heißt, sich schmerzhafte Lehren für das angepaßte Dasein in totalitären Regimen einzuprägen.

Der besagte Artikel darf schließlich noch für die Genese eines politischen Witzes bemüht werden, die für andere mündliche Dokumente weniger leicht zu erbringen ist. Bei der Entlassung jener SA-Leute aus der Schuhfabrik Bernhard hieß es, ein Betriebsangehöriger hätte dazu höhnisch bemerkt »SA marschiert . . .«. Damit verknüpfte sich der böse Spott über einen als fast heilig geltenden Gesang. Es handelte sich nämlich um die Zeile des sogenannten Horst-Wessel-Liedes, das durch Verfügung der Reichsregierung seit 1933 neben dem Deutschland-Lied Hoffmann von Fallerslebens als zweiter Teil der Nationalhymne bestimmt wurde. Der Text von Horst Wessel war in der ersten und vierten Strophe identisch und lautete:

> »Die Fahne hoch, die Reihen dicht geschlossen,
> SA marschiert mit ruhigfestem Schritt.
> Kamraden, die Rotfront und Reaktion erschossen,
> marschiern im Geist in unsern Reihen mit.«

Wenn nun diesem wahrlich dürftigen Text die Zeile »SA marschiert . . .« in verfremdender Absicht entnommen wurde, so kam es einem Sakrileg in Witzform gleich. Denn der Marschtritt der SA symbolisierte das Selbstverständnis der »Bewegung«. Wer »SA marschiert . . .« als Rausschmiß wie bei den Beschäftigten in der Lederbranche auffaßte, wurde am »Werk des Führers« schuldig, weil er es als Doppelzüngler tat und kultische Texte frech verkehrte. Der drohende Unterton in der Berichterstattung deckt die Konsequenzen auf. So ist die Atmosphäre gekennzeichnet, in der sich die Elemente für den Protest fanden.

Überall im Deutschen Reich müssen vergleichbare Bedingungen vorhanden gewesen sein, um den Witz zünden zu lassen. Die politische Pression von oben schuf sich bei den Gedrückten unten ein schwaches Ventil in Form der abschätzigen Bemerkung über symbolische Gehalte oder offenkundig kompromittierte Führerfiguren. Daraufhin erfolgte eine finstere Warnung von oben, gelegentlich auch ein direkter Zugriff auf identifizierte Verbreiter solcher Materialien. Dazu verhalf das Gesetz über die *Heimtücke* (vgl. S. 231 f.) und später gegen die »Zersetzung der Wehrkraft« (vgl. S. 233 f.). Indessen war die Sache damit nicht aus der Welt; sie quirlte als völkischer Bodensatz weiter, weil das generell Falsche der Situation dem wachen Bewußtsein nicht entging. So huschte der politische Witz wie ein Irrlicht durch das Reich, tauchte allenthalben auf, blieb in seinen Ursprüngen unfaßbar. Er bildete potentiell eine Quelle von regsamem Unmut bei verhaltener

Mittäterschaft, stiftete latente Opposition, ohne doch, soweit wir wissen, je in Widerstand umzuschlagen. Dieser bereits erwähnte halbherzige Abstand des politischen Witzes macht ihn zu einem nicht endgültig fixierbaren Faktor der gesellschaftlichen Ortsbestimmung, es sei denn, man lasse es sich mit der Aussage genügen, es handele sich um Dokumente des Nonkonformismus, die sich in totalitären Verhältnissen ständig eröffnen und »den Menschen« als das zum Widerspruch neigende Wesen charakterisieren. Doch dürfte mit dieser anthropologisch-phänomenologischen Betrachtungsweise wenig gewonnen sein, wenn der politische Witz als Mittel der Interpretation für das System des deutschen Faschismus herangezogen werden und damit als Hilfe zur Aufarbeitung der Zeitgeschichte dienen soll.

Auf die Verunglimpfung der SA durch deutsche Arbeiter vor dem Zweiten Weltkrieg im dargebotenen Beispiel soll durch einen Beleg aus den letzten Jahren der faschistischen Herrschaft, das heißt seit der Kriegswende von Stalingrad, zurückgegriffen werden. Ich habe als Soldat an der Ostfront im Winter 1944/45 erlebt, wie die Zeile aus dem Horst-Wessel-Lied ironisch wiederkehrte. Dazu ist an das von Norbert Schultze vertonte Kampflied für den Überfall auf die Sowjetunion am 22. Juni 1941 zu erinnern, dessen zweite Strophe lautet:

> »Den Marsch von Horst Wessel begonnen im braunen Gewand der SA,
> vollenden die grauen Kolonnen: Die große Stunde ist da!
> Von Finnland bis zum Schwarzen Meer,
> vorwärts, vorwärts! Vorwärts nach Osten du stürmend Heer!
> Freiheit das Ziel, Sieg das Panier!
> Führer, befiehl! Wir folgen Dir!«

Uns wurde in jenem bitterkalten letzten Kriegswinter versprochen, frische Einheiten seien auf dem Marsch, um in die Abwehrschlachten gegen die Rote Armee einzugreifen, da wir angesichts der erdrückenden Übermacht der Sowjets, insbesondere ihrer Panzerwaffe, von einer Riegelstellung zur anderen zurückverlegen mußten, damit überhaupt noch so etwas wie eine Frontlinie zustande kam. Damals lief in unseren ausgebluteten Kompanien das Wort um, die »Horst-Wessel-Regimenter« würden nächstens eingreifen und uns Entlastung schaffen. Das politische Wortspiel bezog sich auf die Passage jenes bereits zitierten Liedes »Kameraden, die Rotfront und Reaktion erschossen, marschiern im Geist in unsern Reihen mit«. Vielleicht konnte eine mißbrauchte Armee die vom Propaganda-Ministerium in Umlauf gesetzten Parolen und Lügen nicht bissiger entlarven, als es hier geschah: »Horst-Wessel-Regimenter« als Geister-Truppen, vorgetäuschte militärische Ressourcen, die es längst nicht mehr gab, sowenig wie die »Armee Wenck« im April 1945, die den von der Roten Armee um Berlin geschlossenen Ring aufsprengen sollte.

Wenn wir damals inmitten der gigantischen Rückzugsbewegungen unseres bereits geschlagenen Heeres das Wort von den nunmehr bald eintreffenden Geister-Divisionen kolportierten, so schufen wir einen politischen Witz mit nihilistischem Charakter. Er zeigte, daß wir gänzlich am Ende unserer soldatischen Kompetenz angekommen waren und *doch* weiterkämpften.

An diesem Beispiel ist noch einmal die eingangs benannte Ambivalenz des politischen Witzes unter dem offenen Faschismus zu fassen: der leichtfertige Spott in einer tödlich ernsten Situation über Hitler und seine willfährigen Helfer im OKW (Oberkommando der Wehrmacht), die Ironie über Führerkult und Horst-Wessel-Legende. Beide, vom Propaganda-Ministerium geschickt inszeniert, hielten uns nicht davon ab, bis zur militärischen Kapitulation weiterzukämpfen und dann in die Kriegsgefangenschaft zu gehen. Keiner von uns damals jungen Leuten hatte zudem bereits erkannt, daß die der Angst abgetrotzte Tapferkeit dazu diente, die Todesmühlen der faschistischen Ausrottungspolitik beweglich zu erhalten. Der Schritt zur Revision der Vergangenheit blieb auch für viele später schwer, weil sie einen Abschnitt ihrer Lebensgeschichte als verfehlt hätten erkennen und abarbeiten müssen. Damals jedoch – und es sollte festgehalten werden – verhalf der politische Witz im entstellten Vokabular von Horst Wessel einerseits zur ironischen Distanzierung gegenüber dem Verrat unserer militärischen Führungsspitze, andererseits hielt er uns nicht davon ab, in deren Sinne das militärische Handwerk bis zum vollständigen Sieg der alliierten Armeen über uns fortzusetzen. Zur weiteren Vernebelung des Bewußtseins verhalf, daß uns in den letzten Kriegsmonaten an der Ostfront mit den perfidesten Propagandatechniken der Schutz der deutschen Zivilbevölkerung als höchstes sittliches Gebot eingehämmert und die Rotarmisten als Bestien dargestellt wurden. So vollzogen wir durch den politischen Witz eine Art psychischer Entlastung für das von uns mitverschuldete Elend. Die Konsequenz jedoch entfiel, die Gewehre statt auf die anstürmenden Feinde auf die eigenen Oberkommandierenden zu richten.

An Zusammenhängen von Lebensgeschichte und sozialem Umfeld läßt sich zeigen, daß der politische Witz zwar durchaus subjektiv aufbricht, zugleich aber auch generelle Züge annimmt, weil er sich auf verallgemeinerbare Situationen bezieht. Das gilt für die Epoche des deutschen Faschismus und seinen Konformitätsdruck überall. Dabei vertrete ich das heuristische Prinzip, daß sich die Urheberschaft für die politischen Witze im einzelnen zwar kaum ausmachen läßt, daß diese sozialpsychologisch wichtigen Materialien aber zeitgeschichtliche Zuordnungen und damit ein in der Faschismusforschung üblich gewordenes Epochenschema auch auf die politischen Witze zwischen 1933 und 1945 anzuwenden erlauben. Von vier Abschnitten wäre auszugehen:

- 1. Epoche 1933-1935
  Der Faschismus in der Phase seiner Machtsicherung;
- 2. Epoche 1936-1939
  Der Faschismus in der Phase seiner relativen Stabilität;
- 3. Epoche 1940-1943
  Der Faschismus in der Entfesselung des Zweiten Weltkriegs, in seinen militärischen Anfangserfolgen und in seinen systematischen Verbrechen;
- 4. Epoche 1943-1945
  Der Faschismus in der Phase des verstärkten Terrors nach innen und der militärischen Niederlage mit den Anzeichen resignativer Stimmung in der Bevölkerung.[3]

Innerhalb solcher weitgefächerten Prozesse haben sich die formativen Kräfte für den politischen Witz zweifellos mannigfach verändert, sich an aktuellen Lagen orientiert, Tendenzen aufgegriffen, Stimmungsschwankungen festgehalten, Erbitterung und Haß durch Ironie zu kompensieren versucht. Das gesellschaftliche Bewußtsein war beunruhigt. Böses Gewissen und trotzige nationale Behauptung, Identifizierung mit dem Faschismus und zögerliches Abrücken von ihm hielten einander die Waage. Das politische System blieb von innen unangefochten, die Widerstandsgruppen vermochten die Klammer ernstlich nicht aufzubrechen. Eine Art psychischer Fatalismus breitete sich, je länger, desto mehr, in der Bevölkerung aus, zumal die Ahnung einer künftigen richterlichen und moralischen Bilanz durch eben dieses Verhalten gleichzeitig kaum beschwichtigt werden konnte.

Zwar zogen die Deutschen 1939 mit nachweislicher

Beklommenheit in den Krieg; die Euphorie von 1914 wiederholte sich nicht. Doch nahmen sich die ersten militärischen Erfolge so überwältigend aus, daß die Skeptiker mitgerissen wurden. Frankreich, das im Ersten Weltkrieg unerschüttert standhielt, kapitulierte 1940 nach sechs Wochen; die polnische Armee war in achtzehn Tagen zerschlagen; Holland und Belgien, Dänemark und Norwegen wurden handstreichartig besetzt, so daß sich die von der Propaganda eingebrachte Formel »Blitzkrieg« bei der Bevölkerung durchsetzte. In Hinsicht auf die politische Bildung ergab sich eine betrübliche Bilanz: Die Deutschen erbauten sich an der Oberfläche des Kriegsgeschehens, ohne zur Analyse der strategischen Kräftepotentiale voranzukommen (Witz *9*).* Opportun war damals, am Sieg des Faschismus festzuhalten, denn er trug denen, die mitmachten, Beförderungen, Orden, Ruhm und Ehre in reichlichem Maße ein. Für das übrige Europa brachte die deutsche Besatzung demütigende Verhältnisse und eine mörderische Rassenideologie.

So wurde ich mit dem Phänomen des politischen Witzes in Deutschland vertraut. Meine Schulzeit lag zwischen 1931 und 1943, war also durch den Griff der Faschisten auf die junge Generation gekennzeichnet. Schule war der Ort, wo traditionelle Verwaltungsbürokratie, Hitler-Jugend, NSDAP und Reichserziehungsministerium miteinander in Dauerfehde lagen, denn alle wünschten, Einfluß auf das Weltbild der Nachwachsenden zu nehmen. Der politische Witz spiegelt dabei die Schwäche des Reichserziehungsministers (*120*). Wer damals eine höhere Schule besuchte und seit dem 1. Dezember 1936 durch das Reichsjugendgesetz zugleich zwangsweise Mitglied der Hitler-Jugend war, erfuhr den Wirrwar der Kompetenz selbst, denn die Herrschaftspyramide des Faschismus war

* Die Witze in dieser Sammlung sind durchnumeriert und mit kursiven Zahlen angegeben. In diesem Falle handelt es sich um den Witz Nummer *9* von der Bäuerin und dem Globus.

zwar stringent aufgebaut, doch konkurrierten und wühlten die verschiedenen »Reichsleiter« mehr oder weniger offen gegeneinander, was Hitler Gelegenheit bot, in letzter Instanz jede Entscheidung an sich zu ziehen.

Die »Führerbefehle« gerieten deshalb im Fortgang des Krieges zu unwiderruflichen Impulsen (Beispiel S. 236 f.). Einander überkreuzende Befehlsverhältnisse kennzeichneten im Faschismus die Wirklichkeit des politischen Systems und hielten nach unten das Furchtsyndrom lebendig, von mancherlei unterschiedlichen »Hoheitsträgern« belangt zu werden. Diese Erfahrung spiegelte sich auch im politischen Witz (vgl. *38*); zudem bietet er eine mentale Dokumentation eigentümlicher Art, die zum Verständnis der intersubjektiven Vorgänge im damaligen Deutschland beizutragen vermag.

In jenem Klima also habe ich meine Schulzeit verbracht und 1943 die Reifeprüfung abgelegt. Damals boten sich Einblicke in gesellschaftliche Vorgänge, die nur unter widersprüchlichen Voraussetzungen wahrnehmbar waren. Aufgeschlossene Jugendliche jener Jahre bemerkten, daß mit zwei Zungen gesprochen wurde. Die geforderte Akklamation erbrachte man nach außen; innerhalb der Familie oder bei bewährten Freunden ließ sich die wirkliche Gestimmtheit äußern. Bertolt Brecht bietet in seiner Szenenfolge *Furcht und Elend des Dritten Reiches* ein Beispiel,[4] daß nach freimütigen politischen Bekundungen ein Elternpaar plötzlich unsicher wird, ob der eigene Sohn sie nicht verriete. Selbst für den familiären Intimbereich also blieb Denunziation nicht ausgeschlossen, während sie den Alltag des sogenannten Dritten Reiches durchgehend charakterisierte. Niemand wußte, ob er nicht ein Wort zuviel gesagt oder durch sonstiges Verhalten zu erkennen gegeben habe, daß er nicht »hinter dem Führer« stünde. Der Witz (*11*) hält diese Beklommenheit fest, die selbst wieder zum Witz wurde.

Wir nahmen als Jugendliche die unterschiedlichen Ebenen politischen Verhaltens wahr. Dazu trat ein in jener Altersphase zweifellos starkes erotisches Sensorium, welches in manchen umlaufenden politischen Witzen aufspürbar war und uns vorenthaltene Informationen zutrug. Die den Faschismus durchwirkende kleinbürgerliche Prüderie, die trotz der provokativen Betonung von Körperlichkeit galt, brachte für meine Generation eine typische Verschleierung des anderen Geschlechts mit sich. Wer keine Schwestern hatte, konnte Mädchen eigentlich nur bedingt kennenlernen, denn Koedukation war verpönt. Dieses Moment des anhaltenden Viktorianismus, den ich an anderer Stelle untersucht habe,[5] galt noch generell, bevor in den Jahren nach dem Zweiten Weltkrieg die sogenannte repressive Entsublimierung erfolgte. Vorher allerdings hatten die Faschisten bereits als perfides Mittel genutzt, was Friedrich Koch mit einem einprägsamen Begriff die sexuelle Denunziation nannte.[6] Mit ihrer Hilfe erledigte Hitler 1934 seinen Stabschef der SA, Ernst Röhm, als Homosexuellen (vgl. die Witze *124-126*). In Wahrheit opferte er ihn der Reichswehr auf, die, aus der lästigen Konkurrenz mit der braunen Privatarmee SA erlöst, nunmehr als »einziger Waffenträger der Nation« galt und viele Offizierskarrieren eröffnete. Ähnlich lagen die Verhältnisse 1938 mit dem General Werner Freiherr von Fritsch, weil Hitler auf diese Weise den Oberbefehl über das Heer an sich ziehen und die Kriegsvorbereitungen an Stelle des zögerlichen Fritsch beschleunigen konnte. Auch Fritsch wurde der Homophilie bezichtigt und nicht in sein Amt zurückversetzt, obwohl ein »Ehrengericht« der Wehrmacht seine Unschuld feststellte. Nur am Rande sei erwähnt, daß die »sexuelle Denunziation« auch in der Bundesrepublik fortgeführt wird, wie 1985 das Verhalten von Verteidigungsminister Manfred Wörner gegenüber General Kießling oder die Umstände der Barschel-Affäre belegen.[7] Auf jeden Fall hängt Sexualität immer auch mit politischer Kultur zusammen, wie Friedrich Koch formulierte.

Der politische Witz damals wurde auch wegen seiner oft erotisch geprägten Komponenten unter den Jugendlichen weitergetragen. Beispiele für diese Typen sind die Witze *59*, *99*, *148*, *152* und *157*.

Die zweite Gelegenheit eines reflektierenden Bezugs auf den politischen Witz ergab sich während der ersten Monate in sowjetischer Kriegsgefangenschaft, als die großen Arbeitstransporte für die einzelnen Gebiete der UdSSR und Polens zusammengestellt wurden. Die Neuorientierung im Sommer 1945 unter den zu Tausenden hinter Stacheldraht gepferchten und hungernden deutschen Männern aller Dienstgrade, Truppeneinheiten und sozialen Zugehörigkeit war mühsam. Lebensgeschichte wurde abgetastet. Stand jeder Soldat in schuldhafter Beziehung zu den sich langsam enthüllenden Verbrechen gegen die Menschheit?

Jene Lagergespräche hoben das Verdrängte hervor, erzwangen bittere Auseinandersetzungen mit dem, was im politischen Witz der vorausgegangenen Jahre bereits als Ambivalenz und Zögerlichkeit zu kennzeichnen war, forderten das Eingeständnis des Versagens. Es ging um Identität. Wir waren davongekommen aus dem Krieg, in Gefangenschaft geraten, aber gänzlich ungewiß, ob es für die junge Generation je eine Heimkehr nach Deutschland gebe. Als Soldaten des Feldheeres grenzten wir uns zunächst überheblich gegen die Angehörigen der Waffen-SS ab, die mit uns damals in denselben Baracken hausten. Wir hatten vermeintlich nur unsere militärische Pflicht erfüllt und die soldatische Ehre unbefleckt erhalten, während die anderen ausdrücklich für den Faschismus standen. Diese billige Ausflucht jedoch mußte in schmerzlichen Prozessen abgearbeitet werden. Für manche ehemaligen Soldaten geschah das nie; sie verblieben in der Fiktion einer vom politischen System unabhängig zu bewertenden, rein militärischen Leistung und setzten die Ideologie von der überragenden Qualität deutscher Soldaten fort, die sich im Zweiten Weltkrieg gegen vielfache Übermacht hervorragend bewährt habe und der eine spätere gerechte Geschichtsschreibung die Anerkennung nicht versagen könne.

Der letzte Bericht des Oberkommandos der Wehrmacht (OKW) vom 9. Mai 1945 formulierte pathetisch diese Aussicht; von Schuld war keine Rede.[8] Solche Selbstgefälligkeit der soldatischen Tugenden gegenüber jeder anderen europäischen Armee spiegelte sich auch im politischen Witz (*338* ff.). Der Argumentation blieb indessen verborgen, daß sie sich erst recht auf faschistisches Empfinden einließ, es werde dereinst Rehabilitation und Genugtuung geben. Von der Dolchstoßlegende nach dem Ersten Weltkrieg führte so der Weg zur faschistischen Parole: Und ihr habt doch gesiegt!

Am Ende meiner Kriegsgefangenschaft im Herbst 1949 wurde der Rückbezug auf den Flüsterwitz im Dritten Reich noch einmal aktiviert. Die für uns zuletzt verantwortliche polnische Gewahrsamsmacht wählte eine Anzahl jüngerer Gefangener aus, die vor ihrer Heimkehr nach Deutschland die Anlage des KZ Auschwitz bei Krakau besichtigen sollte. Die Begegnung vermittelte mir Anstöße, spätere Studien auf Hebraistik und Judaistik auszudehnen, um die Geschichte des Judentums, die in Auschwitz symbolisch endete, zu verstehen. Mein dritter Kontakt zum politischen Witz in Deutschland wurde entsprechend vorbereitet. Er hatte mit dem wissenschaftlichen Interesse an deutscher Zeitgeschichte zu tun, deren Zeuge und Mitträger ich gewesen war. Ich erhielt Gelegenheit zum Nachdenken während der Kriegsgefangenschaft, in der ein Teil deutscher Schuld abgetragen werden sollte.

Meine inzwischen aufgebauten Kontakte zu jüdischen Institutionen eröffneten mir auch Verbindungen zur Wiener Library in London, in der ich Ende der fünfziger Jahre einige Forschungen betrieb. Diese Bibliothek wurde von

Alfred Wiener (1885-1964) begründet. Er hatte als deutscher Jude ein Informationsinstitut und ein Dokumentationszentrum 1934 zunächst in Amsterdam, ab 1939 in London eingerichtet, dessen Aufgabe es war, Materialien über den Nationalsozialismus zu sammeln, für spätere Prozesse aufzubewahren und für die Wissenschaft zu sichern. Dort fand ich in Zettelkästen verwahrte Originaldokumente vor allem deutscher Emigranten aus dem faschistischen Herrschaftsbereich. Sie hatten, was damals im Volke über die Reichsregierung, die Parteibonzen und über die herrschende Ideologie umlief, registriert und für die Nachwelt erhalten. Im politischen Witz gelangen Momentaufnahmen einer perfiden Szenerie. Diese Dokumente waren vor allem Juden zu danken, und sie befanden sich dabei in der Tradition ihres Volkes, das in der fast zweitausendjährigen Geschichte seiner Diaspora immer wieder Demütigungen erfahren hatte, die fast nur mit einer spezifischen Form witzigen Abstandes erträglich blieben. Salcia Landmann hat uns in ihrem Buch über den jüdischen Witz darüber aufgeklärt.[9] So steht auch der Witz über die Juden unter dem Nationalsozialismus in geradezu einsamer Größe.

Aus dieser mehrfachen Begegnung mit dem politischen Witz innerhalb meiner Lebensgeschichte wurde 1963 die erste Auflage des Buches veröffentlicht. Nach 25 Jahren überarbeitete ich das damalige Konzept für die Neuausgabe. Zeitgeschichtliche Studien sind darin berücksichtigt, die Auseinandersetzung mit dem deutschen Faschismus ist weitergegangen. Auch aus dem Horizont nachwachsender Generationen wird jene Epoche sich nicht tilgen lassen, denn sie bot die weltgeschichtliche Zäsur der Humanität.

II Quellenteil

Kapitel 2

Witze gegen das neue Reich

1 Hindenburg soll eine Dame empfangen, die ihm einen großen Blumenstrauß zu überreichen gedenkt. Das Einwickelpapier will sie im Vorzimmer zur Seite tun. Da ruft ihr Staatssekretär Meißner entsetzt zu: »Lassen Sie doch um Gottes willen kein Papier hier herumliegen; der alte Herr unterschreibt es sonst sofort!«

Oder man sagte auch:

2 Die Wilhelmstraße muß mehrmals täglich gefegt werden. Einige städtische Arbeiter stehen ausschließlich dafür bereit. Denn wenn irgendwo ein Papierabfall liegenbleibt, unterschreibt Hindenburg ihn sofort.[10]

Diese bestürzende Aussage über das deutsche Staatsoberhaupt von 1925-1934, Paul von Hindenburg, eröffnet die Witze im Dritten Reich. In ihnen spiegelt sich ein Geschehen, das den Beteiligten scheinbar aus den Händen geglitten ist und unerbittlich konsequent abläuft. Am Ende rast die Mordmaschinerie, am Anfang steht eine mit heroischer Autorität umkleidete, damals bereits legendäre Feldherrngestalt. Aber dieser Paul von Hindenburg war um die Jahreswende 1932/33 ein müder Mann. Hindenburgs Qualität hatte während seiner wachen Zeit des Ersten Weltkriegs in schlichtem Gottvertrauen und unerschütterbarer monarchisch-konservativer Gesinnung bestanden. Geistige Interessen zeichneten ihn nie aus. Dank seiner militärischen Erfahrung hatte er im Verein mit dem Generalquartiermeister Erich Ludendorff 1914/15 die Russen in Ostpreußen zurückgeschlagen und schließlich den militärischen Oberbefehl bis 1918 ausgeübt. Seine politischen Einsichten überstiegen das konservative Verständnis nie, und so kann man mit Recht behaupten, er habe dem deutschen Volk in entscheidenden Stunden mehrfach falsche Ratschläge erteilt, die tief verhängnisvoll wirkten.[11] Als mit der Weltwirtschaftskrise am Ende der zwanziger und in den beginnenden dreißiger Jahren der »Trommler« Hitler, der »böhmische Gefreite«, wie Hindenburg in geographischer Fehlorientierung über den Geburtsort Hitlers (Braunau in Österreich) sagte, sich als durchgreifender Kanzlerkandidat von streng nationaler Observanz empfahl, und als schließlich auch Oskar von Hindenburg, »der in der Verfassung nicht vorgesehene Sohn« des Reichspräsidenten, für Hitler eintrat, wie übrigens auch Kronprinz Wilhelm und andere einflußreiche Gestalten des deutschen Hochadels, da unterschrieb er am 30. Januar 1933 die Ernennungsurkunde für Adolf Hitler als Reichskanzler. Er gab sich her für die »Potsdamer Rührkomödie«[12] am 21. März 1933, als in der Potsdamer Garnisonskirche in einem feierlichen Staatsakt die preußischen Pflichttugenden mit der nationalsozialistischen Unverfrorenheit verschmolzen werden sollten, was durch die Begegnung Hitlers und Hindenburgs am Sarge Friedrichs des Großen symbolisch zum Ausdruck kam, und vor allem bei der anschließenden Parade, als erstmalig neben der Reichswehr auch Hitlers braune Privatarmee, die SA-Schlägergruppen, an dem Feldmarschall vorbeiziehen durfte und damit hoffähig wurde.

Das ist der Ausgangspunkt für den bitteren Witz vom liegengebliebenen und vergessenen Abfallpapier und der Tendenz des Reichspräsidenten, jedes Blatt zu unterschreiben. Der Nationalsozialismus stellte keineswegs eine zwangsläufige politische Entwicklung in Deutschland dar, und es gab auch keine Spur von »Dämonie«, weder bei Hitler noch bei seinem Agitator Goebbels. Alles war Verkettung von Umständen und geschickte Regie.

Der Wind wirbelt immer unsignierte Blätter in den Geschichtsraum, und der Namenszug eines Bevollmächtigten beruft daraufhin. In einem arbeitsfähigen Gefüge demokratischer Kontrollinstanzen läßt sich Schlimmes verhüten. Wenn aber der Neuberufene kein höheres Ziel kannte, als die demokratischen Spielregeln selbst außer Kraft zu setzen, dies auch bereits ein Jahrzehnt früher in seinem Buch *Mein Kampf* aller Welt erklärt hatte und ihm dabei niemand in den Arm fiel, dann beginnt das Unheil. Bei dem Hindenburg-Witz ist interessant, daß der alte Feldmarschall nicht persönlich verunglimpft wird wie später die faschistischen Bonzen; sein Alter erklärt sein Versagen. Indirekt beschuldigt man vielmehr die führenden Politiker der Republik, die Hindenburg 1932 trotz seiner Senilität erneut zu einer Kandidatur um die Reichspräsidentenschaft bewogen hatten. Verantwortlich ist schließlich das gesamte Volk für die rückwärts orientierte nationalistische Politik, die sich an vaterländischem Glanz und Heldentum berauschte, statt zu erkennen, daß nur ein vorwärts gewandter demokratischer Sozialismus nüchtern und kühn über die Not hinweghelfen konnte. Psychologisch ist aufschlußreich, daß man im Volke während Hindenburgs letzter Lebensmonate, als er zunehmend entmachtet wurde, sogar Mitleid mit ihm empfand:

3 Welches ist das kleinste deutsche Konzentrationslager? Neudeck. Es hat nur einen Gefangenen: Paul von Hindenburg.

Neudeck, das Gut Hindenburgs in Ostpreußen, war durch eine Schenkung der nationalsozialistischen Regierung in seinem Bestand wesentlich vergrößert und für steuerfrei erklärt worden. Dieser Schachzug hatte Hindenburg wirklich zum Exklusivgefangenen gemacht, der auf seine Domäne verbannt war und die beginnenden schweren Rechtsbeugungen des Nationalsozialismus nicht mehr sah und wohl auch nicht mehr hätte verhindern können. Angesichts der ersten großen Verbrechen der Nazis (Judenboykott 1.4.33, Mordserien vom 30.6.34) sagte man, das alles sei nur möglich, weil Hindenburg schon gar nicht mehr da sei, *seine Rolle werde von Adele Sandrock gespielt*. Die Sandrock war seinerzeit eine berühmte Heldendarstellerin mit einer fast männlich wirkenden Altstimme. Dieser Flüsterwitz erschließt die damalige gespenstische Situation; er bekundete, daß man die traurige Funktion des Reichspräsidenten wohl ahnte, als Aushängeschild für eine skrupellose Gruppe politischer Hasardeure herhalten zu müssen.

Was sonst noch an Hindenburg-Witzen im beginnenden Dritten Reich umlief, brachte neue Akzente kaum hinzu, da die Umstände des müden Präsidenten keine weiteren Perspektiven öffneten. Die noch folgenden drei Proben bedürfen keiner Einordnung; sie sind in sich selbst verständlich.

4 Hindenburg spricht. Das Manuskript seiner Rede hält er in der Hand. Da es bei ihm aber mit dem Lesen etwas hapert, flüstert ihm sein Staatssekretär den Text vor.

Hindenburg poltert gerade den Satz in den Äther: »Es ist jetzt keine Zeit zu Festen und . . .«, als ihm Meißner rasch das ausbleibende Wort zuflüstert: »Bällen! Exzellenz!« Worauf Hindenburg getreulich ausbricht: »Wau, wau, wau!«

5 Hitler hat eine Audienz bei Hindenburg. Als dieser wieder allein ist, ruft er seinen Adjudanten zu sich und fragt ihn: »Seit wann trägt denn Brüning einen Schnurrbart?«

6 Goebbels teilt Hindenburg stolz mit, morgen werde wieder ein großer Fackelzug stattfinden. Darauf Hindenburg: »Fein, dann darf ich wieder bis zehn Uhr aufbleiben!«

Die Toleranz, die Hindenburg gegenüber bewahrt wurde, schwand im Witz gegen denjenigen, der vorgab, im Namen des deutschen Volkes zu sprechen:

7 Wer ist ein deutscher Mann?
Wer hunnisch regiert, Napoleon markiert,
in Österreich geboren,
den Bart englisch geschoren,
wer italienisch grüßt,
deutsche Mädchen Kinder kriegen läßt,
aber selber keine Kinder machen kann.
Das ist ein deutscher Mann!

Variante:

8 Wer grüßt auf römische Art
und hat einen englischen Bart?
Wer trägt die Locken Napoleon gleich
und ist geboren in Österreich?
Wer regiert wie Attila mit der Peitsche?
Adolf – der Teitsche!

Es war bereits früh ins Volk gedrungen, daß Hitlers Ehelosigkeit einen anderen Grund haben müsse als den Vorwand, er wolle seine gesamte Kraft allein dem deutschen Volk zuwenden. Man munkelte, er habe sich während des Ersten Weltkriegs eine Syphilis geholt, deren Folgen ihm nunmehr jede sexuelle Betätigung verwehrten. Hitlers progressive Paralyse hat Himmler später seinem Leibarzt, Felix Kersten, eingestanden.[13] Immerhin hat der Instinkt des Volkes früh gewittert, daß wohl nicht alles ganz richtig sei mit Adolf – dem »Teitschen«.[14]

9 Eine biedere Bäuerin kommt in das Arbeitszimmer des Lehrers und sieht zum ersten Male in ihrem Leben einen Globus auf dem Tisch stehen. Der Lehrer

bemerkt ihr Interesse und erklärt ihr den Erdball. Sie will nun wissen, wo Amerika liegt. Hier, das ist Amerika. Ja, das ist groß! Und wo ist England? Dies ist England, und alle diese Länder gehören noch dazu! Oh, das sind aber viele! Und Rußland? Hier, das ist Rußland. Oh, das ist groß! Ja, Herr Lehrer, jetzt zeigen Sie mir aber auch mal Großdeutschland. Hier, liebe Frau, das Fleckchen hier ist es. Fassungslos starrt die gute Alte auf die Stelle und bricht in die Worte aus: »Ja, hat denn der Führer auch einen Globus?«

Die schlichte Belehrbarkeit einer Landfrau steht dem größenwahnsinnigen Ideologen gegenüber. Das naive Gemüt verlangt Aufklärung, es informiert sich. Es ist der Sieg des gesunden Menschenverstandes. Die Politiker des Dritten Reiches hatten wohl Globen, erkannten aber darauf nichts. Sie nahmen die Wirklichkeit nicht wahr, lebten in einer Scheinwelt, operierten mit dem gesamten Erdball und konnten doch keine konstruktive Vorstellung davon gewinnen. Der Realitätsverlust wurde durch ihre Anfangserfolge vermehrt. Darum hieß es auch:

10 Welches ist der Unterschied zwischen Schopenhauer und dem Nationalsozialismus?

Schopenhauer schrieb: Die Welt als Wille und Vorstellung. Die Nazis kennen nur die Welt als Wille ohne Vorstellung.

Auf Schritt und Tritt ist zu greifen, wie Hitler und seine »Gefolgschaft« die Wirklichkeit verfälschten und sich eine Welt nach ihrem Willen zurechtstutzten. Sowohl beim Rußlandfeldzug als auch bei der Kriegserklärung an die USA waren sie außerstande, sich klarzumachen, was sie heraufbeschworen. Es herrschte, je mehr es in den Krieg hineinging, »fanatischer« Widerstandswille tatsächlich *ohne jede Vorstellung* über das Wie. Weil aber Hitler strategische Kenntnisse im weitesten Sinne fehlten und ihm namentlich beim Rückzug jede Elastizität mangelte, mußte der Krieg um so sicherer verlorengehen.

11 Welche Ähnlichkeit besteht zwischen dem Dritten Reich und einer Straßenbahn? Bei beiden steht vorn der Führer; hinter ihm steht das Volk; wer nicht hinter ihm steht, der sitzt. Zwischendurch wird kassiert. Abspringen während der Fahrt ist verboten.

Das war die Fahrt in den Abgrund, die immer rascher voranging, so daß ein Abspringen eindeutig dem Selbstmord gleichkam. Darum blieben viele doch lieber hinter dem Führer, in der Hoffnung, das Gefährt würde irgendwo hängenbleiben und man möchte durch ein Wunder gerettet werden. Freilich setzte sich damit ein doppelter Furchtkomplex fest: vor der schrecklichen Endstation dieser Straßenbahnlinie und vor dem Abspringen während der Fahrt. Die Menschen schlossen die Augen und wollten den schlimmen Stand der Dinge nicht wahrhaben, während die exponierten Nazis durch andere Umstände einer Entscheidung enthoben waren. Es hieß über ihre Intelligenz:

12 Ein Engländer wird nach seinem Deutschlandbesuch gefragt, wie er die Deutschen gefunden habe. Er antwortet: »Oh, sie gefallen mir sehr gut, sie sind ehrlich, intelligent und nationalsozialistisch. Nur schade, daß diese drei Eigenschaften nie zusammentreffen. Ein Deutscher hat immer nur zwei davon. Entweder er ist ehrlich und intelligent, dann ist er nicht nationalsozialistisch, oder er ist intelligent und nationalsozialistisch, dann ist er nicht ehrlich, oder er ist ehrlich und nationalsozialistisch, aber dann ist er nicht intelligent.«[15]

Der Krebsschaden des Nationalsozialismus lag nicht in dieser oder jener bösen Maßnahme, auch nicht in seiner ausgesucht minderwertigen Führungsspitze, sondern in der Tatsache, daß man das *Recht* außer Kraft setzte. Es gab im Dritten Reich keine Instanz, an die jemand appellieren konnte, sondern nur parteiliche Justiz. Und mochten selbst ehrenwerte Richter die Unschuld eines Angeklagten herausstellen und ihn in einem politischen Prozeß freisprechen, so lauerten vor den Toren des Gerichtssaales bereits die Häscher des Sicherheitsdienstes, um den offiziell Freigesprochenen, aber Mißliebigen, doch nicht in den Genuß der Freiheit kommen, sondern im KZ verschwinden zu lassen. Ein Beispiel für viele bot der unerschrokkene Berliner Theologe Martin Niemöller, Begründer des »Pfarrernotbundes« und führender Mann der »Bekennenden Kirche«, die sich von Hitler nicht »gleichschalten« lassen wollte. Das ordentliche Gericht sprach ihn 1937 frei. Der Sicherheitsdienst aber verhaftete ihn und schleppte ihn ins Konzentrationslager, wo er erst 1945 von den Alliierten befreit wurde. – Dieses Ende der Rechtsstaatlichkeit hat die Öffentlichkeit gespürt:

13 Auch das Rechtssystem ist im Zuge der totalen Kriegsmaßnahmen weitgehend vereinfacht worden. Es ist in folgende drei Gesetze zusammengefaßt:

1. Wer etwas unternimmt oder unterläßt, wird bestraft.
2. Die Strafe richtet sich nach dem gesunden Volksempfinden.
3. Das Volksempfinden wird durch den Gauleiter festgelegt.

Die elenden Zustände sind scharf gekennzeichnet. Das erste Gesetz bezeichnet genau den nationalsozialistischen Irrgarten: Wer *etwas unternimmt oder unterläßt*, wird bestraft. Die ganze Ausweglosigkeit eines Lebens im Nazireich ist in diese bündige Formel eingefangen: Gleichgültig, wie immer sich jemand verhält, aus allem kann ihm ein Strick gedreht werden. Er ist total ausgeliefert, also form- und knetbar im Sinne der Ideologie.

14 In der Schweiz erkundigt sich ein Nazibonze nach dem Zweck eines öffentlichen Gebäudes: Das ist unser Marineministerium, erklärt der Schweizer. Der Nazi lacht und höhnt. Ihr mit euren zwei, drei Schiffen, wozu braucht ihr ein Marineministerium? Der Schweizer: Ja, und wozu braucht ihr in Deutschland noch ein Justizministerium?

Über die Menschenrechte erzählte man sich damals:

15 Der Deutsche Gruß ist zu erweisen durch die – aufgehobenen – Rechte!

Auf etwas schlichterer Ebene bewegte sich der Rechtswitz im Wortspiel von Brutalität und Legalität:

16 Wegen der ungenügenden Legetätigkeit der Hennen, die die Parole des Vierjahresplanes zu sabotieren scheinen, hat Hitler die Hennen zusammenrufen lassen und macht ihnen in einer (wie immer) weit ausholenden Rede klar, daß sie auch während der Brut legen müßten. Trotz dieses allerhöchsten Befehls protestiert der Reichshennenführer mit der Begründung: »Im Dritten Reich geht die Brutalität über die Legalität!«

17 Der Reichsbauernführer Darré kontrolliert in einem Dorf überraschend die Geflügelställe. »Womit füttern Sie denn Ihre Hühner?« fragt er den ersten Bauern. »Mit Getreide natürlich, damit sie gut legen.« »Das ist ja Nahrungsmittelverschwendung.« Und der Bauer

wird verhaftet. Beim zweiten Bauern stellt Darré dieselbe Frage. Der Bauer antwortet: »Ich füttere mit Kartoffeln.« »Das ist unzulässige Vergeudung wertvoller Volksnahrung.« Der Bauer erhält eine Geldstrafe. Der dritte Bauer erklärt auf dieselbe Frage: »Ach, wissen Sie, Herr Reichsbauernführer, ich schmeiße den Viechern jeden Morgen eine Mark in den Stall und sage: ›Kauft euch euren Fraß selber!‹ «

Hier ist die Sonde an ein absurdes Wirtschaftssystem gelegt, das mit einer Fülle selbstbereiteter Engpässe fertig werden wollte. Im großen nehmen sich bekanntlich Vier-, Fünf-, oder Sechsjahrespläne und sonstige staatswirtschaftliche Entwürfe konstruktiv aus. Wo es jedoch zur Umsetzung solcher Planungen ins Individuelle kommt, verlieren sie die unentbehrliche Elastizität. Der Teufel steckt im Detail und würgt den einzelnen, sobald dieser sich für die Wirklichkeit einrichtet. Das Individuum stellt betrübt fest, daß es die bislang üblichen Vollzüge verheimlichen muß, weil sie den von oben gesetzten Interessen widersprechen. Damit wird das Dasein des Bauern, das notwendig einem individuellen Produktionsgesetz unterliegt, zunehmend schwieriger. Schließlich mündet es in die durch den Witz bezeichnete Situation: jedes beliebige Futter bedeutet Verschwendung von »Volksnahrung«. In diesem Augenblick hebt sich der Bauernstand bereits auf, und der Funktionär auf einer Staatsdomäne bleibt übrig. Und eben an dieser Stelle leistet der Flüsterwitz ein einfaches Gedankenexperiment. Er schlägt den kontrollierenden Landwirtschaftsminister mit Ironie, indem der Bauer überhaupt kein Futter mehr in Anspruch nimmt und damit seinen Beruf unter den herrschenden Bestimmungen als undurchführbar erklärt. Statt dessen greift er auf das dürre Zahlungsmittel zurück – das in seinem Formalcharakter genau zu den Verfügungen paßt – und postuliert die wirtschaftliche Selbständigkeit der »Viecher«. Hier ist etwas Bedeutsames festgehalten: Die absolute ökonomische Gängelung führt zum Ende der Arbeitsmotivation und lähmt die Initiative. Ein absurder Umschlag stellt sich ein: Man pfeift auf den ganzen »Betrieb« und löst sich aus der Verantwortung, die mangels einsichtiger und achtbarer Partner ohnehin nicht mehr wahrgenommen werden kann. In jenem Wirtschaftssystem blieb folglich nur übrig, die Tiere schließlich selbständig zu machen und damit auch die Funktionäre auf ein direktes Gespräch mit dem Vieh zu verweisen. Mochten sie es untereinander abmachen. Der Bauer jedenfalls mußte sich unter obwaltenden Bedingungen für unzuständig erklären.

Gern bediente man sich der Gestalt des Ausländers, um ihn die Mißstände im Dritten Reich aufdecken zu lassen.

18 Ein Engländer wurde bei seinem Besuch in Deutschland gefragt, warum es ihm denn durchaus nicht gefallen wolle. Der Engländer zögerte lange. Schließlich sagte er: »Ja, wissen Sie, wenn ich bei uns in England morgens um 5 Uhr aus dem Schlaf geklingelt werde, dann weiß ich wenigstens bestimmt, es ist nur der Milchmann!«

Die Angst vor der Geheimen Staatspolizei (Gestapo) war im Volke tief verwurzelt. Ihre Eingriffe hatten nicht völlig verborgen bleiben können. Es hatte sich herumgesprochen, daß irgendwo nachts ein Auto vor der Haustür hielt, dem zwei oder drei Geheimpolizisten entstiegen, um jemanden abzuholen, den man vielleicht nie wiedersah. Diese Nacht-und-Nebelpraxis löste Schrecken und bei vielen lähmende Botmäßigkeit aus. Es ist darum folgerichtig, wenn die Menschen jener Jahre die staatlichen Organe nicht mehr als Nothelfer zu verstehen vermochten, sondern Grauen vor ihnen empfanden. Diese Erfahrung beraubte aller Sicherungen, die verläßlichen Strukturen des Daseins waren dahin.

19 Als Berlin während des Krieges verdunkelt wurde, ging ein Mann spät abends nach Hause. Plötzlich hörte er dicht hinter sich ein scharfes Zischen: »Stehenbleiben, oder ich schieße!« Ein Pistolenlauf war in der Dunkelheit matt zu sehen. »Sofort die Brieftasche her!« fuhr der Unbekannte fort. »Sie haben mir aber einen Schrecken eingejagt«, sagte der Mann erleichtert. »Ich glaubte schon, Sie wären von der Polizei!«

Sarkastischer konnte man im Dritten Reich gewiß nicht zum Ausdruck bringen, daß es besser war, in die Hände von Räubern als in die der staatlichen Schutzorgane zu fallen. Solche psychologische Furchtwirkung war den Machthabern eben recht. Über geduckte Nacken ließ sich die Herrschaft ungefährdet ausüben. Das Konzentrationslager wurde zur schaurigen Warnung:

20 Einer, der sich den Mund verbrannt und etliche Wochen »weltanschauliche Schulung« im KZ genossen hatte, wurde von einem Freund gefragt, wie es denn so gewesen sei.

»Großartig«, erzählte er, »morgens um 9 Uhr wurde uns das Frühstück ans Bett gebracht – Bohnenkaffee oder Kakao nach Wahl. Dann konnte, wer Lust hatte, ein bißchen arbeiten; die anderen trieben Sport. Zwischendurch gab es um 11 Uhr belegte Brote und Fleischbrühe. Mittags gut, aber einfach: Suppe, Fleisch oder Fisch, Nachspeise. Nach Tisch zwei Stunden Ruhe. Dann, nach Kaffee und Kuchen, etwas leichte Arbeit. Abendessen: Milchbrei und belegte Brote. Abends Gesellschaftsspiele oder Vorträge, auch wohl mal eine Filmvorführung.«

Der Frager war tief beeindruckt. »Toll«, sagte er. »Was doch zusammengelogen wird! Neulich habe ich den Meyer gesprochen, der auch drinnen war. Na, und der hat mir Dinge erzählt!« Der Berichtende nickte. »Der sitzt ja auch schon wieder drin«, sagte er.

Einen anderen Aspekt auf das Konzentrationslager fanden Tünnes und Schäl, die bekannten Kölner Originale.

21 Tünnes und Schäl sitzen in einem Café und trinken die elende braune Brühe gleichen Namens. Tünnes gedenkt ausführlich und laut des edlen Bohnenkaffees, der früher hier ausgeschenkt wurde. Ein rühriger Volksgenosse zeigt ihn wegen defätistischer Reden bei der Gestapo an, und er wandert für vier Wochen ins KZ. Hier muß er jeden Morgen strammstehen und sagen: »Heil Hitler, es geht auch ohne Bohnenkaffee!« Als er am letzten Morgen antritt, ist er über seine bevorstehende Entlassung so erfreut und in Gedanken schon zu Hause, daß er sich verspricht und ausruft: »Heil Bohnenkaffee, es geht auch ohne Hitler!«

Wer psychologisch denkt, weiß, daß es sich hier um eine typische Fehlleistung handelt, die in der geschilderten Situation zu erwarten war. Der Witz selbst trifft aber die Praxis der Konzentrationslager. Anweisungen und Strafen der genannten unsinnigen Art sind durch viele Dokumente hinlänglich bestätigt worden.

22 Die Zähne werden in Deutschland zukünftig durch die Nase gezogen, weil niemand mehr den Mund aufmachen darf.

23 Ein Betrunkener torkelt an einen Briefkasten und erklärt dem Angerempelten tiefsinnig:

»Früher warst du blau und ich rot. Heute bin ich blau, und du bist rot. Aber eines hast du uns allen voraus. Du darfst die Klappe aufmachen.«

Der verbotene Mund wurde auf vielfältige Weise symbolisiert; gelegentlich verfiel man auf geradezu erstaunliche Kombinationen:

24 In der Straßenbahn stehen zur Winterzeit zwei Männer und machen unter ihren Mänteln verborgen mit den Händen seltsame Bewegungen.

»Du, schau mal die zwei an«, meint ein Fahrgast zu seinem Nachbarn, »was treiben denn die da?«

»Ach, die zwei kenne ich, das sind Taubstumme, die erzählen sich politische Witze!«

In einer demokratischen Situation würde die Phantasie diese Szene kaum erfinden. Sie bleibt nämlich nicht im Raum einer üblichen Pointe, sondern birgt hochgetriebene Mittel: Obwohl der Taubstumme über das Wort als Klanggestalt nicht verfügt, ist er doch gefährdet. Geist wird als möglicher Widersacher der politischen Formation angesprochen. Der Intellekt aber schafft sich Symbole, die des Wortes nicht bedürfen. Er ist in die Gebärde eingegangen, folglich muß sogar diese abgeschirmt werden. Der denkende Mensch ist stets potentieller Aufrührer, mag er in seiner Mitteilungskraft auch gehemmt und verkümmert sein. Selbst noch in Gestikulation verkleidete Kritik vermag er zu leisten. Die Partei mußte deshalb versuchen, auch die Zeichensprache zu entdecken, und so sinkt im Witz das Fingerspiel der Taubstummen unter den Mantel, geht in den »Untergrund«. – Gelegentlich wurden auch derbe Schlüsselworte für eine Gesamtkennzeichnung des Zustandes gewählt:

25 Es ist nicht leicht, in Deutschland zu leben. Man muß sich als Bandwurm durch die braune Masse winden und ist dauernd in Angst, abgeführt zu werden.

26 Tünnes und Schäl gehen übers Feld, und der Tünnes gleitet plötzlich im Unrat aus, so daß er fast zu Fall

kommt. Zackig reißt er die rechte Hand hoch und brüllt: »Heil Hitler!« »Biste jeck?« fragt der Schäl besorgt. »Wat machste denn für Kappes! Et es doch kein Mensch in der Näh'!« »Ick mach' et jenau nach de Vorschrift«, antwortet der Tünnes bieder; »denn es heißt doch: Trittst du in ein Geschäft hinein, so soll dein Jruß ›Heil Hitler‹ sein.«

Bei dem letzten Witz bezog man sich auf eine im Dritten Reich in den Geschäften angebrachte Propagandatafel mit Versen, die darauf hinwiesen, daß der Hitlergruß für jeden »anständigen« Deutschen beim Betreten eines Geschäftes Ehrenpflicht sei.

Der Alltag im Dritten Reich führte zu Äußerungsscheu. Der Mund konnte höchst gefährlich werden. Die verräterische Rede blieb darum auch ein Grundthema des Flüsterwitzes. Es handelt sich dabei nicht um bloße Dubletten, sondern an immer anderen Situationen wurde die Erfahrung einer gefährdenden Meinungsäußerung gewonnen. Die Beschneidung der Redefreiheit war demnach in der Sicht des Volkes ein Hauptkennzeichen der braunen Herrschaft und wurde übel vermerkt, wie die Vielzahl der bissigen Ausfälle bezeugt. Sich äußern zu dürfen ist nicht nur grundrechtlicher Artikel demokratischer Verfassungen, sondern auch Merkmal gesellschaftlicher Existenz. Wenn nun ein politisches System nur falsches Bewußtsein fördert, so muß es auf Dauer – trotz möglicher sozialer, politischer und wirtschaftlicher Erfolge – zu Spannungen kommen. Die mannigfachen Abwandlungen des Meinungsverbots in den Flüsterwitzen zeigen, daß hier nicht bloße politische Proteste vorliegen. Es handelt sich auch um unbewußten Widerstand gegen die Beschneidung individueller Bedürfnisse und verkürzte Existenz.

Die Tatsache, daß der plausibelste Unschuldsbeweis gegenüber den ehernen Vorurteilen der Geheimen Staatspolizei wirkungslos blieb, kleidete man in eine Tierfabel:

27 An der belgischen Grenze erscheinen eines Tages zahllose Kaninchen und erklären, sie seien politische Flüchtlinge: »Die Gestapo will alle Giraffen als staatsfeindlich verhaften.« – »Ihr seid aber doch keine Giraffen.« – »Das wissen wir, aber das mache mal einer der Gestapo klar.«

Neben dieser generellen Kritik an den Rechtszuständen des Dritten Reiches richtete sich der Hohn gegen verschiedene Einzelübel. Davon zeugt die Frage, woher der deutsche Eisenmangel rühre. Man gab darauf folgende Antwort:

28 Die Eisenträger wurden alle in die Partei eingebaut, die Nieten in der Regierung verwendet und der Draht im Ausland. Deshalb verordnete der Führer als Gesetz: Alles Blech vom Propagandaministerium wird beschlagnahmt, die Achse Berlin-Rom wird eingeschmolzen, und alle Erzbischöfe werden verschrottet und zur Artillerie einberufen.

Das Eisenmotiv wurde auch abgewandelt folgendermaßen erzählt:

29 Alle Eisenbrücken in Deutschland müssen neu geschweißt werden, weil bei der Arbeitsbeschaffungslotterie sämtliche Nieten verbraucht worden sind.

Viele Witze und scharfe Urteile über eine unfähige Reichsleitung wurden bekannten Kabarettisten wie Werner Finck, Weiß-Ferdl und Karl Valentin zugeschrieben. Nach dem Kriege haben sich diese Künstler öffentlich von der Urheberschaft solcher Witze distanziert. »Man darf sogar sagen, daß die Witze, die überall verbreitet waren, nicht von den Genannten stammten, andererseits diejenigen, die von den Genannten herrührten, nicht in aller Munde waren. Ihre Bemerkungen zur politischen Lage waren nicht in erster Linie Ausdruck des allgemeinen Gefühls, sondern sie wirkten mehr literarisch auf einen engeren Kreis und hatten nicht die Breitenwirkung des Volkswitzes.«[16] Die Kabarettisten boten aber die Katalysatoren, an denen sich Flüsterwitze bildeten. Das mochte an der Tatsache liegen, daß diese Gestalten nach der Volksmeinung eine Art Narrenfreiheit genossen und ungemein herausfordernde Dinge sagen durften.[17] Man erzählte:

30 In Weiß-Ferdls Kabarett hatte es Kurzschluß gegeben. Der Elektrotechniker steht auf der Leiter und bemüht sich vergeblich, den Strom wieder anzuschließen. Weiß-Ferdl geht mit einer Laterne durch die Reihen der Zuhörer, leuchtet jedem ins Gesicht, dabei immer murmelnd: »Hier ist es nicht – hier auch nicht!« Dann schüttelt er bedächtig sein Haupt: »I soags ja immer, es liegt nicht am Volk. Es liegt an der Leitung!«

In anderer Weise äußert sich die Kritik an der Reichsführung, indem man die Namen von Komponisten zur politischen Charakterisierung benutzte:

31 Daß Hitlers Lieblingsmusik die Melodien der *Lustigen Witwe* waren, ist bekannt; aber auch sonst war Hitler durchaus musikalisch eingestellt. Mit Händel fing er an, mit Liszt kam er zur Regierung, Haydn ließ er herrschen, die Kreutzer zur Aufrüstung holte er aus dem Volk, das Schütz-Jahr endete mit Grieg, und dann ist es Hindemith [= hin damit].

Solchen Reihungen haftete freilich immer etwas Gewaltsames an. Man merkt, daß für diese Effekte gesucht und probiert worden ist, weil die Namen sich nicht ohne Zwang einfügen lassen wollten. Es läßt sich intellektuelle Urheberschaft mutmaßen. Der ursprüngliche Witz dagegen erhellt mit *einem* treffenden Bild die Umstände schlaglichtartig und charakterisiert sie darum exemplarisch. Immerhin birgt auch die genannte Zusammenstellung eine Reihe gut gelungener und überraschender Momente. – Eine Sprachkomposition lautete:

32 Gegen welchen Stand haben sich die Nazis am meisten versündigt? Gegen den Wohlstand, gegen den Anstand und gegen den Verstand.

Je länger das Dritte Reich lastete, um so bitterer wurde der Protest gegen den Lebenszuschnitt, den Vierjahresplan und die Tatsache, daß es sich auf allen Gebieten einzuschränken galt.

33 Hitler und Göring hören in Berlin einen Straßenverkäufer mit dem Ruf »Selbstgezogene Bananen!« Göring sagt stolz: »Siehst du, Adolf, das sind die ersten Früchte des Vierjahrsplanes!« Adolf antwortet: »Wenn das stimmt, stifte ich dir einen neuen Orden.« Er ruft den Mann herauf, um die Bananen zu betrachten, und fragt ihn, ob dies bereits die Folgen des Vierjahresplanes seien. »Natürlich«, antwortet der Händler, »seit wir den Vierjahresplan haben, kriege ick keenen Hafer mehr for meinen Jaul, also muß ick meine Bananen selber ziehen.«

Die Parole »Kanonen statt Butter«, die schon im Frieden ausgegeben wurde, verstimmte viele. Hitler benötigte für seine Aufrüstung Devisen, um notwendige Rohstoffe einzuführen. Diese kostbare Valuta aber gedachte er nicht zu benützen, um die volkswirtschaftliche Fettlücke zu schließen: Die Parole sollte dem Volk über den Mangel hinweghelfen. Für das Gefühl der Wehrhaftigkeit war das Opfer des Lebensstandards zu bringen. Das Volk aber erboste sich über den Ersatz und fragte, was *nach* dem Ersatz käme:

34 Womit soll sich das deutsche Volk im Zeichen des Vierjahresplanes kleiden, wenn auch das Holz für wichtigere Dinge gebraucht wird? Sehr einfach, mit Stoffen, hergestellt aus Hitlers Hirngespinsten, Goebbels' Lügengeweben und dem Geduldsfaden des deutschen Volkes.

Eine andere Quelle beständigen Unmuts lag in dem zunehmenden Zwang für alle Volksgenossen, sich *organisieren* zu lassen. Erstrebt wurde vollständige Menschenführung. Aus seiner ihm innewohnenden Unsicherheit gab sich der Nationalsozialismus nicht damit zufrieden, die Staatsbürger in freiem Gehorsam zu halten. Er mußte sie völlig einnehmen. Das glaubte er erreichen zu können, indem er sie beständiger *Schulung* unterwarf und sie mit seinen Wertvorstellungen ununterbrochen berieselte. Den Rahmen für diese Formung stellte die Partei (NSDAP) zur Verfügung. Sie vermehrte sich durch immer neue Ableger. Für alle Bereiche schuf sie Unterorganisationen, damit jeder »erfaßt« werde und niemand dem Netz des Seelenfanges entschlüpfe. Man erzählte daher:

35 Die Organisation wird weiter ausgebaut. Vor der SA und SS erfaßt man die Jüngeren in der HJ, die noch Jüngeren im Jungvolk, die noch Jüngeren werden in NS-Kindergärten geschult, und jetzt sollen auch die Säuglinge organisiert werden. Sie tragen den Titel »AA-Männer«.

Über das Familienleben sagte man entsprechend:

36 Mein Vater ist SA-Mann, mein ältester Bruder in der SS, mein kleiner Bruder in der HJ, die Mutter in der NS-Frauenschaft, und ich bin im BDM. Ja, seht ihr euch denn bei dem vielen Dienst auch einmal? O ja, wir treffen uns jedes Jahr auf dem Parteitag in Nürnberg.

Einen Eindruck von den zahlreichen politischen Gliederungen samt ihren äußeren Kennzeichen kann die nachstehende Übersicht* vermitteln:

Nationalsozialistische Deutsche Arbeiterpartei: Abzeichen der NSDAP., ihrer Gliederungen und angeschlossenen Verbände sowie anderer wichtiger Organisationen des nationalsozialistischen Staates: 1 Hoheitszeichen der NSDAP. 2 Goldenes Ehrenzeichen der Partei. 3 Parteiabzeichen. 4 Zivilabzeichen der SA. 5 Zivilabzeichen der SS. 6 NSKK. 7 Ehrenzeichen der HJ. 8 Abzeichen der HJ. und des BDM. 9 Deutsches Jungvolk. 10 Leistungsabzeichen der HJ. 11 Ehrenzeichen des NSD.-Studentenbundes. 12 Abzeichen des NSD.-Studentenbundes. 13 NS.-Frauenschaft. 14 NSBO. 15 Deutsche Arbeitsfront. 16 NS.-Volkswohlfahrt. 17 Reichsbund Deutscher Beamter. 18 NS.-Rechtswahrerbund. 19 NS.-Lehrerbund. 20 NS.-Kriegsopferversorgung. 21 Deutsches Frauenwerk. 22 NS.-Kulturgemeinde. 23 Reichsbund der Kinderreichen. 24 NS.-Studentenkampfhilfe. 25 Opferring. 26 Förderndes Mitglied der SS. 27 Arbeitsdank. 28 Reichsnährstand. 29 Reichsstand des deutschen Handwerks. 30 Reichskulturkammer. 31 NS.-Fliegerkorps. 32 Reichsluftschutzbund. 33 Technische Nothilfe. 34 VDA. (Volksbund für das Deutschtum im Auslande). 35 Bund Deutscher Osten. 36 Reichskolonialbund. 37 Deutscher Reichsbund für Leibesübungen. 38 Deutscher Reichskriegerbund Kyffhäuser. 39 Soldatenbund. 40 Wehrmacht-Zivilabzeichen.

* Quelle: *Der neue Brockhaus in vier Bänden und einem Atlas.* Leipzig, 1937, Bd. 3, S. 343.

Nicht wenige Menschen litten unter der Beschlagnahme ihrer Freizeit durch die Organisationen. Aber sie fühlten sich ohnmächtig und wagten keinen Protest. Vor allem wollte es niemand unternehmen, der allmächtigen NSDAP den Rücken zu kehren, denn das konnte die Stellung kosten. Das Unbehagen brachte ein Flüsterwitz zum Ausdruck:

37 Viele Parteigenossen sind blasenkrank. Sie möchten gern austreten, können aber nicht.

Kapitel 3

Alltag im Dritten Reich

Für die von der Ideologie nicht gewonnenen Staatsbürger erforderte das Leben im Dritten Reich sorgfältige Selbstbeobachtung. Indessen vermag kaum jemand über Jahre im Widerstand zu bleiben, weil daraus hoffnungslos Schizophrenie erwächst. Man muß schließlich auch in einer perversen Staatsform arbeiten, um sein Brot zu verdienen und vielleicht eine Familie zu erhalten. Wie aber soll sich diese Arbeit gestalten? Zu den Grundbedürfnissen gehört, ein Werk als personales Zeugnis möglichst vollkommen abzuschließen. Indem aber so gearbeitet wird, dient es wiederum dem politischen System. Am Beispiel des Nationalsozialismus läßt sich zeigen, wie er sich dringlich bemühte, gute Fachleute, auch wenn sie keine Nazis waren, mit allen Mitteln zu halten; nur bei den Juden war Qualität belanglos, aus ideologischen Gründen wurden sie aller repräsentativen Stellungen enthoben. Jeder den Nationalsozialismus nicht bejahende Fachmann war in doppelter Hinsicht ein Gewinn für das Regime. Einmal trug sein Können zum allgemeinen Wohlstand bei; zum anderen aber – und das schien wichtiger – demonstrierte er vor aller Welt, daß sich sehr wohl in diesem Reiche leben ließe. Und auf solche Wirkung nach außen hin legte der Nationalsozialismus erheblichen Wert, mochte er sonst auch die Selbstgenügsamkeit propagieren.

Der Alltag des Dritten Reiches stellte jedenfalls vor schwierige Probleme. Die Frage der Anpassung oder des Widerstandes konnte in wenigen Fällen ein für allemal entschieden werden, weil sich die Umstände in Deutschland rasch änderten. So gab es beispielsweise Zeitabschnitte, in denen man die Völkerversöhnung pries und auch der Druck im Innern nachließ. Das geschah etwa im

Sommer 1936 zur Zeit der Olympischen Spiele in Berlin. Mit Rücksicht auf ausländische Besucher verebbte die Judenhetze; Schilder wie »Juden unerwünscht!« oder dergleichen verschwanden von Hotels, Badeanstalten, Parks usw. Die Juden nannten daher ihren neuen Schutzpatron auch *St. Olympiade.* Optimistisch eingestellte Menschen mochten das als grundsätzlichen Kurswechsel der Regierung deuten. Freilich galten nach dem Ende der Spiele sogleich wieder die eingeschränkten Verhältnisse; das war für manche eine heilsame Enttäuschung. Ähnliches geschah bei Kriegsbeginn 1939. Einige, die dem Widerstand entschieden angehört hatten, änderten damals ihre Auffassung. In der Stunde der äußeren Gefahr meinten sie, das Vaterland nicht verlassen zu dürfen. Ein einleuchtendes Beispiel dafür bot Martin Niemöller, der damals bereits im KZ gefangen saß. Bei Kriegsbeginn richtete er ein persönliches Gesuch an Hitler, wieder als U-Boot-Kommandant Dienst tun und dem bedrängten Volke helfen zu dürfen.[18] Das Gesuch wurde abschlägig beschieden, aber es beleuchtet die seelische Verfassung eines unerschrokkenen Mannes. Er wollte nicht wahrhaben, daß Volk und Regierung durch ein ausgeklügeltes System verklammert waren. Man verstand nicht, daß alles, was man in Notzeiten für das Volk zu tun meinte, auch der Regierung nützte, und daß es im Dritten Reich überhaupt keine Tat gab, die unabhängig von den braunen Machthabern blieb. Weil die Armee so tapfer aushielt, konnten so lange hinter ihrem Rücken Verbrechen geschehen.

Wenn bei hochgebildeten und religiös-sittlich gebundenen Menschen die Frage einer Mitarbeit im Nationalsozialismus bereits schwer zu entscheiden war, wenn manche gar bis zuletzt in »reinem Idealismus« und ohne persönlich ihre Hände zu beflecken im Dritten Reich wirkten, dann war freilich erst recht der großen Masse der politisch weniger interessierten Menschen ein Urteilsvermögen über die ethische Zulässigkeit eines damaligen Beitrages nicht zuzutrauen. Dann war nicht zu erwarten, daß sie darüber reflektierten, *wozu* ihre Tat letztlich diente. Sie konnten sich auf Befehle berufen, wenn ihr Einsatz deutlich über die Grenze des »normalerweise« Erlaubten hinwegführte. Auftauchende Skrupel galt es sorgsam vor weniger vertrauenswürdigen Menschen zu verbergen. So entstand der kürzeste politische Witz der NS-Zeit, die Formel *Deutscher Blick*. Wenn zwei Freunde sich Neuigkeiten auf der Straße erzählten, vergewisserten sie sich durch Seitenblicke, daß niemand zugehört haben konnte. Der *Deutsche Blick* oder *Die Deutsche Rundschau*, wie es sinnigerweise hieß, war der Abschirmdienst unter Freunden. War man aber im Ärger gegenüber den Mißständen doch zu weit gegangen und dessen plötzlich erschrocken inne, so hieß es:

38 »Wenn Sie mich der Gestapo anzeigen sollten, Herr Kollege, so werde ich erklären, daß Sie auch Witze erzählt haben! Im übrigen bestreite ich, mich mit Ihnen unterhalten zu haben!«

Oder man wählte als Abschiedsgruß statt »Heil Hitler« nur die Formel: »Sie haben aber auch was gesagt!«, womit man sich durch Rückverhaftung des Gesprächspartners zu sichern glaubte. Das war auch dringend geboten, denn

39 Müller fragte: »Was gibt es für neue Witze?«, worauf Schulz antwortete: »Sechs Monate KZ!«

Den Zusammenhang von Witz und Konzentrationslager brachte man außerdem durch eine Umformung des Kleinkinderliedes von den »Zehn kleinen Negerlein« zum Ausdruck. Das anspruchslose Liedchen schildert, wie die zehn kleinen Schwarzen durch ein Malheur nacheinander verschwinden. Im Dritten Reich wurde daraus:

40 Zehn kleine Meckerlein, die saßen einst beim Wein;
der eine machte Goebbels nach,
da waren es nur noch neun!
Neun kleine Meckerlein, die hatten was gedacht; –
dem einen hat man's angemerkt,
da waren es nur noch acht!
Acht kleine Meckerlein, die hatten was geschrieben; –
dem einen hat man's Haus durchsucht,
da waren es nur noch sieben!
Sieben kleine Meckerlein, die fragten einmal
»schmeckt's?« –
der eine sagte »Schlangenfraß«,
da waren es nur noch sechs!
Sechs kleine Meckerlein, die schimpften auf die
Pimpfe,
der eine sagte »Lausepack«,
da waren es nur noch fünfe!
Fünf kleine Meckerlein, die saßen am Klavier; –
der eine spielte Mendelssohn,
da waren es nur noch vier!
Vier kleine Meckerlein, die kannten Dr. Ley; –
der eine wußte was von ihm,
da waren es nur noch drei!
Drei kleine Meckerlein, die nannten Mythus
»Dreck«; –
da holte Pg.[19] Rosenberg gleich zwei von ihnen weg.
Ein kleines Meckerlein ließ dies Gedicht mal sehn; –
man brachte es nach Dachau hin,
da waren es wieder – zehn.

In den Strophen sind alle Meckereien verzeichnet, die im Dritten Reich bewirkten, daß man »abgeholt« wurde: den Reichspropagandaminister Goebbels zu imitieren, selbständig und nicht linientreu zu denken und diese Gedanken gar aufzuschreiben, mit der Ernährungslage unzufrieden zu sein, die jüngsten »Hoheitsträger« der Nation nicht zu respektieren, sich an jüdischen Kulturwerken zu erfreuen, über die Personalgeschichte des Reichsorganisationsleiters der Deutschen Arbeitsfront, Dr. Robert Ley, etwas zu wissen (darüber im Kapitel über die Bonzen mehr) oder die hochgelobte braune Philosophie geringzuachten. Sehr aufschlußreich ist in der 7. Strophe die Gefährlichkeit des Wissens angedeutet. Damit fixierten die Witzbolde tatsächlich einen der wesentlichen Charakterzüge des Dritten Reiches; wer etwas wußte, auch wenn er nie darüber sprach, war gefährlich; denn er war ein potentieller Sprecher. Im Dialog der Taubstummen (*24*) wurde bereits darauf verwiesen. Nicht wenige Wissende wurden liquidiert, so im Zusammenhang mit dem »Röhm-Putsch« am 30. Juni 1934 und mit dem Attentat auf Hitler am 20. Juli 1944. Die Nazis beseitigten auch Leute, die provokatorische Pläne kannten und sie zu verwirklichen halfen, wie etwa den »Angriff auf den deutschen Sender Gleiwitz« am 30. August 1939, der dazu diente, den Polen kriegerische Überfälle auf deutsches Reichsgebiet in die Schuhe zu schieben, sich die moralische Rechtfertigung für das »Zurückschießen« am 1. September 1939 und damit für den Zweiten Weltkrieg zu verschaffen.

Daß es also auf jeden Fall gut sei, den Mund zu halten und nicht einmal den Verdacht auf sich zu lenken, ein Wissender zu sein, fügten die Witzeschöpfer in die Formel:

41 Nach der Gleichschaltung der Länder sind wir ein Volk; es gibt keine Preußen, Bayern, Thüringer und Sachsen mehr, es gibt nur noch Braun-Schweiger.

Übrigens hatte das Land Braunschweig mit seiner NS-Regierung dem staatenlosen Hitler 1932 durch Ernennung zum Regierungsrat die deutsche Staatsbürgerschaft zuerkannt, wodurch er überhaupt erst am 30. Januar 1933 zum Reichskanzler ernannt werden konnte.[20] – Das lebensfördernde Schweigen wurde zudem unter dem Sinnbild des sozialen Suppentopfes (das »Volksgemeinschaft« stiftende Eintopfessen) beschrieben:

42 Welches Eintopfgericht ist in Deutschland am weitesten verbreitet?
Antwort: Gedämpfte Zungen.

Die staatlichen Zutaten für das Eintopfessen schienen nicht gerade erquicklich:

43 Eintopfrezept:
Wenig Hirn, sehr viel Kohl, mit brauner Soße immer wieder aufgewärmt.

Die Lehrerschaft war von der Sprachregulierung besonders betroffen, weil ihre Arbeit durch mündlichen Austausch gekennzeichnet ist. Ihre Geschichte unter dem Nationalsozialismus als Ganze ist noch nicht geschrieben. Der Lehrer geriet als Beamter durch seine Abhängigkeit vom jeweiligen Staat oft in eine schiefe Lage. Einerseits hatte er seinen Treueid geleistet, andererseits aber war er auch Person mit eigenen Meinungen, im Dorf außerdem Schriftkundiger und im Umgang mit Behörden geborener »politischer Leiter«. Zu Unrecht hat man den Lehrern pauschal nachgesagt, sie liefen stets mit der Konjunktur. Man sollte nicht vergessen, wie viele von ihnen im Dritten Reich wegen anderer politischer Einstellung der Ämter enthoben wurden oder freiwillig ausschieden, abgesehen von denjenigen Pädagogen, die dem Widerstand gegen Hitler angehörten. Über sie hat Lutz van Dick eine wichtige Studie vorgelegt.[21] Die Lehrer waren nicht besser oder schlechter als eine beliebige andere Berufsgruppe; sie standen nur stärker im Blickfeld der Öffentlichkeit:

44 Die Lehrer sind politische Wandervögel.

45 Die Lehrer litten zuerst an Rotlauf, dann an Wechselfieber, jetzt leiden sie an Bräune.

Neben der Sprachzensur im Alltag des Dritten Reiches verdroß die Bürger am stärksten die zunehmende Rationierung von Bedarfsgütern. Dies ist ohnehin der Punkt, an dem friedfertige Zeitgenossen oft zu murren beginnen.

Der Textilersatz bildete eine Quelle beständigen Unmuts. Freundlich schien noch der Witz, daß bei einem Schiffsunglück im Atlantik einzig die deutschen Passagiere nicht ertranken, da sie *Holzanzüge* trugen. Die deutsche Wollindustrie hatte nämlich im Rahmen des Vierjahresplanes und damit der Unabhängigkeit von zusätzlicher Wolleinfuhr einen bestimmten Prozentsatz an Zellwolle allen Fabrikaten beizumischen; Göring setzte allerdings diese Verfügung für die Teppichausstattung seines Landsitzes Karinhall bei Berlin außer Kraft:

46 Was ist der Unterschied zwischen Rußland und der Leipziger Textilausstellung von 1937? In Rußland herrscht der Bolschewismus, auf der Textil(Ersatz)-Ausstellung der Wollbeschißmus.

Mit immer neuen Mängeln mußte sich der Zeitgenosse abfinden, dafür sollte ihn das Gefühl entschädigen, einem mächtigen Staat anzugehören.

47 Der Reichsadler soll seine Stellung als deutsches Wappentier verlieren, denn er ist schwarz und trägt einen jüdischen Namen.[22] Dafür soll das Känguruh zum Reichssymbol erhoben werden, denn es ist braun und vermag selbst mit leerem Beutel große Sprünge zu machen.

Eine Variante:

48 Der Maikäfer soll das neue Wappentier werden: Er ist braun, erdverbunden und hat den Vierjahresplan im Leibe.

Man brachte auch die bösen Tage mit dem Wandel der Grußformel in Verbindung:

49 Göring sagt zu Goebbels: »Ich habe gemerkt, daß die Leute nicht mehr mit ›Heil Hitler‹ grüßen. Wie wäre es, wenn Sie zur Abwechslung wieder mal ›Guten Tag‹ propagierten?« Darauf antwortet Goebbels: »Ausgeschlossen, solange unser geliebter Führer lebt, wird es keinen guten Tag mehr geben!«

Manchmal erklangen auch nur witzige Seufzer und Wortspiele über den Alltag im Dritten Reich:

50 Arbeiter fahren jetzt mit KdF[23] durchs Mittelmeer; bald gibt es keine Arbeit, keine Kraft, keine Freude und keine Mittel mehr!

Oder:

51 Früher ging's uns gut. Bei den Nazis geht's uns besser! – Vielleicht wäre es aber besser, wenn's uns nur wieder gut ginge.

Oder ein Luftschutzwart in einer der vielen Alarmnächte 1944:

52 Wenn wir den uns aufgezwungenen Krieg bloß nicht angefangen hätten!

Dieser Witz enthüllt treffend, wie das Volk sehr wohl die Propaganda vom »aufgezwungenen Krieg« durchschaute und erkannte, daß es sich hier um einen Kampf handelte, den Hitler wollte und brauchte, wobei er sich unaufhörlich als der wohlmeinende und friedfertige, aber vom internationalen Judentum in den Kampf gezerrte Volksführer selbst bemitleidete. An faschistischen Dokumenten läßt sich die Formel vom »aufgezwungenen Krieg« belegen und der Flüsterwitz wiederum als zeitgeschichtliche Gegenparole. Hitler verlor trotz der »sozialen Wunder«, die er vollbrachte, für manche die Glaubwürdigkeit. Man ahnte wohl, daß er der ruhelose Anstifter vielfältiger Übeltaten war. Er wurde »der eine«, den man nicht nennen durfte (wie Satan für fromme Leute), an den aber doch selbst die Ordnungshüter heimlich dachten:

53 Jemand kommt in ein Lokal und fordert an der Theke ein Glas Bier. Aber es gibt kein Bier. »Kein Bier? Das ist ja zum Kotzen, und das alles wegen dem einen!« Darauf fordert er Zigaretten. Sie sind ausverkauft: »Keine Zigaretten, das ist ja zum – – Und alles wegen dem einen!« Darauf fordert er ein Brötchen. Aber es gibt in diesem Lokal nichts zu essen. »Nichts zu essen, das ist ja zum – – Und das alles wegen dem einen!«

Das wird zwei Volksgenossen zuviel, und sie schleppen ihn auf die Wache.

Der Wachtmeister fährt ihn an: »Das sind ja ganz schlimme Äußerungen. Wen haben Sie gemeint?« Der Mann zuckt die Achseln. »Wen soll ich gemeint haben, Churchill natürlich!« Der Wachtmeister: »Ach so – natürlich – hm hm, Churchill. Dann ist es gut. Sie können gehen.«

An der Tür dreht sich der Mann um und fragt unschuldig: »Ja, sagen Sie mal, Herr Wachtmeister, an wen haben Sie eigentlich gedacht?«

Die Geschichte wurde auch abgewandelt erzählt, indem man der Polizei das kennzeichnende Wort selbst in den Mund legte.

54 Einer trägt einen Koffer. Kommt ein Polizist und fragt: »Was haben Sie in dem Koffer?« »In dem Koffer, da ist

die Regierung drin.« »Was ist drin?« »Die Regierung.« »Öffnen Sie den Koffer!« Der Mann öffnet. »Nanu«, schreit der Polizist, »da sind ja nur Lumpen drin!« »Na also!« murmelt der Mann.

Besonders prickelnd war die Kritik, wenn sie ein bekannter Humorist übte und dabei das Weiterdenken seiner Hörer durch eine überraschende Wendung unterbrach:

55 Karl Valentin, der Münchener Humorist, gibt geschichtliche Erinnerungen zum besten: Früher herrschten hier die Ultramontanen, und was hatten wir? Bonzen! Dann kamen nach der Revolution die Marxisten. Und was hatten wir? Bonzen! Dann kam endlich der Nationalsozialismus! Und was haben wir heute? – – – Mittwoch!

Die beiden norddeutschen Originale Fietje und Tetje konnten zur Verwunderung der Parteidienststellen ihre Sammelbüchsen rasch füllen, indem sie jedem zuflüsterten: »Dat is 'ne Sammlung för de nee Regierung.« Mit dieser Formel blieben sie durchaus unanfechtbar, denn die Nazis bezeichneten sich gern als die neue Regierung. Indem aber die beiden Hamburger Hafenarbeiter Fietje und Tetje diese Formel *flüsterten,* riefen sie bei vielen unzufriedenen Volksgenossen den Glauben wach, es handle sich wirklich um eine heimliche Sammlung für eine eigentlich neue Regierung, von der man erwartete, daß sie die Person wieder respektiere. Auch schlichten Handwerkern wurde gelegentlich die Forderung nach Freiheit gegenüber der Regierung in den Mund gelegt.

56 Hitler saß bei seinem Leibfriseur. Und so sehr sich dieser auch mühte, immer sank die Schmalztolle über seine Denkerstirn kellnerhaft herunter. »Mein Haar ist eben schwer zu kämmen«, meinte Hitler. Der Fri-

seur lächelt: »Es gibt ein gutes Mittel dagegen; geben Sie nur wieder Pressefreiheit, mein Führer, dann sollen Sie einmal sehen, wie Ihnen die Haare zu Berge stehen werden!«[24]

Der Witz stachelte auch die Staatsbürger zu stärkerer Zivilcourage auf. So erzählte man sich, in der Münchener Faschingszeitung von 1935 habe sich eine Anzeige befunden, welche als wirksames Präparat empfahl:

57 Antibyzantinol.
Gegen Manneschwäche und Rückgratverkrümmung.

Noch derber wurde die »Mannesschwäche« in einer anderen Anekdote gegeißelt:

58 Eine Toilettenfrau am Potsdamer Platz wurde gefragt, ob das Dritte Reich auch ihrem Betrieb den überall zu spürenden Aufschwung gebracht habe.
»Gewiß doch«, erklärte die gute Frau, »man merkt es deutlich. 90% scheißen jetzt in die Hosen und 10% auf die Regierung.«

Für die Verhöhnung der Konjunkturritter zeugt folgende Probe:

59 Ein junger Lehrer möchte sich die nationalsozialistischen Sporen verdienen und stellt folgendes Aufsatzthema: Hätte Werther Selbstmord begangen, wenn er in der Hitler-Jugend gewesen wäre?
Daraufhin soll eine Lehrerin einer Mädchenklasse im edlen Wetteifer das Thema gegeben haben: Wäre die Jungfrau von Orleans Jungfrau geblieben, wenn sie im BDM gewesen wäre?

Im faschistischen Staat drohte ständig die Gefahr, daß nicht nur der Gebrauch geschichtlicher Beispiele zu falschen Vergleichen führte, sondern daß auch andere Kombinationen böse ausgehen konnten:

60 Ein nationalsozialistischer Gemüsehändler beobachtete neidvoll, wie sein Konkurrent mit dem heiligen Wort »deutsch« Reklame trieb und dabei nicht schlecht fuhr. Über seiner Fensterscheibe stand nämlich: Deutsche, eßt deutsche Kamerun-Bananen! [Kamerun war bis 1918 deutsche Kolonie.] Da wollte er nicht zurückstehen, und bald fiel ihm etwas Passendes ein. Er schrieb: Deutsche, eßt deutsches Obst. Deutsche Birnen sind die weichsten.

Kurz darauf wurde er in Haft genommen.

Eine der peinlichsten Überraschungen der Naziregierung war der Flug des Stellvertreters des Führers, Rudolf Heß, im Mai 1941 nach England. Heß schwelgte in der Vorstellung, zur deutsch-englischen Aussöhnung und zur Sammlung der europäischen Kräfte für einen gemeinsamen Kampf gegen den Bolschewismus berufen zu sein. Die Reichsregierung wußte sich nicht anders zu helfen, als zu erklären, Heß habe seine Tat in geistiger Verwirrung vollzogen und der »Krieg gehe unverändert weiter«; das war eine Dauerformel. Das Volk aber ließ sich nicht abhalten, das kriegerische Englandfahrer-Lied höhnisch zu interpretieren:

61 Es singt und spielt das ganze Land,
wir fahren gegen Engeland.
Doch wenn dann wirklich einer fährt,
dann wird er für verrückt erklärt.[25]

Oder es erfand eine zusätzliche Zeile des britischen Wehrmachtsberichtes:

62 Bei Tag und Nacht keine weiteren Minister eingeflogen.

Oder man sagte:

63 Heß sei auch Churchill vorgestellt worden, der ihn gefragt habe: »Sie sind also der Verrückte?« Worauf Heß antwortete: »O nein, nur sein Stellvertreter.«

64 Das Flugzeug, mit dem Heß flog, hatte unter den Tragflächen die Inschrift NSV (Nicht schießen, verrückt!) und DAF (Die anderen folgen).

65 Was ist paradox?
Wenn im Dritten Reich der zweite Mann vor dem ersten geht.

Auch der Abflugsort von Rudolf Heß mußte sich eine passende Namenserweiterung gefallen lassen. Es war im Dritten Reich üblich, den mit der Partei verbundenen Städten ein Ehrenattribut beizulegen. So hieß München »Hauptstadt der Bewegung«, Nürnberg »Stadt des Reichsparteitages«, Goslar »Stadt der deutschen Bauern«, Stuttgart »Stadt der Auslandsdeutschen«, und so weiter. So nannte man nach dem Heß-Ereignis Augsburg fortan:

66 Stadt des ungeahnten Aufstiegs.

Und man erzählte zudem:

67 Im KZ treffen sich zwei alte Bekannte.
»Warum bist du denn hier?«
»Ich habe am 5. Mai gesagt: ›Heß ist verrückt.‹ Und du?«
»Ich habe am 15. Mai gesagt: ›Heß ist nicht verrückt.‹ «
[Heß flog am 10. Mai 1941.]

Geschichte ließ sich, je nach Bedarf, umschreiben. Dabei bekümmerte es die Systemträger kaum, wenn einander völlig widersprechende Parolen unvorbereitet und übergangslos zustande kamen. Hatte man vor dem 23. August 1939 den Bolschewismus als »Weltpest« verschrien, so wurde er von jenem Datum ab toleriert. Inzwischen nämlich war der Molotow-Ribbentrop-Pakt zustande gekommen, eine Nichtangriffs- und Handelsvereinbarung. In einem geheimen Zusatzprotokoll teilte man Osteuropa auf. Das ist die Ursache für die derzeitigen Bestrebungen der drei baltischen Sowjetrepubliken, ihre frühere Selbständigkeit zurückzugewinnen. Jedenfalls sprachen die Nazis hinfort anerkennend von den Aufbauleistungen der UdSSR, freilich nur bis zum 22. Juni 1941, als man Rußland überfiel, um die »Weltpest« auszurotten. Die Führung scheute sich also nicht, dem Volk radikal verschiedene Auffassungen zuzumuten und alle politischen Aktionen mittels bedenkenloser Propaganda als richtig einzuhämmern. Das Instrument des Witzes aber zerriß die Lügengespinste: Was am 5. Mai ins KZ brachte, war das genaue Gegenteil von dem, was am 15. Mai dorthin führte, denn dazwischen lag die politische Wetterscheide des 10. Mai. Beide Aussagen sind tatsächlich wahr: Züge von Narrheit ließen sich bei Heß vor dem 10. Mai gewiß feststellen, während die propagandistische Abstempelung seines Englandfluges als völlige Verrücktheit den Tatsachen widerstritt und man also recht hatte, ihn nicht verrückt zu nennen. In diesem Modell ist die Situation des Tollhauses im Dritten Reich deutlich umrissen: Wahrheit, Wahrheitsleugnung, halbe Wahrheit, gestützte Wahrheit – man fühlt sich dabei an Shakespearesche Narrengestalten erinnert.

So strebt dieser Witz von der »Verrücktheit« des Rudolf Heß über politisches Mißbehagen an der Sprachregulierung hinaus; er sucht nach einem Ausdruck für die Ablehnung aller Manipulationen mit dem Sachverhalt und der

Zeit. – Als sich die deutsche Niederlage immer deutlicher abzeichnete und alle hochfliegenden Eroberungspläne der britischen Insel definitiv entfielen, sagte man im Rückblick auf Heß:

68 Der Stellvertreter des Führers war der einzige, dem die Invasion der Insel gelang.

Die vielleicht schärfste Witzfehde führte der unbekannte Deutsche gegen die faktische politische Unmündigkeit im Dritten Reich; gegen die Tatsache, daß es eine Reihe von wohltönenden und ehrwürdigen Institutionen gab, die aber zur völligen Bedeutungslosigkeit absanken, da in jenem Reich Hitlers Wille überall dominierte. So fragte man:

69 Welches ist der höchstbezahlte Männergesangverein der Welt?

Der Deutsche Reichstag, er tritt jährlich nur einmal auf, singt lediglich die Nationalhymne, und dafür erhält jedes Mitglied monatlich 600 Reichsmark.

Im Reichstag wurde nämlich nicht mehr debattiert, sondern nur noch gehorcht und gesungen. In diesen beiden Bekundungen erschöpfte sich das NS-»Leitbild«. Übrigens waren im damaligen Reichstag Frauen nicht vertreten. Ihnen schrieb Hitler keine politische Einsicht zu; er traute ihnen nur in der Mutterrolle.[26] Zum Spott über das entmachtete Parlament fügte sich auch die Geringschätzung wohltönender Titel, die früher viel galten:

70 Wilhelm Furtwängler, der berühmte Dirigent, antwortete auf die Frage, wie er sich als neu ernannter Staatsrat fühle: »Mein Wertester wie mein Allerwertester hat Sitz und Stimme und darf doch keinen Ton von sich geben.«[27]

Hier wurden die Verhältnisse genau erkannt: Hitler regierte tatsächlich völlig allein, und alle »Staatsräte« blieben Titulargrößen. Allerdings hat dieser Titel auch in anderen Ländern meistens seine Ratgeberfunktion verloren, aber in der Demokratie ist ja ohnehin jeder zum politischen Mitarbeiter berufen. Im Dritten Reich war jedoch die Ernennung zu Staatsräten, wie sie namhaften Künstlern nach 1933 widerfuhr (zum Beispiel auch Gustav Gründgens), eine Farce, da ja durch Hitlers Unfehlbarkeitsanspruch *prinzipiell* jede Möglichkeit entfiel, Rat anzubringen. Übler als die Staatsräte waren jedenfalls Hitlers Minister dran: Die letzte Kabinettssitzung fand 1938 statt! Die obersten Fachdezernenten der Regierung blieben also ungefragt und wurden des Gesprächs mit ihrem Regierungschef nicht gewürdigt. Er hatte sie zu bloßen Befehlsempfängern und Ausführungsorganen seines unabhängigen Willens degradiert. Ministersessel waren für selbständig denkende und dem Gewissen verpflichtete Persönlichkeiten damals nicht erstrebenswert. Über Lakaiendienste reichte ihre Aufgabe häufig nicht hinaus. Furtwänglers Bemerkung über die Stimme seines »Allerwertesten« war darum für einen Künstler seines Ranges, der als internationale Berühmtheit jederzeit im Ausland glänzende Positionen hätte finden können, eine treffliche Antwort.

Am Ende dieses Kapitels mögen noch einige Kinderwitze folgen. Ihr Prinzip ist, wie beim Märchen von des Kaisers neuen Kleidern, die Unmündigen einfältig die Wahrheit aussprechen zu lassen. Aus Schüleraufsätzen und sonstigen Kinderäußerungen:

71 Meiner Tante ist vom Reichsminister für Ernährung und Landwirtschaft der Gausieger-Ehrenpreis für die höchste Milchleistung im Jahre 1934 in Form eines silbernen Bechers verliehen worden.

72 Adolf Hitler hat es geschafft, das deutsche Volk aufzuklären, daß wir Handarbeiter und Kopfarbeiter nicht unterscheiden sollen. Der eine hat es mehr in der Stirn, der andere mehr in der Faust, aber sonst sind wir alle gleich.

Über das Landheim, das für den BDM eingerichtet werden sollte:

73 Wenn ich mir vorstelle, was das Landheim uns alles bringt, dann wird es ein echtes Freudenhaus werden.

74 Der Fabrikarbeiter braucht den Hammer für die Maschinen, und er ist sehr wichtig für ihn.

75 Beim Einzug des Führers in eine Stadt stehen kleine Mädchen mit Blumen Spalier. Eines davon streckt dem Führer ein Grasbüschel entgegen. »Was soll ich denn damit tun?« fragt Hitler. »Essen«, antwortet die Kleine. »Die Leute sagen jeden Tag: Erst wenn der Führer ins Gras beißt, kommen bessere Zeiten.«

76 In einer katholischen Schule hingen nebeneinander ein Hitler- und ein Göringbild. Hindenburg lebte damals noch, und der Lehrer fragte deshalb die Klasse, welches Bild nun wohl zwischen diese beiden Gestalten gehöre.

Er meinte natürlich ein Bild von Hindenburg.

Der kleine Franz meldete sich und sagte: »Ein Christusbild.«

»Warum denn das?« fragte der Lehrer.

»Ja«, sagte der kleine Franz, »Christus ist doch schon einmal zwischen zwei Verbrechern aufgehängt worden.«

Der nachfolgende Witz charakterisiert eine bemerkenswerte intellektuelle Leistung als Sprachspiel:

77 »Vater, in der Zeitung steht soviel von Plutokraten. Was sind denn das für Leute?« »Ja, mein Junge, das sind solche, die durch Geld zur Macht gekommen sind.« »Ach so«, meint der Sohn nachdenklich, »dann ist wohl unser Kreisleiter ein Kratoplut.«

78 Ein Lehrer übt mit den Kindern die Steigerung. Karlchen, bilde einen Satz mit lieb und wert. Karlchen: Die *Heidelberger Volksgemeinschaft* ist mir lieb und wert. Und du, Fritz, bilde den Komperativ! Fritz: Der *Völkische Beobachter* ist mir lieber und werter. Und Moritz, bilde den Superlativ! *Der Stürmer* ist mir am liebsten am Allerwertesten.

Kapitel 4

Politik und Diplomatie

79 Hitler ist gestorben und begegnet im Jenseits Friedrich dem Großen, den er als seinen Vorgänger kollegial anspricht: »Sie haben Preußen großgemacht, ich Deutschland.« Darauf antwortet Friedrich: »Unsere Methoden sind verschieden. Bei mir konnte jeder nach seiner Façon selig werden, während . . .« Hitler: »Aber Majestät, ich habe doch den Konfessionen Freiheit und Sicherheit gegeben!« Friedrich: »Es gibt da feine Unterschiede. Meine Façon wird mit c geschrieben, Ihre mit SS.«

Dieser etwas anspruchsvollere Flüsterwitz bietet eine geeignete Einführung. Hitler war sehr bestrebt, verschiedene Gestalten der deutschen Geschichte als seine verehrten (aber doch von ihm überbotenen) Vorbilder darzustellen. Dazu gehören insbesondere Friedrich der Große und Bismarck. In Friedrich meinte er den unbeugsamen militärischen Charakter anerkennen zu sollen, der sich gegen ganz Europa erfolgreich schlug. Außerdem sah er bei Friedrich das »Schicksal« im Spiel, das diesen tapferen Mann nicht fallenließ. Als es nämlich im Siebenjährigen Krieg Preußen übel erging, verschied 1762 seine alte Feindin, die russische Zarin Elisabeth, und ihr Nachfolger, Peter III., schloß mit ihm Frieden. Die Nazis glaubten allen Ernstes an eine ähnliche glückliche Wendung in höchster Not: Als am 12. April 1945 der amerikanische Präsident Roosevelt starb, verfehlte Goebbels nicht, die Parallele propagandistisch auszunutzen und ein Ausscheiden der USA im Krieg gegen Deutschland für wahrscheinlich zu erklären. Die Nazis waren beflissen, »schicksalhafte« Andeutungen ernstlich zu betrachten. In Friedrich bewunderte Hitler mit einem Wort den genialen Schöpfer der preußischen Großmacht, während Bismarck ihm vor allem deswegen sympathisch war, weil er gesagt hatte, Politik werde »mit Blut und Eisen« gemacht, und auf diese Weise das Deutsche Reich formte. Hitler meinte, der Erfüller des Vermächtnisses Friedrichs und Bismarcks zu sein. Die Glosse von der unterschiedlich verstandenen »Façon« ist ein Beispiel für eine seltenere Form von Esprit im deutschen Witz. Mit dem Austausch von nur zwei Buchstaben ist eine große Wirkung erzielt. – Eine gewisse Parallele findet sich in einem Schiller-Witz, der auf französischem Boden spielt:

80 Während der deutschen Besetzung Frankreichs tritt ein Deutscher in das Abteil eines Zuges von Paris, grüßt mit »Heil Hitler« den einzigen französischen Fahrgast, der mit »Bonjour« antwortet, und setzt sich auf diese Brüskierung hin ärgerlich nieder. Bald darauf entdeckt der Deutsche, daß der Franzose Schiller liest. Jetzt beschließt er, Rache zu nehmen, und sagt ironisch: »Aha, unseren deutschen Schiller lesen Sie also, aber ›Heil Hitler‹ können Sie nicht sagen!« Darauf antwortet der Franzose: »Wieso, Schiller ist doch ein internationaler Dichter.« Der Deutsche erstaunt, und sein Gegenüber erklärt ihm: »Ja, sehen Sie, er hat für die europäischen Völker geschrieben, für die Engländer *Maria Stuart*, für die Spanier *Don Carlos*, für die Tschechen *Wallenstein*, für die Schweizer *Wilhelm Tell*, für die Franzosen *Die Jungfrau von Orleans*.« Da wird der Deutsche ungeduldig und fragt: »Ja, und was denn für die Deutschen?« Darauf sagt der Franzose ruhig: *»Die Räuber.«*

Man erzählte sich auch, die Franzosen hätten während des Krieges ein bissiges Wort gegenüber dem Marschall Pétain gebraucht, der sich nach der Kapitulation 1940 mit

Hitler in Verhandlungen einließ und dann mit seiner Regierung in Vichy zu einem Schattendasein verurteilt war:

81 Veni, Vidi, Vichy.

Caesars militärische Formel: »Veni, vidi, vici« (Ich kam, ich sah, ich siegte) bot dazu die kontrastreiche Vorlage. Auf französisch formte man auch eine kurze Völkerpsychologie:

82 Définition des Nations

Un Italien: patriote. Deux Italiens: démonstration. Trois Italiens: défaitisme.

Un Français: esprit. Deux Français: l'amour. Trois Français: révolution.

Un Allemand: poète. Deux Allemands: organisation. Trois Allemands: la guerre.

Der Abschluß des deutsch-russischen Nichtangriffspakts im Sommer 1939 wurde ebenso ironisiert. So sagte man, Hitlers Gastgeschenk an Molotow sei eine signierte Luxusausgabe von *Mein Kampf* gewesen mit eigenhändigen *Radierungen* der antirussischen Textstellen durch den Führer.

Im Pariser *Figaro* erschien eine kleine Notiz über eine angebliche pikante Liebesaffäre des »Führers«. Darauf mußte der deutsche Botschafter in Paris bei der französischen Regierung Antrag auf Berichtigung der Falschmeldung über ein ausländisches Staatsoberhaupt stellen.

Der *Figaro* brachte nun zwangsweise eine Berichtigung, die er boshaft faßte. In Frankreich sei man, so schrieb das Blatt, toleranter in Liebesdingen als im tugendhaften nationalsozialistischen Deutschland. Liebeleien nehme man den regierenden Häuptern nicht übel. Noch heute sei Henri IV., den man in Frankreich den Roi vert zu nennen pflege und auf den die bekannte Anekdote mit dem Toujours perdrix zurückgehe, trotz seiner vielen Liebschaften immer noch der populärste französische König. Dagegen habe man größtes Mißtrauen gegenüber Männern, die sexuelle Tugend gepachtet hätten, wie etwa der impotente Bluthund Robespierre. Auch lehne man in Frankreich Leute ab, die sich des Weines enthielten, des Fleischgenusses oder des Tabaks. Wer nun aber lauter Tugenden und überhaupt keine Laster habe, auf alle vorgenannten männlichen Neigungen streng verzichte und nur Grünzeug esse, müsse nach französischer Auffassung ein ganz besonderes Ungeheuer sein!

Nach dieser Abfuhr soll Hitler nie wieder »Berichtigungen« in ausländischen Blättern verlangt haben, solange dort noch Presse- und Redefreiheit bestand.

Churchill soll einem Korrespondenten der *Times* erklärt haben,

83 Hitler habe es leicht mit dem Siegen, denn er kämpfe ja nur gegen Trinker, Paralytiker und Irre, während er, Churchill, dem größten Feldherrn aller Zeiten gegenüberstehe.

Mit diesem Wort geißelte das deutsche Volk scharf die rüden Verkehrsformen in den Reden Hitlers, der die Politiker der Gegenseite gern mit den übelsten Schimpfnamen belegte: Roosevelt als Paralytiker, Churchill als Trinker, Stalin als Irren bezeichnete, während er es selbst nur zu gern duldete, daß man ihn auf sämtlichen Gebieten als größtes Genie aller Zeiten pries.

Der französische Botschafter in Berlin wurde bei einem Besuch in Paris gefragt, wie es denn im neuen Deutschland aussähe. Er erwiderte diplomatisch:

84 Deutschland ist ein schöner Garten, in der Mitte steht eine große Wunderblume, um sie herum stehen einige bescheidenere Blumen wie Edelweiß, Rittersporn, Löwenmaul, Männertreu, und alles übrige ist Zittergras.

Rasch verfiel der diplomatische Stil; dadurch wurden die Deutschen in aller Welt übel beleumundet. Anlässe entsprechender Witze waren vor allem Entgleisungen führender deutscher Diplomaten. Als enfant terrible unter ihnen galt Joachim von Ribbentrop, seines Zeichens Sektvertreter der Firma Henkell, in die er auch eingeheiratet hatte. Hitler ernannte ihn zum deutschen Botschafter in London. In dieser Eigenschaft erschütterte er seine Stellung durch eine Reihe diplomatischer Mißgriffe. Schlimm war, daß er beim Überreichen seines Beglaubigungsschreibens den englischen König mit dem »Deutschen Gruß«, das heißt mit erhobener rechter Hand, grüßte. Das mußte am britischen Hof mit dessen strenger Etikette als Beleidigung aufgefaßt und als symptomatische Geschmacklosigkeit verstanden werden.

85 Ribbentrop wurde nach diesem Empfang im britischen Königshaus mit dem schockierenden Hitlergruß in einer britischen Karikatur als Schüler dargestellt, dem der Lehrer (der König) auf die Schulter klopft mit den Worten: »Du darfst austreten, Joachim!«

Ribbentrop motivierte den Bonzen des Dritten Reiches gegenüber den Gebrauch des deutschen Grußes mit der Erklärung, er habe den Briten bekunden wollen, daß eine »neue Zeit« angebrochen sei.

86 Ein höherer Parteigenosse kam in amtlicher Eigenschaft nach London. Beim englischen Zeremoniell fühlte er sich unwohl, das schlug ihm auf den Magen. Er wandte sich an einen Diener mit der Frage, wo der gewisse Ort sei. Der Diener antwortete: »Am Ende des Ganges links befindet sich eine Tür mit der Aufschrift Ladies. Da dürfen Sie nicht hinein. Rechts ist eine Tür mit der Aufschrift Gentlemen. Da dürfen Sie trotzdem hinein.«

Eine geradezu klassische Formel kommt zustande: des Leibes Notdurft sollte noch am gekennzeichneten Platz verrichtet werden, obwohl nach dem Charakter der Türinschrift der Fragesteller sich dort nicht einfinden dürfte.

Im Grunde widerstrebte den Nazis diplomatisches Vorgehen völlig. Es hätte nämlich bedeutet, auf den Partner zu hören, ihn in seinen Eigenarten zu respektieren, um wirksame und konstruktive politische Kompromisse zu ringen. Das aber war den braunen Machthabern wesensfremd. Wen die »Vorsehung« zur Herrschaft bestimmt hatte, der mußte alle Widerstände brechen, Verträge zerreißen, den Schwächeren niederschlagen. Blanker Sozialdarwinismus triumphierte.

87 Die Schweizer fürchteten sich lange Zeit vor dem Einschlafen, weil sie gewärtig sein mußten, als Eidgenossen zu Bett zu gehen und als Volksgenossen aufzuwachen.

Skrupel wurden geradezu als Überbleibsel einer steril gewordenen bürgerlichen Welt verachtet. Diplomatie hatte Hammerfunktion. Der folgende Witz stellt Hermann Göring, den späteren Reichsmarschall, als typischen Hammerdiplomaten dar, der er auch tatsächlich war.

88 1935 schickt Hitler von Papen nach Rom, den Papst für den Nationalsozialismus zu gewinnen. Doch von Papen hat keinen Erfolg. Auch Goebbels ist nicht sehr erfolgreich, er bringt nur einen kleinen Beitrag für die NSV mit. Da wird Göring auf den Weg geschickt. Drei Tage später empfängt Hitler ein Telegramm von Göring aus Rom: Auftrag ausgeführt. Papst tot. Vatikan brennt. Tiara paßt. Dein Heiliger Vater.

Dieser Witz verweist auf verschiedene Tendenzen. »Papst tot« geht zurück auf die alte SA-Praxis, Feinde zu beseitigen, weil nur der »erledigte« Feind nicht mehr gefährlich gen, weil nur der »erledigte« Feind nicht mehr gefährlich sei. Göring war der erste Organisator der SA bereits vor dem Münchener Putsch 1923. Später leistete er gründliche Arbeit im Zusammenhang mit der Röhm-Affäre, als er Hunderte liquidieren ließ. »Vatikan brennt« spielt auf den Reichstagsbrand (27. Februar 1933) an, von dem man munkelte, Göring habe ihn ausgelöst. Sicher ist jedenfalls, daß ihm in seiner Funktion als Preußischer Ministerpräsident der Brand sehr gelegen kam. Nun konnte er wiederum gegen die als Brandstifter erklärten Kommunisten wüten, was er gründlich besorgte. Als willfähriger Schlagetot seines Meisters Hitler stand er allezeit zur Verfügung. »Tiara paßt« spielt schließlich ironisch auf Görings Leidenschaft für erlesene Steine, Metalle, Gemälde und Teppiche an, die er sich überall im eroberten Europa zu beschaffen wußte. Die Museumsdirektoren zitterten stets, wenn bei einem Besuch ihrer Ausstellungen dem »Reichsmarschall« Göring ein Kunstwerk besonders gut gefiel. »Dein Heiliger Vater« ist eine unüberbietbare makabre Ironie auf seine Bereitschaft, jedes unbesetzte Führungsamt zu übernehmen, obwohl er davon bereits mehr als ein halbes Dutzend innehatte. Die Privilegien und Einkünfte aus diesen Pfründen nahm er gern.

Das letzte Beispiel aus der diplomatischen Praxis des Dritten Reiches, wie sie sich im Flüsterwitz abzeichnete, führt auf das Hofparkett. Es spricht sich darin das Mißtrauen schlichter Zeitgenossen gegenüber der Etikette der Botschafter unter dem Nationalsozialismus aus. Man bezweifelte ihren *Takt*, und, soweit sie nicht mehr aus der alten Schule stammten, wohl mit Recht. Wenn nämlich eine niedrige Parteibuchnummer den Ausschlag für die diplomatische Karriere gab, dann mochte die Wirklichkeit nicht fern sein von dem, was sich hier in einer erdachten Situation abspielte:

89 Eine bekannte Regentin hatte ein körperliches Leiden, welches sich dadurch bemerkbar machte, daß sie gewisse Leibestöne nicht unterdrücken konnte.

Bei einem Staatsdiner entstand wieder das peinliche Pfeifen. Sofort erhob sich der französische Gesandte, verbeugte sich und flüsterte errötend »Pardon!«.

Die Situation war gerettet. Der deutsche Gesandte blickte neiderfüllt auf seinen französischen Kollegen, der mit so viel Eleganz aus einer peinlichen Situation ein Plus für sich und sein Land herauszuholen verstand.

Bald ertönte das Geräusch wieder. Mit einem Ruck erhob sich der deutsche Gesandte, stieß seinen Stuhl zurück, schlug die Hacken zusammen und schmetterte mit Kommandostimme in die Tischrunde: »Diesen sowie die drei nächsten übernimmt die deutsche Reichsregierung.«[28]

Kapitel 5

Partei und Bonzen

Verständlicherweise konnte sich der Witz an den wuchernden Parteiorganisationen entzünden. Mit ihnen kam schließlich jeder Volksgenosse in Berührung, da man ihn nötigte, die politische Rechtschaffenheit durch seinen Beitritt nachzuweisen. Irgendwo wurde jeder »erfaßt«. So bot sich Gelegenheit, die Aufgeschwemmtheit und den Leerlauf dieser anmaßenden Verbände zu erleben. Die »Hoheitsträger« der NSDAP bis hinab zum letzten Blockleiter waren aber jeder Beurteilung durch die Volksgenossen enthoben. Sie hatten Anteil an der »Hoheit« des Führers und waren ihm allein verantwortlich. Er konnte sie auch gegen öffentlichen Unmut in ihrem Amt halten, wie er es bei manchen Funktionären tat, die gewisses öffentliches Ärgernis erregt hatten, soweit von Öffentlichkeit angesichts fehlender freier Zeitungen oder anderer Medien die Rede sein konnte. Zu solchen Schützlingen rechneten etwa Robert Ley, Julius Streicher und zeitweise Ernst Röhm. Um so stärker waren sie schließlich der Gnade ausgeliefert, und um so mehr durfte Hitler »bedingungslosen Einsatz« für seine Person von ihnen erwarten.

Vermutlich hat der Witz gegen den Führer des Dritten Reiches darum die schneidende Schärfe und den Zynismus erhalten, weil keine Möglichkeit bestand, die Presse zur geistigen Auseinandersetzung zu gebrauchen. So mußte der Witz gleichsam in den *Untergrund* gehen und von dort aus die Machthaber und ihren Apparat angreifen. Aus dieser Perspektive wurden freilich auch manche fast pornographischen Bilder gewonnen und für den Witz genutzt. Zu Recht wurde bemerkt, es wäre auch entschiedenen Gegnern Wilhelms II. nicht eingefallen, seinen verkürzten Arm zu bespötteln. Der Klumpfuß des Reichspropagandaministers Joseph Goebbels und seine übrige, nicht gerade heldische Gestalt (*der Schrumpfgermane* oder – in Anlehnung an Wagners Opern – *Wotans Mickymaus*) zogen aber Spott auf sich. Darin zeichnet sich die grundsätzlich neue politische Situation des Nationalsozialismus ab. Es fehlte an Vertrauen, daß die neue Spitze ehrenhaft sei. Niemand war bereit, sich kritisieren zu lassen oder sich parlamentarisch zu verantworten. Die Atmosphäre war seit 1933 innenpolitisch giftiger als je zuvor im Deutschen Reich; so gerieten auch die Witze entsprechend.

Zunächst forderten die seltsamen Buchstabenzusammensetzungen bei den Parteigliederungen, ihr Abkürzungsfimmel (*Aküfi*), zur Glosse heraus. Neue Varianten und Buchstaben-Kombinationen wurden ersonnen. Sehr früh bereits kam für die NSDAP auf:

90 Nur solange die Armee pariert,

womit man richtig zum Ausdruck brachte, daß der gesamte Nationalsozialismus verspielt hätte, sobald die Reichswehr und spätere Deutsche Wehrmacht der politischen Bewegung den Gehorsam aufkündigte. Hitler verstand es zwar, durch skrupellose Personalpolitik in der Armee diesen Fall nie eintreten zu lassen, so zum Beispiel bei der Fritsch-Krise 1938, aber er blieb grundsätzlich möglich. – Eine andere Auslegung der fünf Parteibuchstaben wandte sich stärker einzelmenschlichen Schwächen zu:

91 NSDAP = Na, suchst du auch Pöstchen?

Oder man spielte gar auf Hitlers Tätigkeit als Postkartenmaler vor dem Ersten Weltkrieg an:

92 NSDAP = Nimm schnell deinen alten Pinsel!

Im Elsaß wurde NSDAP folgendermaßen erklärt:

93 Nous sommes des Allemands provisoires.

Zudem verglich man die NSDAP auch mit einer Straßenbahn:

94 Bei beiden kommt man nicht an die Oberleitung heran, und immer muß man Kleingeld bereithalten.

Bei Hitlers Kanzlerschaft (*Machtergreifung*) fragte man, wer die Reichskasse gestohlen habe. Zu jener Zeit waren in Deutschland die Gebrüder *Sass* als Tresorknacker sehr bekannt. Die Frage beantwortete der Volkswitz mit einem bezeichnenden Hinweis; die Gebrüder Sass seien SASS, das heißt,

95 SA + SS = SASS,

was ja wohl gerade im Hinblick auf die Reichskasse nicht ganz ohne tieferen Sinn war.

Aus dem NSKK, durch das die Motorisierung in Deutschland volkstümlich gemacht werden sollte, entstand:

96 NSKK = Nur Säufer – Keine Kämpfer
oder: nationalsozialistischer Kellerkrieger,

und die Sachsen sagten im Dialekt

97 Kellerkriecher.

Aus NSBO machte man:

98 Noch sind Bonzen oben.

Auch der BDM mußte es sich gefallen lassen, gedeutet zu werden:

99 BDM = Bald deutsche Mutter,
Bubi, drück mich,
Bedarfsartikel deutscher Männer.

100 Künftig wird es nur noch drei Sorten Schokolade geben; »SA bitter«, »BDM süß« und »Amtswalter-Bruch«.

Man unternahm es auch, eine Reihe von Abkürzungen hintergründig sinnvoll zu verbinden:

101 Mutter Meyer bekommt von ihrer Tochter einen Brief: KdF! BDM! NSV!

Sie antwortet: Meine Deern, was soll das heißen?

Darauf die Deern: Kannst dich freuen! Bin deutsche Mutter! Nun such Vati!

Überhaupt wurde das Verhalten der jungen Generation gegenüber älteren »bürgerlichen« Menschen zunehmend rüder. Die Partei unterstützte nämlich die Oppositionslust der Nachwachsenden. Hitlers Wort »Ihr seid die Garanten der Zukunft« (im Witz: *die Emigranten der Zukunft)* wurde unablässig zitiert und förderte ein protziges Selbstbewußtsein. Manche sahen die Überheblichkeit der Hitlerjugend zu Recht mit Sorge, obwohl sie kaum ahnen konnten, daß Hitler eben diese »herrische« Jugend hervorrufen wollte, damit sie ein brauchbares Werkzeug seiner Großraumpolitik würde. Um dieses Zieles willen durfte sie auf mitmenschliche Umgangsformen verzichten, wie es in einer kleinen Geschichte festgehalten wurde.

102 In der überfüllten Straßenbahn steht eine alte Dame vor einem sitzenden Pimpf, der gar nicht daran denkt, ihr seinen Platz anzubieten, sondern sich räkelt und frech in die Runde schaut.

Ein Herr, der neben der alten Dame steht, wendet

sich schließlich an den Jungen und fragt: »Sag mal, mein Junge, hast du noch nie gehört, daß man älteren Personen immer höflich seinen Platz anbietet?«

Der Pimpf sieht darauf den Sprecher maßlos erstaunt an und sagt schließlich, ohne die Hände aus den Hosentaschen zu nehmen: »Soweit kommt das noch! Deutschlands Zukunft soll aufstehen, damit das alte Friedhofsgemüse sitzen kann.«

Die ideologische Überfremdung der Jugend zeigt sich an den Parolen, die man ihr zumutete. Auf der Klinge des Fahrtenmessers, das der Jungvolkjunge (Pimpf) mit zehn Jahren nach einer Probe anlegen durfte, fand sich »Blut und Ehre« eingraviert. »Ehre« war in diesem Alter begrifflich nicht faßbar, so blieb also nur »Blut«. Es soll vorgekommen sein, daß Schüler beim Empfang schlechter Zensuren in der Klasse ihre Fahrtenmesser zogen und mit dem Ruf in die Tischplatte stießen: »Und dafür haben wir nun vierzehn Jahre gekämpft!« Hitlers berüchtigte Redefigur der »vierzehn Jahre« klang aus Kindermund absurd.

Aber der Witz entwarf auch Bilder, die von dem Mitleid zeugten, das viele Ältere gegenüber einer verführten Jugend empfanden, die man mit Phrasen berauschte, um sie auf den Schlachtfeldern Europas zu verbrauchen. Der Typ eines ratlosen Knaben, der hier geschildert wird, entspricht den Hitlerjungen, Flakhelfern und »Volkssturmmännern« der letzten Kriegsmonate:

103 An einer Straßenecke steht ein kleiner Junge und weint bitterlich. Ein Schupo geht auf ihn zu und fragt:
»Warum weinst du denn, mein Junge?«
»Huhuhu – weiß ich nicht.«
»Wie heißt du denn, mein Junge?«
»Huhuhu – weiß ich nicht.«
»Wo wohnst du denn, mein Junge?«
»Huhuhu – weiß ich nicht.«

»Ja, wo kommst du denn her?«
»Huhuhu – von der Führerbesprechung.«

Beliebt war ferner, Leitworte des Nationalsozialismus in andere Zusammenhänge zu übertragen:

104 Ein SA-Mann geht in die Kneipe, um einen Halben hinter die braune Binde zu kippen. Als er wieder herauskommt, ist sein Fahrrad verschwunden. Statt dessen hängt ein Zettel dort an der Wand, wo es gestanden hat, und verkündet: »Räder müssen rollen für den Sieg! SA marschiert!«

»Räder müssen rollen für den Sieg« stand während des Krieges auf den deutschen Lokomotiven und wurde so als Parole durch alle »Gaue« getragen, während die Zeile »SA marschiert« aus dem Horst-Wessel-Lied stammt, worauf bereits verwiesen wurde. Verbreitet waren ferner Gruppenwitze. Unzählige dieser Art begannen: »Hitler, Göring und Goebbels gingen einmal . . .«, und dann wurde eine spezielle Situation geschildert, in der die drei weltbekannten Vertreter in ihrer Weise handeln.

105 Was verlangt man von einer guten Martinsgans, wenn sie auf den Tisch kommt?
Sie muß sein: so braun wie Adolf,
so fett wie Göring,
so schlabberig wie Goebbels und
so gut gerupft wie das deutsche Volk.

Schärfer verfuhr man in einem Gruppenwitz, der seine Durchschlagskraft aus den Kontrasten zog:

106 Wie sieht der ideale Deutsche aus?
Blond wie Hitler,
groß wie Goebbels,
schlank wie Göring und
keusch wie Röhm.

107 Göring, Goebbels und Schacht sind in einem Restaurant am Kurfürstendamm unerkannt geblieben; denn Göring war in Zivil, Goebbels hat während der ganzen Zeit den Mund nicht aufgetan, und Schacht hat bezahlt.

108 Welches ist der Unterschied zwischen Bismarck, Hitler, Goebbels und von Papen?

Bismarck sagte, was er glaubte, Hitler glaubte, was er sagte, Goebbels glaubte nicht, was er sagte, und von Papen sagte nicht, was er glaubte!

Manchmal ließ man auch die Hauptvertreter der braunen Regierung gemeinsam erscheinen. Das ergab eine Parade, verriet die Freude am volkstümlichen Reim und die Vorliebe für ein stabiles Preisgefüge:

109 Twölf Penning kost' dat Ei –
seggt Doktor Ley!
Bloß noch Pellkartoffeln und Hiring –
meint Hermann Göring!
Dördig Penn de Äppels –
seggt Joseph Goebbels!
So schlimm is dat noch nie west –
seggt Rudolf Heß!
Dat ward ja woll immer dürer, –
seggt de Führer!
Hebb' ick mi dat nich lang' dacht, –
seggt Dr. Schacht!
Har'n de Arbeiter dat weten –
har'n se di wat scheten!

Auch der Witz von der blinden Kuh ist volkstümlich:

110 Hitler träumte, und als er erwachte, ließ er einen Traumdeuter kommen, dem er seinen Traum vortrug:

»Ich stand auf einer Wiese, und auf dieser Wiese weideten drei Kühe, eine fette, eine magere und eine blinde. Sage mir, was das bedeutet!«

Da erwiderte der Weise:

»Die fette Kuh, mein Führer, ist dein Reichsmarschall Göring, die magere Kuh dein Propagandaminister Goebbels, aber die blinde Kuh, mein Führer, das bist du!«

Richtig erkannte man die Blindheit Hitlers, die er, je näher der Untergang kam, auch entschieden aufrechterhalten wollte. Wenn er schon immer Machtgruppierungen seiner Feinde schlecht einschätzen konnte, so mußte man ihm zuletzt falsche Zahlen über die deutsche Kampfstärke mitteilen, weil er die Wirklichkeit nicht mehr ertrug. Das konnte sich durch Gejammere oder rasende Wut gegen die »Unfähigkeit«, »Sabotage« oder den »Verrat« seiner Mitarbeiter entladen, was gleichermaßen von seiner Umgebung gefürchtet wurde. Als der Glücksstern des »größten Feldherrn aller Zeiten« zu sinken begann und sich seine militärische Scharlatanerie offenbarte, da lud er die Schuld auf den deutschen Generalstab, den er, wie er zuletzt sagte, nächst den Juden am meisten hasse. Auch das deutsche Volk wurde bezichtigt, versagt zu haben, nur er selbst blieb immer unbelastet. Die Tragik lag nach seiner Autosuggestion darin, daß ihm keine kongenialen, charakterfesten und in Treue verbundenen Kräfte zur Ausführung seiner Pläne verhalfen. In der »Kampfzeit« konnte Hitler mit seinem Unglück erfolgreich kokettieren. So sagte Hermann Göring, wenn es damals Schwierigkeiten in der SA gab: »Der Hitler muß her und weinen!«

Die Bonzen wurden von der Mehrzahl des Volkes besonders verachtet. Der folgende Witz überrascht, weil er eine biblische Geschichte als Hintergrund wählt:

111 Wer waren die ersten Bonzen? Die Heiligen Drei Könige: Die sahen einen Stern, legten die Arbeit nieder,

hüllten sich in köstliche Gewänder, luden die Lasten auf ihre Kamele und marschierten zur Krippe.

Obwohl ein eigenes »Parteigericht« der NSDAP Disziplinarfälle ihrer Mitglieder ahndete, entdeckte eine solche Instanz ihrem Wesen nach gerade die Korruption bei den Bonzen nicht. Alle Delikte wurden milder beurteilt, wenn nicht gar übersehen, sofern die »Gesinnung« der Beklagten regimefromm war. Außerdem gab es besonders in den ersten Jahren nach der »Machtübernahme« einen Generaldispens unter der Formulierung »revolutionärer Übereifer«. Hitler selbst war den materiellen Wünschen seiner alten Parteifreunde gegenüber weitherzig; nach seiner Meinung hatten sie durch ihre Treue zu ihm während der »Kampfzeit« eine Anwartschaft auf gute Versorgung erworben. Die Geldgier wuchs jedoch weiter, und die »Amtswalter« wurden zunehmend hemmungsloser. Diesen Umstand kleideten Zeitgenossen in eine einprägsame Geschichte:

112 Ein Ausländer besucht einen Berliner Freund. Dieser unterstützt nach außen hin die Naziregierung, innerlich aber verachtet er sie. Auf einem Spaziergang mit seinem Besucher erklärt er diesem, daß der Nationalsozialismus in der Theorie gut und schön sei, abscheulich jedoch in der Praxis. Menschen aus der Unterwelt seien zu führenden Stellungen gelangt und hätten überall Korruption mit sich gebracht. Als ein hoher Nazifunktionär vorüberging, sagte er: »Schau ihn dir an; für hundert Mark würde er alles tun.« Als ein weiterer uniformierter Nazi auftauchte, fuhr er fort: »Dieser würde dir die geheimsten Dokumente für hundert Mark in deine Wohnung bringen.« Er machte noch weitere abfällige Bemerkungen, die ebenfalls Nazis verschiedener Stellung betrafen. »Willst du etwa sagen, daß es keinen einzigen ehrenwerten Nazi in der gesamten Partei gibt?« fragte der Gast. »Natürlich gibt es den«, sagte der Berliner, »aber du kannst ihn nicht unter tausend Mark kaufen.«

In einem Kinderaufsatz soll zu finden gewesen sein:

113 Der Gauleiter hat bekanntgegeben, daß für ihn Alteisen, Flaschen, besonders aber Lumpen aller Art sehr wertvoll sind.

Auch die »Alten Kämpfer« erregten den Volkszorn. Sie waren Parteigenossen, die bereits vor dem 30. Januar 1933 der NSDAP angehörten und nun unumwunden den Anspruch auf soziale Besserstellung erhoben. Manche versuchten, sich nachträglich die Glorie der Alten Kämpfer selbst zu verschaffen:

114 Was ist der Unterschied zwischen Veteranen und Alten Kämpfern?

Veteranen gibt es immer weniger, Alte Kämpfer immer mehr.

Bitter wurde auch vermerkt, daß die Bonzen einander stützen und daß es mit der vielgepriesenen »Volksgemeinschaft« nicht gar so weit her war (*Meinnutz geht vor Deinnutz*). Dafür zeugt die folgende Glosse über das Kriegsschädenamt:

115 Ein durch Fliegerangriff Geschädigter, dessen Wohnung völlig vernichtet wurde, kommt aufs Amt zur Regelung von Fliegerschäden. Im Vorraum sieht er zwei Türen: Für Schwergeschädigte, für Leichtgeschädigte. Da er alles verloren hat, tritt er durch die Tür für Schwergeschädigte ein. Dort sieht er sich wieder zwei Türen gegenüber: Für Bemittelte, für Unbe-

mittelte. Da er auch kein Vermögen hat, tritt er durch die Tür für Unbemittelte. Aber wiederum blicken ihm zwei Türen entgegen: Für Parteigenossen, für Nichtparteigenossen. Da er kein Parteigenosse ist, öffnet er also die Tür für Nichtparteigenossen und – steht wieder auf der Straße.

Die kleine Geschichte wird durch eine andere trefflich ergänzt, und beide charakterisieren einen Mißstand des damaligen Reiches. Der Zeitgenosse empfand an diesem Punkt vielleicht den Widerspruch zwischen Propaganda und Wirklichkeit am deutlichsten. Ihm wurde ständig versichert, daß die Sorge für den arbeitenden Menschen, um den »Volksgenossen«, die braune Regierung unablässig bewege. In Wirklichkeit aber erfuhr er, daß die Fürsorge nur solchen zuteil wurde, die außer ihrer Volksgenossenschaft auch noch ein einwandfreies politisches Bekenntnis zum Regime ablegten, am sichtbarsten durch Parteibeitritt und den Gebrauch der politischen Formeln, insbesondere des »Deutschen Grußes«.

116 Ein Erwerbsloser will bei der Fürsorgebehörde Kohlen beantragen. Mit lautem »Guten Morgen« betritt er die Amtsstube, doch die Angestellten antworten ihm nicht. Der Mann sagt erneut: »Guten Tag, und ich hätte gern Kohlen beantragt.« Da antwortet einer der Schreiber: »Hier gibt es nur den Deutschen Gruß!« »Her mit dem Schiet«, sagt der Erwerbslose; »Hauptsache, er brennt!«

Dieser Witz lebt von einem einfachen sprachlichen Verwechslungseffekt, der akustisch nicht wahrnehmbar ist, denn »Deutscher Gruß« könnte auch »Grus« (Kohleabfall) sein.

Dann nahm man sich natürlich die einzelnen hohen Staatsfunktionäre besonders scharf vor:

117 Wer bleibt nach der Sintflut gewiß auf dem Himalaja übrig? Staatssekretär Meißner.[29]

Damit wollte man die zeitlosen, »unpolitischen« Existenzen treffen, die es meisterlich verstanden, nach jedem Wechsel oben zu bleiben und die Sonnenseite des Lebens in Dauerpacht zu nehmen. Die Bevölkerung der DDR hat 1989 für einen entsprechenden Typ den Begriff »Wendehals« geprägt. – Besonders verdächtigt wurden auch die Konjunkturschriftsteller. Unter ihnen rangierte in vorderer Reihe Hans Friedrich Blunck.[30]

118 Als zu Anfang der Nazizeit H.F. Blunck noch ehrenamtlich die Präsidentschaft der Reichsschrifttumskammer führte, meinte ein Satiriker: Es ist nicht alles Gold, was blunckt!

In einer Münchener Zeitung erschien folgende Notiz:

119 In dieser Ausgabe findet sich unter Garantie kein Beitrag von Hans Friedrich Blunck.

Als bedauernswerter Mann wurde Reichserziehungsminister Rust dargestellt. Er befand sich in der unglücklichen Lage, sein Ministerium weniger begünstigt zu sehen als die Instanzen des Reichsjugendführers Baldur von Schirach. Dieser genoß Hitlers Vertrauen, da er die Jugend im Parteigeist erzog, während Rust und seine Studienratskollegen nur als bürgerliche Fachleute mit geringem politischen Elan galten. Rust war zumeist der Verlierer, und seine Verfügungen mußten oft schon bald nach ihrem Erscheinen zurückgenommen werden; die Hitlerjugend hatte größeren Kredit bei der Reichsleitung:

120 Neue Maßeinheit.

Da die Verordnungen des Unterrichtsministeriums einander jagten und widersprachen, nannte man »ein

Rust« die Zeit vom Erlaß einer Verordnung bis zu ihrem Widerruf.

Rust wurde auch »Reichsunruhestifter« (R-U-St) genannt, da er den »rollenden Stundenplan« für die deutschen Schulen verordnet hatte.

Als weitere Maßeinheit nannte man:

121 1 Gör: Diejenige Menge Blech, die ein Mann auf der Brust tragen kann.

1 Goeb: Diejenige Kraft, die erforderlich ist, um 10 000 Lautsprecher gleichzeitig abzustellen.

In anderer Weise wurde der Reichssportführer von Tschammer und Osten angegriffen. Da die körperliche Ertüchtigung im Dritten Reich unablässig gefördert wurde und der Erziehung zur »Wehrhaftigkeit« diente (Wehrsport), stand von Tschammer und Osten oft im Vordergrund, besonders bei repräsentativen Veranstaltungen, deren Höhepunkt die Berliner Olympiade 1936 bildete. Man erzählte von ihm:

122 Der Reichssportführer von Tschammer und Osten errang die Meisterschaft im Damen-Brust-Kraulen.

Über Schirach sagte man:

123 Baldur von Schirach ist Protektor des Wiener Musikfestes geworden. Aufgeführt wird zu seinen Ehren eine »Pimpfonie in Bal-Dur«.

Anspielungsreich waren die Aussagen über Ernst Röhm, den Stabschef der SA, der, wie bereits erwähnt, am 30. Juni 1934 mit weiteren Kampfgenossen von Hitler liquidiert wurde. Jahrelang hatte die Partei die offenkundige Homosexualität dieses Mannes geduldet. Im Juni 1934 aber war sie einer der Gründe für die Beseitigung Röhms. Die homophile Veranlagung des SA-Führers Röhm war der Ausgangspunkt seiner Verunglimpfung:

124 Wandspruch bei Röhm:
Nach vier Uhr laß die Arbeit ruhn
und freu dich auf den Afternoon.

125 Röhm fährt auf Urlaub nach Italien und will ein paar warme Tage am Po verbringen.[31]

Ferner charakterisierte der Volksmund Röhm als »Hinterlader«, oder man ließ ihn gar im Gespräch der »Volksgenossinnen« auftauchen:

126 Zwei Frauen unterhalten sich in der Straßenbahn über die Erschießung Röhms: »Schade um den Mann!« sagt die eine. »Er hatte so gute Absichten.«
»Wieso gute Absichten?«
»Nun, er wollte doch ab morgen von vorne anfangen.«

Zynisch reagierte man auch auf die Erklärung des Propagandaministers Goebbels nach dem 30. Juni 1934, in der er behauptete, der Führer sei tief erschüttert gewesen, als er von der moralischen Verworfenheit seines Mitarbeiters Röhm erfahren habe. Man sagte:

127 Wie wird der Führer erst betroffen sein, wenn er von dem Klumpfuß des Joseph Goebbels erfährt!

Ärgernis entbrannte ferner an der Bonzenpraxis, sich schamlos zu bereichern. Man schützte Politik vor, hatte aber nur den eigenen Beutel im Auge. »Sie sprechen von Religion und meinen Kattun«, dieses den Engländern höhnisch zugeschriebene Verhalten traf genau die Praxis der Nationalsozialisten. Zur Klage boten sie besonders während des Krieges Anlaß, als viele von ihnen Aufträge in den besetzten Ländern dazu benutzten, sich reichlich mit Mangelwaren einzudecken. Durch ihre weitgeknüpften Verbindungen konnten sie begehrte Artikel nach Deutschland schaffen und ihr Leben angenehm gestalten. Wegen der Goldborte am Kragen ihrer Parteiuniformen nannte man sie auch *Goldfasane*. Da ihr Tagewerk wohl häufig nicht sehr anstrengend gewesen sein dürfte, wurde ein Sprichwort auf sie umgemünzt: *Müßiggang hat Gold am Kragen*. Jedenfalls machten die Parteifunktionäre mit dem Hochmut von Emporkömmlingen und der üblichen nazistischen Bedenkenlosigkeit vor allem in den besetzten Ländern den deutschen Namen verhaßt.

Auch die Millionenbeträge der Spendengelder wanderten durch ihre Hände. Wie wenig Vertrauen das Volk sowohl gegenüber der Echtheit der Winterhilfe als auch gegenüber der Redlichkeit seiner »Amtswalter« hatte, erschließt ein Berliner Funktionärsgespräch:

128 Zwei Politische Leiter machen einen Spaziergang durch den Tiergarten. Einer von ihnen findet plötzlich einen Fünfzig-Mark-Schein. »Den gebe ich der Winterhilfe«, sagt er. Der andere sieht ihn verwundert an und fragt: »Warum denn so umständlich?«

Wer die Macht hatte, durfte sich alles erlauben:

129 Wie konjugiert man »gleichschalten«?
Ich schalte gleich,
du fliegst raus,
er setzt sich rein!

Oder man fragte:

130 Was ist ein Reaktionär?
Der Inhaber eines gutbezahlten Postens, der einem Nazi gefällt.

Dieser Vorwurf gewann eine bestürzende Aktualität durch den Reichsaußenminister, Joachim von Ribbentrop. Bei einer Fahrt kam Ribbentrop am Schloß Fuschl bei Salzburg vorbei, das von den Salzburger Erzbischöfen im 17. Jahrhundert erbaut worden war. Die wunderbare Anlage gefiel dem Reichsaußenminister, und er erkundigte sich nach dem Besitzer. Dieser, ein Wiener Baron, erhielt bald darauf ein Kaufangebot, das er mit der Begründung ablehnte, es handle sich um alten Familienbesitz und außerdem bewohne er das Schloß. Eines Tages wurde der Baron ins Konzentrationslager Dachau verschleppt und ermordet. Schloß Fuschl kam in die Hand des Großdeutschen Reiches und wurde dem Reichsaußenminister als Sommersitz zur Verfügung gestellt. Die alttestamentliche Geschichte von Naboths Weinberg (1. Kön. 21) empfing eine moderne Parallele.

Das Verhalten Ribbentrops ist nur ein Beispiel für die moralische Hemmungslosigkeit der höchsten Staatsfunktionäre im Dritten Reich. Wie man um eines vorgegebenen völkischen Wohlstandes, eines »Platzes an der Sonne« willen ganze Völker ins Elend jagte oder es sich bis nach dem »Endsieg« aufsparte, so verfuhren die Vertreter der Obrigkeit in ihrem Privatleben. Was ihnen gefiel, mußte herhalten. Sie machten es wie Hans Liederlich im *Faust*, der »jede schöne Blum« für sich begehrte. Diese Verhältnisse in der Führungsspitze des Reiches wurden von einigen Zeitgenossen richtig eingeschätzt. Die folgende kleine Geschichte gewinnt ihre Wirkung durch den Umstand, daß sie die Großbonzen allesamt auf das Grundverhalten festlegt:

131 Ein ausländischer Diplomat hatte etwas in der Parteizentrale der NSDAP zu erledigen. Auf dem Flur wurde er von dem wüsten Antisemiten Julius Streicher angeredet. Als sich nach der kurzen Unterhaltung die beiden trennten, bemerkte der Diplomat, daß seine goldene Uhr verschwunden war. Er ging in Himmlers Zimmer und erklärte die Umstände. Er habe noch beim Betreten des Gebäudes nach der Uhr geschaut und außer Streicher niemand getroffen, und nun vermisse er die Uhr; natürlich falle es ihm nicht im Traum ein, etwa Herrn Streicher zu verdächtigen, aber die Uhr sei von großem persönlichen Wert für ihn, usw. Himmler verließ wortlos den Raum. Wenige Minuten später kehrte er zurück und händigte dem Diplomaten die goldene Uhr aus. »Oh, wie peinlich!« sagte der Diplomat. »Ich fürchte, Herr Streicher wird mir fortan wegen dieser Angelegenheit grollen!« »Seien Sie unbesorgt, mein Herr!« entgegnete Himmler. »Ich zog sie ihm aus der Tasche, ohne daß er es bemerkte.«

Hier ist eindeutig ausgedrückt, daß die Parteizentrale zugleich auch als Hauptquartier einer Bande angesprochen werden konnte. Darüber hinaus wäre festzuhalten – und möglicherweise wollte der Volkswitz damit einen Akzent setzen –, daß das Beispiel der Verbrecherbande wiederum nicht völlig zutrifft. Denn nach der Bandensoziologie ist eine bestimmte Gruppendisziplin zu wahren, ein Ehrenkodex gegenüber den »in groups«. Danach wäre es unzulässig, den anderen zu bestehlen, wie im Beispiel Himmler seinen Gefährten Streicher. Gerade mit diesem Widerspruch jedoch dürfte der Flüsterwitz die Umstände des Dritten Reiches genau treffen, wo jeder Großbonze des anderen erbitterter Feind war und dessen Prestige verminderte, wo immer es anging.

Der in seiner Lebensführung wohl verächtlichste Mann der Parteispitze war der »Reichsorganisationsleiter« und Führer der DAF, Dr. Robert Ley. Er trank hemmungslos, und dies blieb dem Volk nicht verborgen, denn Ley scheute sich nicht, auch unter Alkoholeinfluß das Rednerpult zu besteigen und zu den Massen zu sprechen. Er erhielt deshalb die Bezeichnung »Reichstrunkenbold«. Dieser Titularwitz verrät, wie selbst das für die Deutschen zumeist mit sakralem Akzent versehene »Reich« nicht außerhalb der Witzbezüge blieb (bei Goebbels entsprechend »Reichslügenbold«). Der Flüsterwitz machte in der Kombination des religiös akzentuierten Wortes »Reich« mit individuellen moralischen Defekten die groben Unstimmigkeiten in der Reichsführung bekannt.

132 Eine alte Mutter wird Abonnentin in einer Leihbücherei und läßt sich von der Inhaberin die Satzung erklären. Man sagt ihr: »Sie müssen fünf Reichsmark als Pfand hierlassen und bekommen ein Buch mit, das Sie dann wieder umtauschen können. Leihfrist drei Wochen!« Erstaunt antwortet die Frau: »Ach so, jetzt frißt der Ley auch noch drei Wochen? Sonst hieß es doch immer, daß er so lange söffe!«

Man kannte aber auch kürzere Witze über den Reichsorganisationsleiter:

133 Dr. Ley und die Lümme-Ley [statt Loreley],

oder: Der Ley ist gekommen; die Pfropfen springen raus!

Diese Witze beschrieben Leys Lebensführung annähernd richtig. Das geht aus Berichten hervor, die der Öffentlichkeit nach Kriegsende zugänglich wurden. Der Leibarzt des Reichsführers SS wurde auch zur Behandlung Robert Leys eingesetzt. Medizinalrat Kersten schildert nun, in welcher Verfassung er den »Reichsorganisationsleiter« gewöhnlich zur Behandlung vorfand: auf dem Bettrand sitzend, mit stierem Blick und betrunken.[32] Dabei beschimpfte er seine Frau in der unflätigsten Weise, sooft sie im Zimmer erschien. Frau Ley klagte dem Medizinalrat

Kersten gelegentlich, welches Höllenleben sie an der Seite dieses Triebmenschen führe und daß sie fürchte, noch von ihm umgebracht zu werden. Eines Tages wollte Ley Dr. Kersten die leiblichen Vorzüge seiner Frau zeigen und ihr darum die Kleider vom Leibe reißen. Nur Kerstens Eingreifen verhinderte die Absicht. Frau Ley behielt übrigens mit den trüben Ahnungen recht, denn ihr Mann erschoß sie später.[33]

Eine Zielscheibe des Witzes – umfänglich genug, um die Pfeile aufzufangen – war Hermann Göring, seit 1940 Reichsmarschall des Großdeutschen Reiches und »zweiter Mann im Staate«, wie er noch im Nürnberger Gefängnis 1946 selbstgefällig sagte. Er besaß eine gewisse Volkstümlichkeit. Das lag an seiner leutseligen Haltung und an den Schwächen, die er im Gegensatz zu anderen Parteileuten kaum kaschierte. Nach dem Tod seiner ersten Frau, einer Schwedin, hatte er dem Volke Gelegenheit gegeben, 1937 eine prächtige Hochzeitsfeier mit der Schauspielerin Emmy Sonnemann im Berliner Dom zu bestaunen, bei der übrigens Hitler Trauzeuge war, und später auch die Taufe der einzigen Tochter, Edda. Damit war schon ein wesentlicher Kontakt zwischen ihm und den Massen gestiftet. Er erschien ihnen menschlich, indem er ihnen seine Familie nicht vorenthielt, sondern sie in üppiger Dekoration anschauen ließ. Das hob ihn weit über Hitler hinaus, über dessen Liebesleben im Dritten Reich nicht gesprochen werden durfte und der seine makabre Hochzeit mit Eva Braun am 29. April 1945 zum Vorspiel seines Selbstmordes werden ließ. Göring war ein Mensch der vollen Tafeln, eine Gestalt von barocker Gier und Repräsentationsgelüsten. Und er war dick. Da war nichts von Hitlerscher »Dämonie«, er war ein Bonvivant, jedenfalls sahen ihn viele so.

Zahlreiche Witze liefen über ihn um, er blieb ein dankbares Objekt. Zugleich aber entbehrten sie der Gehässigkeit; sie waren bis zu einem gewissen Zeitpunkt ironische Bemerkungen über ein »hohes Tier«. – Zunächst einmal bespöttelte man die Tatsache, daß Göring eine Fülle höchster Ämter in Personalunion versah, sie sich natürlich wohl ausstatten ließ und außerdem dabei seinem Uniform- und Ordensfimmel frönen konnte:

134 Görings Adjudant stürzt aufgeregt ins Zimmer seines Chefs: »Melde gehorsamst schweren Wasserrohrbruch im Reichsluftfahrtministerium.«

Göring springt auf: »Man reiche mir meine Admiralsuniform!«

135 Göring lag mit verbundenem Kopf auf dem Sofa in Forstmeisteruniform. Grund: Der Bedauernswerte hatte eine Kieferoperation hinter sich.

136 Göring fuhr bei bewegter See auf einem Panzerschiff und opferte Neptun ausgiebig. Beim großen Abendessen sollte der jüngste Leutnant traditionsgemäß eine witzige Rede auf den hohen Gast halten. Und so teilte der junge Offizier mit, Neptun habe Göring jetzt auch zum Reichsfischfuttermeister ernannt mit der Berechtigung zum ständigen Tragen eines Netzhemdes.

137 Auch die Stationsvorsteher der Reichsbahn wollen Göring eine Aufmerksamkeit erweisen. Sie überreichen ihm daher eine rote Mütze und einen Signalstab. Diese sollen immer griffbereit auf Görings Nachttisch liegen, damit er sich ihrer bedienen kann, wenn er einen fahren lassen will.

138 Modesalon Hermann und Emmy.

Falls es mit dem Dritten Reich schiefgehen sollte, hatten Hermann und Emmy sich schon darauf eingerichtet, die großen Erfahrungen und Kenntnisse Hermanns in Uniformkunde und Jagdsportkleidung auszuwerten. Es sollte ein moderner Laden am Kurfürstendamm mit großer Zivilschneiderei, Maskenverleih und Herstellung von Filmstarbekleidung eingerichtet werden. Joseph Goebbels hatte sich dort eine Stelle als Laufjunge vorbehalten.

139 Hermann wollte ja eigentlich gar nicht seine Emmy heiraten. Warum nicht? Hermann hätte wohl lieber eine Ordensschwester geheiratet. Aber er war gezwungen, Emmy zu heiraten, weil er eben eine Schachtel für seine vielen Orden brauchte.

140 Ist es richtig, daß der verhaftete Hermann Göring als evakuierte Ordensburg aufzufassen ist?

141 Bei einer Reise durch den Teutoburger Wald erblickt Göring in der Ferne ein großes Bauwerk. Auf seine Frage, was das sei, wird erwidert: »Das ist das Hermannsdenkmal.« Darauf Göring geschmeichelt lächelnd mit repräsentativer Bescheidenheit: »Oh, das wäre für die paar Tage nicht nötig gewesen.«

142 Göring hat sich den linken Arm operativ verkürzen lassen, und warum? Damit er Wilhelms II. Uniform tragen kann.

143 Göring zieht nach neuesten Meldungen nach Leipzig. Warum? Weil es dort ein Gewandhaus gibt.

144 Als Emmy nachts erwachte, sah sie, wie ihr Hermann eifrig im Wäscheschrank wühlte und dabei dauernd murmelte. »Was machst du nur, Hermann, zählst du etwa deine Wäsche?« »Keineswegs«, erklärte Hermann, »ich befördere nur meine Unterhemden zu Oberhemden.«

Das erste blutige große Ereignis der frühen NS-Herrschaft wurde vom Volk nicht ohne Grund in Verbindung mit Hermann Göring gebracht: er brüstete sich selbst öffentlich, die hochgespielte »Röhm-Krise« brutal bereinigt zu haben. Als Preußischer Ministerpräsident löste er vor allem die Exekutionen in Berlin aus und machte sich damit in hohem Maße schuldig an den Mordtaten vom 30. Juni 1934. Seine Gegnerschaft zu Stabschef Röhm nahm folgende geschichtliche Analogie auf:

145 Weißt du, wann die Hermannsschlacht wirklich stattfand?

Am 30. Juni 1934, als Hermann die Röhmer schlug.

146 Hitler wollte den Reichsmarschall Göring zum Weltmarschall ernennen. Da kam auch Goebbels um eine Titelerhöhung ein: Er wollte wenigstens zum Halbweltmarschall ernannt werden.

Auch Görings Korpulenz mußte gelegentlich zu Spekulationen herhalten:

147 In Karinhall, seinem Schloß in der Nähe von Berlin, beobachtete Göring während des Krieges durch das Küchenfenster die Frau eines Forstarbeiters, die auf dem Herde Kartoffeln ohne Fett briet. Dafür schwenkte sie eifrig eine Hakenkreuzfahne über dem Herd. Hermann erkundigte sich, ob dies etwa ein besonderer Zauber sei. »Nein«, sagte die Frau, »ich versuche nur etwas, denn unter dieser Fahne sind schon viele fett geworden.«

Görings Hochzeit mit der Berliner Schauspielerin Emmy Sonnemann erweckte ebenfalls allerlei Kombinationen. Das folgende Beispiel bezieht sich auf Görings Schärfe gegenüber allen Reaktionären:

148 Als Hermann Göring Emmy Sonnemann geheiratet hat, reist das junge Paar in die Flitterwochen. Auf der Fahrt zu dem schönen Landsitz fragt Emmy neckisch ihren Hermann: »Was meinst du, werden wir uns dort auch vertragen?« Hermann gibt seiner Zuversicht Ausdruck. Darauf sagt Emmy: »Nun, ich meinte nur, du duldest doch keine Gegenbewegung?«

Auch die Geburt der Tochter Edda im Jahre 1938 rief einige Spekulationen hervor. Es war nämlich insgeheim bezweifelt worden, daß Hermann der Vater des Kindes sei; man war jedenfalls von seiner Potenz auf diesem Gebiet nicht allenthalben überzeugt. So sagte man, der Name Edda habe eine tiefere Bedeutung, ähnlich wie andere Abkürzungen des braunen Staates:

149 Edda = Edda dankt dem Adjudanten! oder
Ewig Dank dem Adjudanten!

150 Man bespricht im Reichsluftfahrtministerium die geplanten Feierlichkeiten anläßlich der bevorstehenden Niederkunft Emmy Görings. General Milch bittet Göring um seine Vorschläge: »Was gedenken Exzellenz zu tun, wenn es ein Mädel wird?« »Dann werden hundert Flieger über Berlin kreisen!« »Und wenn es ein Junge wird?« »Dann werden tausend Flieger über Berlin kreisen.« »Und wenn gar nichts kommt?« »Dann fliegt mein Adjudant.«

151 Wenn Emmy von Hermann ein Kind bekommt, was ist das? Ein Triumph des Willens. Und wenn Hermann glaubt, das Kind sei von ihm, was ist das? – Ein Triumph des Glaubens.

Die Witze über Hermann Göring wurden im Laufe der Zeit, namentlich seit Kriegsbeginn, immer bitterer. Zunächst hatte man sich nur über seine Korpulenz und seinen Ordensfimmel lustig gemacht. Als aber 1937 der von ihm verantwortete »Vierjahresplan« in Kraft trat, änderten sich die Verhältnisse. Das Deutsche Reich sollte für den geplanten Krieg autark werden und zwang deshalb seinen Bürgern Rationierungen von Fett und anderen Konsumgütern auf. Die Witze wurden böser, je mehr Erschwernisse hinzutraten. Daran läßt sich zeigen, wie der politische Witz faktisch auf objektive Verhältnisse reagiert und die Geschichte des Faschismus von unten schreibt. Im Falle Göring wurde daraus die Häme über die Großmäuligkeit des Oberbefehlshabers der Luftwaffe. Er wolle Meyer heißen, sofern ein feindliches Flugzeug die Reichshauptstadt erreiche, hatte er prahlerisch verkündet. Als 1942 die Bombardierung systematisch begann und eine deutsche Stadt nach der anderen in Schutt gelegt wurde, blieb entsprechend statt Hermann Göring nur »Hermann Meyer« übrig. Zudem kursierten zahlreiche Varianten über seine Gefräßigkeit und den Lebensmittelmangel im Volk. Die Witze brachten zumeist die Pointe, er sei in seinem eigenen Vorratslager zu Schaden gekommen; entweder in ein Butterfaß gestürzt, von einer Speckseite erschlagen oder über eine Wurst gefallen. Damit spiegelten die Witze genau, was der Öffentlichkeit fehlte, und bestätigten im übrigen, was nicht nur bei faschistischen Funktionären, sondern allenthalben in diktatorischen Regimen nachträglich bei deren Leitungskadern nachgewiesen wurde: rücksichtslose Hortung von Mangelware für den eigenen Gebrauch.

Kapitel 6

Propaganda

Kundgebungen stellte man gern als spontane Äußerungen des Volkswillens dar, auch wenn sie bis ins einzelne vorbereitet waren. Speziell für sie hergerichtete Plätze in den Städten wurden darum ironisch als *Spontanplätze* bezeichnet. Das in Deutschland neugeschaffene Reichsministerium für Volksaufklärung und Propaganda regte die scharfen Zungen der Zeitgenossen mächtig an, und es war dazu auch ein ergiebiges Objekt. Der Chef dieser Einrichtung sorgte vor allem durch sein Privatleben dafür, daß man im Volke etwas zu flüstern hatte. Er bewirkte die »Gleichschaltung« sämtlicher Medien, kontrollierte das Kulturleben und verschaffte sich eine Schlüsselstellung in Theater und Film. Seine »Reichskulturkammer« wurde *Reichskulturjammer* genannt. Gegen seinen Willen erhielten Künstler im Dritten Reich kein Engagement. Treffend ist darum der Witz, der ein Stück aus einer seiner Reden rezitierte und der mit dem ihm eigenen berauscht singenden Tonfall vorgetragen wurde:

152 Früher ging der Weg einer Schauspielerin durch die Betten ihrer jüdischen Regisseure. Heute sind wir dran!

Dabei ist wohl nicht ohne Bedeutung, daß er sich während seiner Studien zum Kummer des tiefgläubigen katholischen Vaters von der Kirche entfremdete. Freilich kokettierte der eitle Goebbels auch gern mit seinem Apostatentum. Unablässig befingerte er seinen Schreibstil, denn er wähnte sich zum Dichter berufen. Auf eine Verschwörung schloß er, als die schriftstellerischen Versuche von den Verlagen zurückgesandt wurden.[34] Ebenso zergliederte er sein Seelenleben, wovon seine Schlüsselnovelle »Michael. Ein deutsches Schicksal« zeugt. Der Albertus-Magnus-Verein zur Förderung unbemittelter katholischer Studenten erfuhr freilich zunächst nichts über Goebbels' seelische Entwicklung, außer der Tatsache, daß die dem jungen Mann gewährten Darlehen trotz aller Mahnungen und Prozesse jahrelang nicht zurückgezahlt wurden.

Die Goebbelsforschung hat inzwischen dargelegt, daß er kein sexueller Wüstling und Vergewaltiger war, sondern mit viel Charme, Zeit und Aufmerksamkeit die Mädchen und Frauen gewann, für die er sich interessierte. Vermutlich ist der Schauspielerinnenwitz aus einem einzelnen Skandal herzuleiten, der allerdings sogar Hitler beschäftigte, da Goebbels bereit war, sich von seiner Frau Magda scheiden zu lassen, um eine junge Künstlerin zu gewinnen. Es handelte sich um die damals etwa zwanzigjährige tschechische Schauspielerin Lida Baarowa, die beim Berliner Film arbeitete und die er 1936 kennengelernt hatte. Sie hatte Erfolge als Partnerin des in jenen Jahren beliebten Filmschauspielers Gustav Fröhlich, mit dem sie auch zusammenlebte. Ein »Führerbefehl« verbot schließlich dem Propagandaminister weiteren Umgang mit der tschechischen Künstlerin, die zudem das Reich verlassen mußte. Goebbels vertrug sich wieder mit seiner Frau, und als ihm 1940 die Tochter Heide geboren wurde, nannte der Volksmund sie

153 das Versöhnungskind.

Mit diesem Vorwissen wird man die Flüsterwitze über die erotischen Abenteuer des Ministers hören müssen.

154 In der Öffentlichkeit ging das Gerücht, Joseph Goebbels verfolge die Filmschauspielerin Lida Baarowa mit Liebeserklärungen. Deshalb sollte ihm der Schauspieler Fröhlich eine saftige Ohrfeige versetzt haben. Ein

Conférencier sagte bald darauf: »Wir möchten einmal Fröhlich sein!« Das Publikum applaudierte begeistert.

Tatsächlich ist es zu einer solchen Maulschelle nicht gekommen, doch projizierten die Zeitgenossen eine entsprechend erwünschte Tat.

155 An einem sonnigen Maitag tritt Lida Baarowa aus ihrer Villa und geht in Begleitung der Zofe zum Maybach [ein damals sehr teures Auto], der vor dem Gartentor wartet, um sie ins Filmatelier zu bringen. Da ziehen Wolken über die Sonne, es sieht nach Regen aus. Lida Baarowa wendet sich zur Zofe: »Ach, Elsi, ich habe ganz meinen Knirps vergessen. Laufen Sie doch schnell hinauf und holen Sie ihn. Er liegt auf dem Bett.«

Die Zofe huscht empor, kommt aber bereits nach einer Minute ohne Schirm zurück und meldet: »Der Herr Propagandaminister liegt noch im Bett!«

Goebbels' Interesse für Filmschauspielerinnen nahm man zum Anlaß, von dieser Neigung ein Adelsprädikat abzuleiten; es wurde für ihn vorgeschlagen: *Ritter Bock von Babelsberg*. Man muß dazu wissen, daß in Babelsberg das Ufa-Film-Studio lag. Ein anderer Titel, der in schlagendem Widerspruch zu seiner Unsportlichkeit stand, lautete:

156 Goebbels ist Weltmeister im Seitensprung.

Ferner flüsterte man:

157 Haben Sie schon gehört, daß die Siegessäule jetzt erhöht werden soll?

Warum denn nur?

Weil dort die letzte Jungfrau in Berlin steht, an die Goebbels nicht herankommen soll.

Während des Krieges wurde Goebbels mit einem neuen Zweig der Luftwaffe in Verbindung gebracht, dessen Mitglieder die alliierten Bombengeschwader aufhalten sollten:

158 In Berlin müssen Frauen und Mädchen jetzt um 10 Uhr abends von der Straße verschwunden sein.
Warum denn das?
Joseph ist als Nachtjäger eingesetzt worden.

Einige wollten wissen, Goebbels sei Dozent in der »Reichsbräuteschule«; er vermittle die

159 Erotische Bastelstunde.

Auch in seiner Eigenschaft als Propagandachef wurde er weidlich verunglimpft. Man hörte:

160 Goebbels ist Ehrenbürger von Schwetzingen geworden, weil er der einzige Deutsche ist, der den Spargel quer essen kann [Schwetzingen ist eines der deutschen Spargelzentren].

Es wurde behauptet, der Minister habe eine neue Hutform erfunden:

161 Kleiner Kopf und großer Rand.

Sprichwörter werden oft umgemodelt, für Goebbels schuf man:

162 Lügen haben ein kurzes Bein.

Seine Reden und Kommentare nannte man:

163 Humpelstilzchens Märchenstunde.

164 Der lahme Goebbels geht jetzt wieder gerade.
War er denn beim Orthopäden?
Nein, man hat ihm den Scherbentag [9.11.38] in die Schuhe geschoben. [Am 9. November 1938 fand der organisierte Pogrom gegen die jüdischen Mitbürger in Deutschland statt.]

165 Goebbels ist gestorben und begegnet im Jenseits einem gepanzerten Herrn. »Ich bin Götz von Berlichingen mit der eisernen Hand.« Goebbels: »Ich bin Dr. Goebbels mit der feurigen Zunge.« Götz von Berlichingen sagt nach kurzem Zögern, indem er sich entschlossen umdreht: »Und trotzdem.«

166 Goebbels wird an der Himmelspforte zurückgeschickt und in die Hölle verwiesen. Um ihm den Weg zu erleichtern, läßt ihn Petrus durch ein Fernrohr einen Blick in die Hölle tun. Er sieht in eine aufs behaglichste eingerichtete Bar mit teuren Getränken und leichtbekleideten schönen Mädchen. Als er in die Hölle kommt, findet er es völlig anders: einen Ort der Schrecken und Qualen. Auf seine entrüstete Frage, was denn das sei, was er gesehen habe, antwortet der Teufel nur achselzuckend: »Propaganda.«

167 Friedrich der Große, Napoleon und Hindenburg unterhalten sich über Kriegsführung einst und jetzt. Friedrich ist von der Luftwaffe begeistert. »Wenn ich so viele Flugzeuge gehabt hätte wie Göring, dann wäre der Siebenjährige Krieg in vier Monaten beendet gewesen!« Hindenburg imponieren besonders Hitlers Panzer: »Wenn ich so viele Panzer gehabt hätte wie Hitler«, sagt er, »dann wäre nie ein Russe nach

Ostpreußen hereingekommen!« Da nimmt Napoleon das Wort: »Ich hätte nur den Dr. Goebbels haben sollen, dann hätte das französische Volk nie erfahren, daß ich den russischen Feldzug verloren habe!«

Schließlich wurden auch die Eltern von Goebbels in den Spott mit einbezogen, der von der Erscheinung ihres Abkömmlings ausging:

168 Goebbels' Eltern wurden ins Konzentrationslager gebracht. Der Vater sagt sehr entrüstet: »Wie können Sie einen solchen Unsinn begehen, wo ich doch der Vater von Dr. Goebbels bin?« »Ja, gerade deshalb«, entgegnet der SS-Mann, »Sie kommen hinein wegen Miesmacherei.«

Zudem nahm man die neuartige Einrichtung des Propagandaministeriums aufs Korn. Es soll einen deutschen Namen erhalten. Vorgeschlagen wird:

169 Reichsgeltungsbedürfnisanstalt.

Goebbels wird genannt: Reichsspruchbeutel oder Reichslügenmaul, nach den Angriffen auf Berlin auch: Schuttpatron.

Ferner hieß es:

170 Goebbels hat sich nun auch in den Bergen ein Schloß erbauen lassen. Es trägt den Namen »Lüg-ins-Land«!

Es wurden nicht nur die Tatsachen umgemodelt und wirkungsvoll belichtet, sondern es hob auch eine grobe und hemmungslose Fälscherpraxis an. Das zeigte sich im Sommer 1934. Wenige Tage nach dem Tode Hindenburgs verfügte Hitler die Vereinigung des Reichspräsidentenamtes mit dem des Reichskanzlers. Auf diese Weise war er sein eigener Präsident und Kanzler und krönte damit die »Ermächtigung«. Das Propagandaministerium versuchte, dem Volke darzutun, daß dieser verfassungsändernde Schritt von Hindenburg selbst empfohlen und in seinem politischen Testament niedergelegt worden sei. Jedoch glaubten nicht alle Deutschen dieser Zweckmeldung, und so nannte man Hindenburgs »Testament« auch schlicht nach seinem vermuteten Urheber

171 die Josephslegende.

Den Zweifel an der Echtheit der Wahlresultate drückte die Behauptung aus:

172 Wahlen können bis auf weiteres nicht stattfinden, da bei einem Einbruch im Propagandaministerium die Wahlresultate für die nächsten zehn Jahre aus Goebbels' Schreibtisch gestohlen worden sind.

173 Es wird erwogen, ob nicht die bürgerlichen Zeitungen ihren Text enger drucken sollen, damit man nicht soviel zwischen den Zeilen lesen kann.

Verfolgt man die einzelnen propagandistischen Maßnahmen der Nazis zur Isolierung und geistigen Verödung der Bevölkerung, so stellt das Verbot des Abhörens »feindlicher Sender« einen schwerwiegenden Eingriff dar, wie die »Verordnung über außerordentliche Rundfunkmaßnahmen« vom 1. September 1939 belegt (vgl. Text S. 232 f.). Der Flüsterwitz von unten bot dazu den entsprechenden Kommentar:

174 Welcher Unterschied besteht zwischen einem Volksempfänger und einem Großradio? Mit dem ersten hört man »Deutschland über alles«, mit dem anderen alles über Deutschland!

Immer deutlicher rückte die Propagandatechnik ins Blickfeld:

175 Worin besteht der Unterschied zwischen einem Krematorium und einer Versammlungshalle? Im Krematorium wird man verbrannt, in der Versammlungshalle nur verkohlt.

176 Weiß-Ferdl tritt mit Eisbeutel auf dem Kopf vor das Publikum. Er taumelt, stöhnt und wimmert: »Der Druck von oben ist ja jetzt verschwunden – aber der Schwindel, der Schwindel – der ist geblieben.«

Der pathetische Bariton des Propagandaministers vibrierte bei politischen Reden. Die Witzbolde liebten es, diese Stimme nachzuahmen und dabei oft völlig unlogische Behauptungen und Forderungen aufzustellen oder auch nur dummes Zeug zu proklamieren. Sie drückten damit aber richtig aus, daß bei Goebbels die Gefühlsverpackung alles und der Inhalt kaum etwas bedeutete, weil diese Propaganda mit den Stimmungen arbeitete. Tatsächlich hätte Goebbels etwa bei seinem berüchtigten Aufruf zum »totalen Krieg« im Berliner Sportpalast am 18. Februar 1943 von der Forderung einer sechzehnstündigen täglichen Arbeitszeit auf zwanzig, vierundzwanzig oder gar achtundzwanzig Stunden weiter steigern können, und es wäre ihm noch mit ekstatischem Heilgebrüll abgenommen worden. Die folgenden Redeproben müssen singend-pathetisch und mit wirkungsvollen Pausen vorgetragen werden.

177 Mein Führer! Ich melde Ihnen achttausend SA-Männer im Sportpalast angetreten und achttausend vor dem Sportpalast – – macht zusammen achtundachtzigtausend!

Bei der Eröffnung des jährlichen Winterhilfswerks (WHW):

178 Keiner soll hungern, ohne zu frieren!

Oder:

179 Die alten Ägypter haben Pyramiden aufgetürmt, das deutsche Volk aber sammelt Altpapier!

In einer Wendung gegen Churchill, den man von deutscher Seite während des Krieges als »Lügenlord« ansprach:

180 Der aufgeblasene Whiskysäufer auf der anderen Seite des Kanals, er soll nicht denken, daß er allein lügen und schwindeln kann, nein – auch wir können Propaganda machen!

Goebbels verband in seinem Redestil Jahrmarktschreierei mit priesterlicher Zelebration; so half er, das sakrale Pathos des Dritten Reiches auszubilden:

181 Wir werden dem deutschen Soldaten nicht ein, nicht zwei, nicht drei – – nein, wir werden dem deutschen Soldaten Vierfruchtmarmelade an die Front schicken!

Die Geschicklichkeit des Joseph Goebbels, für alle Mißstände in der Welt einen Schuldigen zu finden (»Die Juden sind an allem schuld!«), veranlaßte die nachdenkliche Frage:

182 Eines hat mich immer gewundert: daß Joseph Goebbels nicht seinen Klumpfuß auch noch den Juden in die Schuhe geschoben hat.

Es wurde schließlich selbst dem Propagandaminister schwer, gewisse Unstimmigkeiten zwischen Versprechen und Erfüllung im Dritten Reich zu kaschieren. Man zitierte darum eine Verlautbarung folgendermaßen:

183 Der Führer hält stets sein Versprechen. Er hat uns nur Arbeit und Brot versprochen, von Butter hat er nichts gesagt.

184 Warum mußte die Gasmaskenproduktion während des Krieges plötzlich eingestellt werden? Die alten Modelle paßten nicht mehr, da die Gesichter zu lang geworden waren.

185 Goebbels ist erkrankt. Bei dem Versuch, die Stimmung der Berliner zu heben, hat er sich einen schweren Bruch zugezogen.

Insbesondere erwies sich die von der Propaganda so laut ausposaunte »Vergeltung« als ein gefährlicher Bumerang. Je härter der von den Nationalsozialisten heraufbeschworene »totale Krieg« wurde, um so mehr mußte Goebbels dem Volke zu suggerieren versuchen, daß die Reichsleitung noch bedeutende militärische Trümpfe zurückhalte, die in der Stunde X ausgespielt würden. Für diese Trümpfe war das düstere Wort »Vergeltung« üblich geworden. Mit ihm verbanden sich Vorstellungen eines plötzlichen Umschlagens des Krieges zugunsten Deutschlands. Immerhin war das Volk unsicher, ob nicht auch hier wieder ein Propagandatrick vorlag. Man raunte darum:

186 Pressenotiz.

Wenn England bis zum 30. September 1943 mit den Terrorangriffen auf schutzlose deutsche Städte nicht aufhört, wird Reichsminister Dr. Goebbels eine vernichtende Vergeltungsrede halten.

187 Auf dem Obersalzberg[35] ist eingebrochen worden. Hat man etwas gestohlen? Ja, die Vergeltung!

188 Ich höre immer Vergeltung! Ich dachte, wir wollten den Krieg gewinnen!

189 Tünnes trifft Schäl. »Na, Schäl, immer noch Zivil?« »Sicher, Tünnes, ick bin doch UK.«[36] »So, wofür denn?« »Kriegswichtig, ganz geheim.« »Mir kannst et schon sagen.« »Ick bin bei der Vergeltung.« »Vergeltung? Wie sieht die denn aus?« »Also, Tünnes, stell dir mal Eichenstämme vor. Durchmesser 70 cm.« »Ja und?« »Die stell dir mal vor, von vorne bis hinten mit Sprengstoff gefüllt. Wenn die nun losgehen, kannst du dir das vorstellen?« »Ja, aber was machst du denn dabei?« »Aber nicht verraten, Tünnes: Ich pflanze die Bäume!«

Eine Kinderliedparodie gibt Aufschluß über die Volksmeinung zur deutschen »Vergeltung«, die gegen Kriegsende immer häufiger beschworen und von der Gestapo in ihren Lagemeldungen aus dem Reich durchaus registriert wurde:

190 Maikäfer flieg!
Der Vater ist im Krieg.
Den Opa ziehn sie auch noch ein,
das wird wohl die Vergeltung sein.

Überhaupt bewies der Luftkrieg dem deutschen Volk, daß die gepriesene deutsche Überlegenheit der Wirklichkeit widerstritt. Hier konnte sich die Propaganda drehen und wenden, wie sie wollte, die Tatsachen redeten eine zu schmerzliche Sprache. Und so sagte man in den letzten Kriegsjahren mit Galgenhumor beim Ertönen der Entwarnungssirenen:

191 Aha, jetzt ist die deutsche Luftherrschaft wiederhergestellt!

Ständig flüsterte man über die Wunderwaffen, die Hitler immer noch im Hintergrund hielt, obwohl Volk und Wehrmacht unter den Schlägen der Alliierten langsam zusammenbrachen. Jemand sagte:

192 V2 ist ein Zweimann-U-Boot mit einer Gummihaut von 1,5 m Dicke. Soll das ein Schutz gegen die Sendestrahlen der Suchgeräte sein?

O nein, das U-Boot fährt dauernd um England herum und radiert es aus.

Hitlers überhebliches Wort vom Ausradieren der britischen Städte war damit ins Absurde geführt. Gleichwohl glaubten viele der Propaganda bis zuletzt. Es war unvorstellbar, daß dieses »Tausendjährige Reich« ein Ende mit Schrecken nehmen sollte.

Kapitel 7

Ideologie, Rasse, Blut und Boden

Der Nationalsozialismus hat keine eigene Idee hervorgebracht, sondern sich aus der abendländischen Überlieferung zusammengeklaubt, was ihm brauchbar zu sein schien: biologisches Denken, romantische Spekulation, nationalistische Großmannssucht, kleinbürgerliche Sozialvorstellungen, mythisch-religiöse Erwägungen, verbunden mit wüstem Antisemitismus. Lebensreformerische Neigungen, verhunzte Philosophie und verfehlte Geschichtsinterpretation bilden die Elemente dieser Weltanschauung, ohne daß es je zu klaren Definitionen gekommen wäre. Nach Belieben wurde dieses oder jenes Versatzstück aufgegriffen, je nachdem, welche Taste der völkischen Empfindung man anzuschlagen wünschte. Denn der Nationalsozialismus war zuletzt nichts anderes als eine geschickte Komposition für die Gefühle.

Einer der rührigsten Vertreter der Ideologie von »Blut und Boden« war der gelernte Tierzüchter und Diplomlandwirt Dr. Walter Darré. Er wurde später Reichsbauernführer und Reichsernährungsminister. Er übertrug seine Tierzüchtervorstellungen auf das deutsche Volk und wollte den »nordischen Menschen« durch »Verdrängungskreuzungen« wiedererstehen lassen.

193 Die Bemühungen der Regierung und der Partei um die Verbesserung der Rasse und die Aufnordung der Deutschen machten sich bereits 1934 bemerkbar, als sich immer mehr Menschen mit langen Gesichtern feststellen ließen.

Mit der Hemmungslosigkeit des biologischen Fanatikers trat er sein Amt an. Man sagte von Darré, er sei ein Wunderknabe gewesen: »Er verstand bereits mit vier Jahren von Landwirtschaft soviel wie heute.« Die Bauern murrten entsprechend:

194 Lieber dreißig Jahre Dürre als ein Jahr Darré,

oder man entwarf einen Grabspruch für ein Schwein:

195 Auch ich starb den Heldentod.
Schuld hat Darrés Gerstenschrot.

Überhaupt spielte das Schwein in der Blut-und-Boden-Ideologie eine merkwürdige Rolle. Darré hatte ein Buch geschrieben, das den bemerkenswerten Titel trug: *Das Schwein als Kriterium für nordische Völker und Semiten.* Daraus machte der Witz den Titel:

196 Das Schwein als Vertreter der nordischen Rasse.

Das Denken in Blut-und-Boden-Vorstellungen ging auch in den Schüleraufsatz ein, der Biologieunterricht mochte dazu die Formeln bieten. Und so wurde die Stilblüte beim Weitererzählen der Großen zum politischen Witz:

197 Wenn das Erbgesundheitsgesetz nicht gekommen wäre, wären wir heute alle Idioten.

198 Adolf Hitler verdanken wir den gesamten erbgesunden Nachwuchs.

199 Der Erbkranke soll sich in die Volksvermehrung nicht einlassen, um aus dem deutschen Volk ein gesundes und starkes Leben hervorzubringen.

200 Gesunde Bauern erzeugen gesundes Vieh.

201 Der Landwirtschaftsminister ließ die Bauern zusammenkommen, denn die Schweine fraßen zuviel.

202 Besonders ist darauf zu achten, daß alle Speisereste den NSV-Schweinen zugeführt werden.

203 Niemals würde es einem Pferde einfallen, eine Kuh zur Gemahlin zu nehmen. Der arische Mann aber nimmt eine artfremde Frau trotz seinem Verstande.

204 Beim Roten Kreuz widmen sich Männer und Damen ganz der Liebe. Manche tun es umsonst, manche bekommen es bezahlt.

205 Bei der Mobilmachung gab es ein ungewohntes Bild: Die Männer und Frauen vermehrten sich zusehends auf den Straßen und pflanzten sich noch auf den benachbarten Plätzen fort.

Als großer Freund der Natur und Schöpfer neuer Schutzgebiete erwies sich auch Reichsmarschall Göring. In der Schorfheide bei Berlin, wo er sein mit Staatsmitteln erbautes Schloß Karinhall bewohnte, ließ er eine Reihe seltener Tiere aussetzen; darauf bezieht sich die folgende Schnurre:

206 Ein Engländer sieht in Berlin Unter den Linden große, bärtige Waldmänner herumlaufen, die abenteuerlich aussehen. Er fragt, was das für Leute seien. Ein Berliner antwortet: »Det sind de ollen Jermanen, die Jöring in der Schorfheide ausjesetzt hat.«

Das Volk sollte in seiner Substanz »aufgenordet« werden, obwohl die Regierung noch mit biologischen Gesetzen zurückhielt, wenn man nicht das »Gesetz zur Verhütung erbkranken Nachwuchses« vom 14. Juli 1933 dazurechnen will, das die Sterilisation in bestimmten Fällen vorsah.

Gespräche aus der Zeit, als das Gesetz zur Verhütung erbkranken Nachwuchses erlassen war und seine Konsequenzen mannigfache Kritik im Volke hervorrief:

207 »Ja, Frau Nachbarin, der Nationalsozialismus ist ja ganz schön und gut, aber mit der Sterilisation, das geht doch zu weit.« »Ist es möglich, geht die Partei nun auch an unser Eingemachtes?!«

Von Staats wegen arbeitete man frühzeitig mit bevölkerungspolitischen Prämien. Die Ehestandsdarlehen brauchten nicht zurückgezahlt zu werden, wenn sich der erwartete Nachwuchs zeitgerecht einstellte. Mütter, die mehrfach geboren hatten, erhielten einen Orden, das »Mutterkreuz«, wohl entsprechend zu dem in Deutschland so geschätzten Eisernen Kreuz für männliche Tapferkeit im Kriege. Die Witzbolde fragten, wie denn etwa die Anstrengungen der Väter bei der Zeugung öffentliche Anerkennung finden sollten.

208 Der Staat führte einige Sondertitel ein. Wer zum Beispiel fünf Kinder hatte, erhielt den Titel Erzeugungsrat. Hatte jemand ein uneheliches Kind, so erhielt er den Titel Geheimer Erzeugungsrat, und hatte er ein uneheliches Kind, ohne Alimente zahlen zu müssen, wurde er zum Wirklichen Geheimen Erzeugungsrat ernannt.

Jedenfalls war die Zeugung ein Ehrendienst am Volk, und darum wurde die folgende Begebenheit mit Recht erzählt:

209 An einem Nazifeiertag ist ein Haus nicht beflaggt.
Man findet an der Haustür ein Schild:
Wie flaggt nicht binnen, wie flaggt nicht buten
wie ligt in' Bett und mokt Rekruten!

Allerdings blieb trotz aller staatlichen Aufmunterung die Alimentenfrage peinlich.

210 Gemäß dem Führerwunsch hatten Hein und Tetje rührig für die Volksvermehrung gesorgt. Allerdings hatten sie sich dabei mit demselben Mädchen beschäftigt. So erschienen sie denn auch eines Tages in einer Hamburger Entbindungsanstalt, um, mit Blumensträußen versehen, den Nachwuchs in Augenschein zu nehmen. Zuerst darf Hein das Zimmer betreten. Es dauert so lange, daß sein Freund derweil schon ängstlich wird. Schließlich kommt Hein doch heraus und verbirgt seine Enttäuschung nicht. »Um Gotteswillen, Hein«, ruft Tetje, »is'n Unglück passiert? Ligt Lieselotte in't Starben?« »Ne, ne«, seggt Hein tröstend, »över du deist mi so led, Lieselotte hätt nämlich Twilling kreegen, min Twilling is dot, över din Twilling lewt.«

In diesen Zusammenhang erotisch getränkter Ideologie gehört auch wohl die Begebenheit, die man von Leni Riefenstahl erzählte. Sie hatte sich besonders durch ihre Filme von der Berliner Olympiade 1936 weithin bekannt gemacht und gewann Zugang zu Hitler.

211 Leni Riefenstahl soll von der NSDAP für ihre Filmschöpfungen im Dritten Reich belohnt werden. Man kommt überein, ihr ein Braunhemd zu verleihen. Am Ende des Übergabeaktes bedankt sie sich mit den Worten: »Ich werde das Braunhemd stets hochhalten und die Bewegung nicht vergessen.«

Für den Blut-und-Boden-Kult war Ahnenforschung wichtig. In Deutschland konnte jemand nur etwas werden, dessen Vorfahren dem nordischen Bild entsprachen. Die Vokabel »arisch« wurde unermüdlich durch die Propagandamühle gedreht; Schriften über das »arische Prinzip in der Weltgeschichte« schossen wie Pilze aus dem Boden, der »Arierparagraph« bewirkte, daß alle Beamten jüdischen Glaubens aus dem deutschen Staatsdienst entlassen wurden. So erhielt ein in politischen Zusammenhängen unbekannter Begriff plötzlich überragende Aktualität, wobei das Volk richtig vermutete, wie willkürlich und zusammenhanglos das Wort war. Hermann Görings verbürgte Bemerkung »Wer Jude ist, bestimme ich!« weist ebenfalls in diese Richtung. Daher blieb nicht aus, daß sich auch der Flüsterwitz mit dem »Arier« beschäftigte und dabei mittels eines Wortspiels eine erstaunliche Charakteristik zuwege brachte. Es verhöhnte die offizielle Willkür, einen philologischen Begriff in die Biologie zu übertragen. Der Doppelsinn ist dabei ein bezeichnender Effekt:

212 Was ist ein Arier?
Das Hinterteil von einem Proletarier.

In England erzählte man entsprechend:

213 There are only two kinds of people left in Germany: non-Aryans and barb-Aryans.

Die »arische Großmutter« wurde zur berühmten Gestalt. Von ihr hing es ab, welche Position der Enkel erreichen konnte.

214 Reformiertes deutsches Märchen.

Rotkäppchen hatte sich einmal im Walde verirrt und begegnete dem bösen Wolf. »Nun, was suchst du denn hier, Rotkäppchen?« fragte der Wolf. »Ich suche mein Großmütterchen«, antwortete Rotkäppchen bescheiden. »Na ja«, meinte der Wolf, »nach der lieben Großmutter suchen ja heute viele.«

Zwei Inserate:

215 1933. Echter van Dyck gegen arische Großmutter zu tauschen gesucht!
1943. Goldenes Parteiabzeichen gegen nichtarische Großmutter zu tauschen gesucht.

Ein Kernstück der Ideologie war die »artgemäße« Kunst. In einem großen Verdammungsprozeß hatte man sich von allem »Fremden« losgesagt und einen Feldzug »wider den undeutschen Geist« angestrengt. Im Rahmen dieser Aktion waren die Bücher von Tucholsky, Freud, Remarque und anderen von Studenten in allen Universitätsstädten am 10. Mai 1933 öffentlich verbrannt worden, und man hatte eine Ausstellung »Entartete Kunst« zusammengebracht, in der etwa Werke von Emil Nolde, Max Liebermann oder Ernst Barlach verhöhnt wurden. Das positive Gegenstück sollte im »Haus der Deutschen Kunst« in München sichtbar werden. Dort stellten die »bodenständigen« Künstler ihre Werke aus. Das »Haus der Deutschen Kunst« selbst forderte den Witz heraus. Der Bau war von Paul Ludwig Troost, Hitlers 1934 verstorbenem Lieblingsarchitekten, entworfen und von dessen Nachfolger, Albert Speer, vollendet worden. Was sie zuwege gebracht hatten, nannte man auch gern den

216 Kunstbahnhof oder Palazzo Kitschi

und schlug als Weihinschrift vor:

217 Pinsel erwache![37]

Eine peinliche Geschichte passierte mit diesem Bau beim Staatsbesuch des italienischen Faschistenführers Benito Mussolini, des Duce, 1937 in Deutschland. Reichsminister Hans Frank, der damals als Betreuer Mussolinis abgeordnet war, erzählt,[38] wie bei der Rundfahrt durch München der Duce ihn gefragt habe, wann denn dieses »Haus der Deutschen Kunst« fertig werde. Auf die erstaunte Rückfrage Franks, wie er das meine, das Haus sei doch fertig, deutete Mussolini an, er könne das nicht ganz verstehen wegen der gewaltigen Säulen, die oben nichts zu tragen hätten.

Es ist sehr bezeichnend für den Nationalsozialismus, daß auch in der bildenden Kunst der Schwulst zum Vorschein kommt, der für das weltanschauliche Gefüge festzustellen ist. Säulen galten eben als Kennzeichen des Klassischen, darum mußten sie herhalten. Daß aber die Säule als architektonisches Prinzip die durchbrochene Wand repräsentiert und damit die innere Welt für die äußere durchlässig macht, wie auch umgekehrt, das war dem nationalsozialistischen Parteiarchitekten nicht bewußt, ebensowenig wie die Tatsache, daß Säulengruppen wichtige Tragefunktionen haben. Man sprach darum vom

218 Neuen Deutschen Barackstil. Er sei »troostlos und speerlich«.

Oder man zitierte Alfred Kerr:

219 Was in der Kunst erlaubt ist,
und was ihr Sinn überhaupt ist,
bestimmt ein provinzialer
Ansichtskartenmaler.[39]

Im Dritten Reich wurde aber auch eine Goethe-Strophe abgewandelt, um das »Haus der Deutschen Kunst« zu beschreiben:

220 Kennst du das Haus,
auf Säulen ruht kein Dach,
von Blut und Boden strotzet das Gemach,
und Zieglers nackte Mädchen sehn dich an:
Was hat man dir, du arme Kunst, getan?[40]

Mit diesem Spott über das Bauwerk ist sogleich eine massive Kritik an den Blut-und-Boden-Malern geübt. Unter ihnen dominierte Adolf Ziegler, der einiges zum bleibenden Inventar des Hauses beigesteuert hatte. Er malte in hohem Maße »natürlich«, denn seine weiblichen Akte, von denen er eine Anzahl schuf, hätten auch als Vorlage für ein Anatomiekolleg dienen können, so genau waren alle Partien wiedergegeben. Man nannte ihn darum auch den

221 Reichsschamwart.

Von François-Poncet, dem französischen Botschafter in Berlin, erzählte man, er habe 1938 Freunde durch die Münchener Kunstausstellung geführt:

222 Bei den vier weiblichen Akten von Adolf Ziegler in der Eingangshalle, die die vier Elemente darstellen sollten, erläuterte François-Poncet: »Meine Herren, hier sehen Sie die fünf Sinne!« Auf den Einwand, das müsse wohl ein Irrtum sein, da es nur vier Figuren seien, antwortete der Botschafter lächelnd: »Oh doch, der Geschmack fehlt!«

Einen anderen weiblichen Rückenakt stellte er mit den Worten vor:

223 »Ici, Messieurs, Madame de Berlichingen!«

Kapitel 8

Der »Führer« im Witz

Nach dem Ideologiebetrieb war es bereits unzulässig, an einzelnen Parteiführern Kritik zu üben. Aber eine Kritik an der Person des Führers selbst konnten sich die »Gefolgsleute« überhaupt nicht vorstellen. War er doch das Zentralorgan der »Bewegung«; daran aber etwas auszusetzen, mußte ihnen lästerlich erscheinen. Noch Roland Freisler, der die Widerstandskämpfer vom 20. Juli 1944 aburteilte, empörte sich gegen ein solches Verbrechen. Witze gegenüber der Person Hitlers galten prinzipiell als heimtückisch und wurden daher scharf geahndet.

Freilich konnten auch die nationalsozialistischen Propagandisten nicht übersehen, daß jedenfalls im Ausland Witze und Karikaturen über Hitler existierten. Da die außerdeutsche Publizistik nicht »gleichgeschaltet« war, entdeckte sie manche Sensationen in den Geschehnissen des Dritten Reiches. Außerdem sorgten schon die Emigranten aus Deutschland seit 1933 dafür, daß ihre bitteren Erfahrungen an die Öffentlichkeit drangen. Das wußten die NS-Propagandisten, und ihr Zorn richtete sich gegen diese freie Presse, der sie unterstellten, im »Solde des Weltjudentums Boykott- und Greuelhetze« gegen das neue Deutschland zu betreiben. Hitler, der einen durchschlagenden Erfolg nach dem anderen benötigte, um vor dem Volke existieren zu können, fühlte sich tödlich angegriffen, wenn er in der ausländischen Presse bespöttelt wurde. Viele seiner weitreichenden politischen Entscheidungen wurden insbesondere durch französische und englische Zeitungen beeinflußt, sofern man darin unfreundlich über ihn schrieb. Er reagierte als Beleidigter.[41] Unabhängige Meinungen und scharfzüngige Betrachtungen ertrug er nicht. Es wurde zum deutschen Schicksal, daß Hitler aus diesen persönlichen Verstimmungen europäische Politik machte, und manche seiner jähen und unverständlichen Entschlüsse haben sich als Reaktion auf persönlich empfundene Beleidigungen erklären lassen. Da Hitler als Staatsoberhaupt nie ein demokratisches Land bereist hatte, war es ihm unverständlich, daß Regierungen nicht die Möglichkeit haben sollten, Zeitungsredaktionen an die Kette zu legen und ihnen zu verbieten, anders als freundlich über Deutschland zu schreiben. Folglich gab es in Berlin beständig Ärger, und man forderte die Nachbarländer auf, die Presse ihres Landes auf Sympathie zu stimmen. Ein Ereignis dieser Art hält das Beispiel auf S. 70 f. fest.

Die in der ausländischen Presse über Hitler umlaufenden Bosheiten konnten den deutschen Volksgenossen auf Reisen gefährlich werden. Darum unternahmen es die braunen Propagandisten, ein paar ungefährlich wirkende Witze ins Reich zu holen und kommentiert zu veröffentlichen.[42] Man stellte sie zurecht und entschärfte sie. Indessen waren diese Proben nur scheinbar ungefährlich. In Wahrheit sah man im Ausland das eigentliche Wesen des Nationalsozialismus sehr deutlich, so zum Beispiel, wenn ein Karikaturist das mit Messern bewehrte kreisende Hakenkreuz als Fleischhackmaschine zeichnete.

Hitler war der meistphotographierte Mann der Welt. Seine Eitelkeit war grenzenlos. Die folgende Anekdote bietet dafür ein Beispiel:

224 Hitler trifft mit Gefolge in einer Stadt ein. Zur Begrüßung soll ihm ein kleines Mädchen einen Blumenstrauß überreichen, stolpert dabei und wird von ihm in den Armen aufgefangen. Dabei spricht er einige Worte. Eifrige Reporter bemühen sich anschließend um das kleine Mädchen, um zu erfahren, was der Führer gesagt habe. »Hoffmann, jetzt schnell eine Aufnahme«, war die Antwort.[43]

Vom ersten Besuch Hitlers in Italien wurde in Deutschland geraunt, Hitler habe seinen italienischen Kollegen folgendermaßen begrüßt:

225 Hitler: Ave, Imperator! und Mussolini antwortete: Ave, Imitator!

Diese Nachahmungstendenz Hitlers und seine Anleihe bei mancherlei geschichtlichen Gestalten charakterisierten einige Verse, die ein bekanntes Gedicht Goethes zur Vorlage nahmen:

226 Vom Duce hat er die Montur,
die römischen Allüren,
von Marx die Kollektivnatur,
die Lust am Nivellieren.
Am Staat, der über Leichen geht,
ist Machiavell beteiligt,
und St. Ignatius Pate steht
beim Zweck, der alles heiligt.
Da man die Attribute nicht
von der Substanz kann trennen,
was, frag' ich, ist am großen Licht
noch Original zu nennen?

Neben dieser Charakteristik Hitlers durch einen unbekannten Verfasser gibt es auch eine, deren Urheber man kennt und die das Wesen des Diktators noch schärfer bezeichnet:

227 »Hitler: das ist der Mob, der Nietzsche gelesen hat. Das ist Mussolenin im Ausverkauf . . . Das ist Brutalität per Nachmachung.«[44]

228 Was ist paradox?
Wenn ein Österreicher mit italienischem Gruß und amerikanischer Uniform deutscher Reichskanzler wird.

Hitlers Heimat, Österreich, wurde noch in einer weiteren kleinen Episode erwähnt und damit ein pikanter geschichtlicher Ausgleichsprozeß beschrieben:

229 Ein Deutscher und ein Österreicher unterhalten sich vor dem »Anschluß« 1938. Der Deutsche sagt: »Hitler ist ein Geschenk Gottes an das deutsche Volk!« Der Österreicher antwortet: »Hitler? Den haben wir Österreicher auf euch losgelassen als Rache für 1866!«

Oder kürzer:

230 Hitler ist Österreichs Rache für Sadowa.

Im westlichen Ausland nannte man die Schlacht von Königgrätz (1866) nach dem böhmischen Ort Sadowa, wo Österreich von Preußen besiegt worden war.

Ferner beschrieb man die Qualitäten Hitlers durch Schiffsvergleiche:

231 Welches Land hat die größte Flotte?

Deutschland. Es besitzt nicht nur 80 Millionen Kohldampfer, sondern auch den größten Zerstörer der Welt.

Oder man fragte:

232 Wer ist der fähigste Elektriker?

Hitler! Er hat Rußland ausgeschaltet, Italien parallel geschaltet, England isoliert, Röhm geerdet, die ganze Welt unter Hochspannung gesetzt und noch keinen Kurzschluß gemacht.

Interessant ist ein Begegnungswitz:

233 Hitlers Auto sitzt in einem Graben fest. Der Fahrer bemüht sich vergeblich, es wieder flottzumachen.

Glücklicherweise kommt gerade ein stämmiger Arbeiter vorbei, der mit anfaßt, und schon steht das Auto wieder auf der Chaussee. »Das war brav von Ihnen«, sagt der Führer. »Wie heißen Sie, und was kann ich für Sie tun?« »Thälmann, Transportarbeiter«, erwidert der Gefragte. »Geben Sie mir Gedankenfreiheit!«

Hier wird dem Führer der KPD, Ernst Thälmann, der später im Konzentrationslager ermordet wurde, ein stolzes Wort Schillers in den Mund gelegt.[45] Diese Geschichte hat einen gewissen Seltenheitswert, da Gestalten der Linken sonst kaum im Witz gegen den Nationalsozialismus auftauchen. Vielleicht hatte man ihnen gegenüber ein schlechtes Gewissen, da sie die ersten waren, die 1933 niedergeknüppelt wurden.

Immerhin erschien aber auch der ins KZ verbannte Ernst Thälmann noch einmal im Vergrößerungsglas des Witzes. Die ihm unterstellte Äußerung gibt Aufschluß über die Volksmeinung zum spurlosen Verschwinden der Kommunistischen Partei Deutschlands. Die gelungene »Gleichschaltung« ist dabei in origineller Weise bezweifelt worden:

234 Ein ausländischer Journalist hat es nach vielfachen Bemühungen erreicht, einen Augenblick mit Thälmann im Konzentrationslager sprechen zu dürfen. Beim Abschied fragt er ihn: »Kann ich Ihnen einen Gefallen tun, Herr Thälmann?« »Nee, danke!« ist die Antwort. »Aber ich bin gern bereit, auch einen gefährlichen Auftrag auszuführen«, drängt der Ausländer. Da sagt schließlich Thälmann: »Wenn Sie durchaus etwas für mich tun wollen: Bitte, grüßen Sie mir meine SA!«

Der Übergang der Kommunisten in die SA wurde auch folgendermaßen umschrieben:

235 An der Tür eines Berliner SA-Lokals steht gekritzelt: »Die KPD lebt – Heil Moskau!«

Am nächsten Morgen findet man darunter: »Welcher feige Hund hat das geschrieben? Er soll sich melden!«

Am folgenden Tag steht darunter: »Keine Zeit! SA-Dienst!«

Der Sakralstil des Dritten Reiches mit dem vielen Heilgebrüll und dem in mancher Hinsicht kirchenähnlichen Ritual mußte die Spötter anregen, sich an diesen Gegebenheiten zu versuchen. Insbesondere forderte der Heilgruß heraus:

236 Zwei Irrenärzte begegnen einander.

Der eine grüßt: »Heil Hitler!«

Darauf der andere: »Heil du ihn!«

237 Für welche Führerbeleidigung wurde man im Dritten Reich nicht bestraft, weil sie erlaubt und sogar gefordert war? Für die Aufforderung: »Heil Hitler! Trotz der vielen Aufforderungen aber hat es niemand fertiggebracht, diesen Irren zu heilen.

238 Adolf Hitler besucht die Staatskrankenanstalt Friedrichsberg, die früher die Bezeichnung Irrenanstalt trug. Die Patienten sind im geschlossenen Block aufgestellt und begrüßen ihr Staatsoberhaupt infolge langer Instruktion sehr hübsch mit dem Deutschen Gruß. Adolf sieht jedoch, daß sich einige Arme nicht zum Gruß erheben. Befremdet fragt er: »Warum grüßen Sie denn nicht?« Worauf ihm geantwortet wird: »Mein Führer, wir sind doch nicht verrückt; wir sind die Wärter!«

239 An einer Anschlagsäule hing ein Plakat mit Werbung für Heilkräuter und -erden. Unter die Schlagzeilen

»Heiltee zum Trinken«, »Heilerde zum Essen«, hatte ein Mißvergnügter geschrieben: »Heil Hitler zum Kotzen!«

Nach allem, was wir heute von Hitler wissen, hat er niemals in Teppiche gebissen. Trotzdem wurde davon viel geraunt. Vielleicht suchte man mit den Teppichbeißerwitzen eine Parallele zu den Ausfällen seiner politischen Reden.

240 Hitler geht in ein Teppichgeschäft, um eine Brücke zu kaufen. Die Verkäuferin fragt ihn: »Mein Führer, soll ich die Brücke einpacken, oder wollen Sie die Kleinigkeit gleich hier verzehren?«

Gelegentlich wurde auch erzählt, der Verkäufer habe gefragt: »Mein Führer, wollen Sie erst einmal Probe beißen?«

Berechtigt dagegen ist der folgende Zahlenwitz. In den Vorkriegsjahren begann fast jede Rede Hitlers mit der Beschimpfung der Weimarer Republik, der sogenannten »vierzehn Jahre«:

241 Hitler muß sich einer Operation unterziehen. Bei der Narkose zählt er bis dreizehn, um bei vierzehn plötzlich loszubrüllen: »Vierzehn Jahre haben wir die Schmach getragen.«

Eine einprägsame Variante auf das Narkosethema bietet die Geschichte in folgender Form:

242 Hitler muß operiert werden. Während der Narkotisierung brüllt er bei »vierzehn« in üblicher Manier los. Da blickt der Arzt die Schwester bedeutsam an und sagt: »Schwester, ich gehe jetzt zum Mittagessen. In zwei Stunden bin ich wieder zurück, vorher dürfte der Mann doch nicht fertig werden.«

Mit kleinen Mitteln werden hier große Wirkungen erzielt; der »Stichwort«-Charakter Hitlers ergibt sich: Er konnte aus gegebenem Anlaß immer losbrüllen, ob im Schlaf, ob gar unter dem Messer des Chirurgen. So vollständig hatte Hitler seine Rolle gelernt, so unablösbar war er mit ihr verschmolzen, daß der psychische Mechanismus einer Bewußtseinssteuerung nicht mehr bedurfte. Der Witz bekundete, wie rasch der Führernimbus verdampfte, sobald Hitler lediglich »der Mann« war, auf dessen Gehabe man sich einstellte, wenn man nach angemessener Frist wiederkam, um sich die dazwischen abrollenden blödsinnigen Monologe zu ersparen. Indem der politische Betrieb aufgedeckt wird, kann der Zeitgenosse sozusagen auf Distanz gehen und in einer fast experimentellen Haltung beobachten, wie das Regime verfährt. Unter dieser Perspektive verliert es sogleich seine magische Kraft. Vom Rande her ist die Regie durchschaubar.

Auch Hitlers ausgesprochene Vorliebe für Richard Wagners Musik blieb nicht unkommentiert. Der Führer versäumte es während seiner Kanzlerschaft nie, die Bayreuther Festspiele zu besuchen. Außerdem baute er sich für seinen dortigen Aufenthalt im Garten der Villa Wahnfried ein kleines Wohnhaus. Der Grund für diese Verehrung liegt in der Tatsache, daß er als junger Mann in Linz viele Wagner-Opern gehört hatte und daß ihm die nordische Mythologie und die bei Wagner aufklingende verschwommene Erlösungslehre zum Hinweis auf die eigene »Sendung« geworden war.[46] Dieser vertrauliche Umgang mit den Angehörigen der Familie Wagner und das Lob, das er den Opern spendete, regte zu folgender Geschichte an:

243 Hitler, der Wagner-Verehrer, hat beschlossen, nach dem Muster seines großen Meisters die Geschichte seiner Regierung in einem großen »Bühnen-Weh-Festspiel« zu verherrlichen. Die vier Teile des neuen *Niegelungenringes* werden heißen: Keingold, Willkür, Niefried und Gettodämmerung.

Neben dem Spott über Hitlers Vorliebe für Mythen, Heroik und klassische Maße verhöhnte man besonders seinen Umgang mit der Verfassung.

244 Die deutsche Verfassung ist bedeutend vereinfacht worden. Sie hat nur noch die folgenden drei Paragraphen:

1. Das deutsche Volk besteht aus dem Führer und den Angeführten.
2. Der Führer ernennt und erschießt seine Minister persönlich.
3. Alle Stände sind abgeschafft, insbesondere der Wohlstand und der Anstand. Zugelassen ist nur der Notstand.

Angesichts dieser üblen Lage wurde das Ende des Führers unmißverständlich vorausgesagt:

245 Sofort nach dem Kriege gibt es genug Butter. Warum? Nun, dann werden sämtliche Führerbilder entrahmt!

Der Wunsch nach einer Entfernung Hitlers wurde am Witz immer deutlicher kenntlich:

246 Vater liest der Familie die Schlagzeile einer Zeitung vor: »Der Viererpakt.« Die Mutter versteht: »Der Führer packt« und ist glücklich.

247 Auf dem Heiligengeistfelde in Hamburg werden die neuen großen Flaktürme gebaut. Dabei wird die Frage aufgeworfen, wie man sie benennen solle. Jemand schlägt vor: »Nennen wir den einen doch Hitlerturm.« »Gut«, sagt ein anderer. »Und den zweiten?« »Auch Hitlerturm.« »Aber beide Türme können doch nicht denselben Namen bekommen!« »Finden Sie das nicht passend? Hitler türme?«

248 Weiß-Ferdl hat von Hitler ein Bild mit eigenhändiger Unterschrift bekommen. »Das ist mein Freund, der Hitler«, sagt er. »Jetzt weiß ich nur net, soll ich ihn aufhängen oder an die Wand stellen?«

249 Volksstimmung 1942. Hitler möchte direkt erfahren, wie das Volk über ihn denkt. Er verschafft sich eine Perücke, schneidet sich den Bart ab und begibt sich auf die Straße. Den ersten, den er trifft, fragt er: »Wie denken Sie über den Führer?« Der Mann flüstert: »Das kann ich Ihnen hier auf der Straße nicht sagen«, und führt Hitler in eine Seitengasse, betritt mit ihm ein Hotel, geht mit ihm in ein Zimmer, sieht dort unters Bett, verschließt die Tür, kontrolliert die Schränke und deckt das Telephon mit einem Kissen zu. Dann nähert er sich Hitler und flüstert ihm ins Ohr: »Ich sympathisiere mit dem Führer.«[47]

250 Wenn Schiet wat ward,
denn het dat Volk dat hart.

251 Was ist der Unterschied zwischen Adolf Hitler und der Sonne? Die Sonne geht im Osten auf, doch Adolf Hitler geht im Osten unter.

252 Hein und Fietje haben die Nacht durchgezecht. Auf dem Heimweg bleiben sie gegenüber einer Drogerie am Kantstein liegen. Im Morgengrauen wacht Hein fröstelnd auf und kennt sich nicht aus. Mühsam entziffert er das Firmenschild, auf dem der Drogist seine Heilkräuter anpreist. Begeistert rüttelt er Fietje wach und ruft ihm zu: »Fietje, Fietje, wie hebbt de Revolutschon verslopen. Dar steit all an dat Finster, Heil Kräuter!«

Im November 1939 verließ Hitler kurz vor der Explosion einer Sprengladung den Bürgerbräukeller in München und entging so einem Attentat. Als daraufhin die »Vorsehung« gepriesen wurde, die wunderbarerweise den Führer erhielt, da fand sich am Ort des Anschlags eine Tafel mit der Inschrift:

253 Dem leider zu früh Heimgegangenen!

Hitler hatte vielleicht so etwas wie Spürsinn für persönliche Gefahren. Er sagte dann oft in letzter Minute eine Unternehmung ab, bei der er sich in eine für ihn gefährliche Lage hätte begeben müssen. Im übrigen bekümmerte ihn vermutlich das Urteil der Nachwelt wenig, so häufig er sich auch auf die »Göttin der Geschichte« berief. Man veränderte darum entsprechend ein berühmtes deutsches Gedicht. Ein anderer sollte an seiner Stelle zur Rechenschaft gezogen werden, wodurch ja tatsächlich die Umstände des Nürnberger Prozesses richtig vorausgenommen wurden. In Anlehnung an Schillers »Bürgschaft« hieß es:

254 »Ich bin«, spricht jener, »zu sterben bereit
Und bitte nicht um mein Leben;
Doch willst du Gnade mir geben,
Ich fleh' dich um vier Jahr Zeit,
Bis ich die Bürger vom Gelde befreit,
Ich lasse den Schacht dir als Bürgen –
Ihn magst du, entrinn' ich, erwürgen.«

Es gibt eine Anzahl von Witzen über die Anzeige vom Tode Hitlers. Meistens handelt es sich dabei um Menschen, die den Tod eines für den Besitzer wertvollen Tieres melden:

255 Heil Hitler, der Hund ist tot!

Sie werden dann statt mit einer befürchteten Strafe mit Geschenken bedacht. Die Formel löste nämlich bei vielen eine naheliegende Assoziation aus.

In England erzählte man die Sache folgendermaßen:

256 A German father told his son that he must say grace before every meal, as follows: »I give thanks to God and my Fuehrer for the food I am about to receive.« »But«, inquired the child, »what do I say if the Fuehrer dies?« – »Then«, replied the father, »all you have to say is: ›I give thanks to God.‹ «[48]

Schließlich fand die Zweideutigkeit ihren beinahe klassischen Ausdruck, indem sie die Pointe dem altgriechischen Orakel in den Mund legte:

257 Da Hitler selbst ein großer Prophet war, glaubte die Partei an Weissagungen. Nach der Eroberung Griechenlands beschloß sie, das Delphische Orakel zu einer Äußerung über den Kriegsausgang zu veranlassen. Eine Abordnung reiste nach Delphi und stellte der Pythia die Frage, ob Deutschland den Krieg gewinnen werde. Nach einiger Zeit kam die Stimme der Sibylle aus der Dampfwolke: Ihr müßt dran glauben.[49]

Hitlers Unglaubwürdigkeit in politischen Angelegenheiten, besonders seine höhnische Mißachtung aller internationalen Vereinbarungen, wurde mehr und mehr zum Gegenstand des Unbehagens. Zwar dürfte es zunächst kaum Deutsche gegeben haben, die bereits seine ersten Verletzungen des Versailler Friedensvertrages von 1919 verurteilten. Als Hitler die vertraglich entmilitarisierte deutsche Rheinlandzone am 7. März 1936 besetzen ließ, war Begeisterung im Volk vorhanden, denn damals herrschte weithin nationales Prestigedenken im Maßstab von Wehrhaftigkeit und militärischer Potenz, das erst durch die Erfahrungen des Zweiten Weltkriegs eingeschränkt worden ist. Bald aber wurde deutlich, daß sich in Hitlers politischer Praxis ein internationaler Vertragsbruch an den anderen fügte, daß sich seine staatsmännischen Beteuerungen zu einer einzigen Kette von Lügen auswuchsen. Zunächst beschränkte er sich auf Forderungen, die durch den Versailler Vertrag abgetretenen Gebiete ins Reich »heimkehren« zu lassen. Bereits im Parteiprogramm der NSDAP vom 24. Februar 1920 lautete der erste Paragraph: »Wir fordern den Zusammenschluß aller Deutschen auf Grund des Selbstbestimmungsrechts der Völker zu einem Großdeutschland.« Dieses Ziel zu verwirklichen, heizte er die nationalen Leidenschaften der »Volksdeutschen« jenseits der Grenzen an, so daß sie Konflikte mit ihren Staaten geradezu heraufbeschworen und der Ruf: Wir wollen heim ins Reich! nicht abriß (später jammerten die Enttäuschten: *Wir wollen heim, uns reicht's!*). Immer hemmungsloser wurden Hitlers Raumansprüche und wuchsen proportional zur Unsicherheit der englischen und französischen Regierung, die Krieg nicht riskieren wollten. So wurde das Sudetenland auf den Druck der Westmächte hin von Prag am 1. Oktober 1938 abgetreten, und Hitler beteuerte vor aller Welt, keinerlei territoriale Forderungen mehr zu erheben. Mitten im Frieden besetzte er jedoch die Tschechoslowakei (15. März 1939), obwohl er kurz zuvor lauthals erklärt hatte: »Wir wollen gar keine Tschechen.« Da auch dies die Westmächte noch nicht zum Eingreifen veranlaßte, konnte man sich ausrechnen, wie Hitlers Raubpolitik weitergehen würde. Der folgende Flüsterwitz entwarf eine Lage, wie sie sich einige Jahre später wohl erwarten ließ, und stilisierte dafür eine außenpolitische Rede Hitlers:

258 »Nachdem nun Dänemark, Norwegen, Schweden, Polen, Rumänien, Ungarn, Bulgarien, Jugoslawien, Griechenland, Italien, Spanien, Frankreich, Belgien, Holland und England unter deutscher Herrschaft sind . . .« – bedeutsame Pause, dann mit Hitlers gurgelndem Pathos –, »haben wir keinerlei territoriale Ansprüche mehr an Europa!«

Kapitel 9

Witze um die Juden

Die Witze, die es mit den Juden im Dritten Reich zu tun haben, bilden ein besonders düsteres Kapitel. Längst vor seiner Kanzlerschaft bereits hatte Hitler alles denkbar Schändliche den Juden zur Last gelegt, was in seinem Buch *Mein Kampf* nachzulesen ist. Sie wurden zu geheimen Feinden der Welt und insbesondere des ehrsamen deutschen Volkes erklärt. Totalitäre Staaten müssen einen Widersacher schaffen, wenn er nicht bereits charakterisiert ist. Dabei brauchte Hitler den Antisemitismus nicht zu erfinden, sondern nur dessen verschiedene Rinnsale aus religiösen, wirtschaftlichen, politischen, kulturellen und biologischen Quellen in ein einheitliches Flußbett zu lenken.[50] So stumpfte die Öffentlichkeit ab, als man die jüdischen Mitbürger schikanierte und schließlich umbrachte. Sie waren fort, und man fragte nicht, wohin. Daß so viele den Weg ohne Wiederkehr gegangen sind, wird von manchen nicht geglaubt, von den meisten »vergessen«. Jedenfalls entstand eine Verunsicherung, deren Ende nicht abzusehen ist.

Durch eine prüfungsreiche Geschichte und ihre jahrhundertelange Minderheitenrolle waren die Juden gezwungen, sich immer wieder selbstkritisch zu prüfen. Dieser Umstand hat, wie Sigmund Freud betonte,[51] eigentümliche Frucht getragen: Kein Volk habe sich selbst so ironisiert wie das jüdische.

Das schreiende Mißverhältnis, das zwischen dem äußeren Erscheinungsbild der Parteiführer und dem als nordisch gefeierten Idealbild des Deutschen bestand, forderte zur Kontrastzeichnung heraus. Keiner der Spitzenfunktionäre konnte die Kennzeichen germanischer Edelinge aufweisen:

259 Göring und Goebbels gehen in der Schorfheide spazieren und begegnen einem Waldhüter. »Guten Tag«, sagt der Waldhüter. Das ist Göring peinlich, und er läßt den Mann des anderen Tags kommen. »Warum haben Sie nicht mit ›Heil Hitler‹ gegrüßt?« Darauf antwortet der Waldhüter: »Ich dachte, Sie wollten mit dem kleinen Juden ein Holzgeschäft machen, und das wollte ich Ihnen nicht vermasseln!«

Oder man sagte:

260 Lieber Gott, mach mich blind, daß ich Goebbels arisch find!

Hermann Göring, der die meisten judenfeindlichen Maßnahmen einzuleiten und zu steuern hatte, taucht entsprechend oft in den Witzen auf. Nach dem Attentat des jungen Herschel Grynszpan am 7. November 1938 in Paris auf den deutschen Botschaftsbeamten Ernst vom Rath (am 8. November 1938 gestorben) hatte er den deutschen Juden eine Sühneleistung von einer Milliarde Reichsmark auferlegt. Darum sagte man:

261 Wer ist der größte Alchimist? Göring; denn er hat aus Grünspan eine Milliarde gemacht!

Und die Juden formulierten nach Grynszpans Attentat und Görings Vergeltung:

262 Guter Rat [von Rath] ist teuer!

Die Folge des jüdischen Attentats waren die in ganz Deutschland befohlenen und von der SA ausgeführten (als »spontan« kaschierten Volks-) Aktionen. Sie hießen alsbald die »Reichskristallnacht«,[52] um die Gleichschaltung auch auf dem Gebiet der Zerstörung zu bekunden. In jener Nacht wurden jüdische Geschäfte zertrümmert und geplündert, Synagogen geschändet und angezündet, Juden aus ihren Wohnungen geschleppt, mißhandelt und manche ermordet. Ein Witz über diesen Vorgang bezieht Wilhelm Gustloff mit ein, der 1936 als Auslandsfunktionär der NSDAP in der Schweiz ebenfalls einem jüdischen Racheakt zum Opfer gefallen war. Zugleich hat diese Erzählung eine psychologische Dimension; denn sie zeigt, wie sich der Plündernde mit der Berufung auf früher geschehenes Unrecht eine Gewissensentlastung zu schaffen versucht:

263 Während der Reichskristallnacht überraschte ein höherer Funktionär einige SA-Leute in Zivil, die sich im Schaufenster eines jüdischen Juweliers bereicherten. In einem spärlichen Rechtsempfinden sagte er: »Na, nu is et aber mal jenug hier! Jetzt geht ihr aber mal nach Hause, ja?« Da wandte sich ein SA-Mann um und sagte zornig: »Watt denn, watt denn, watt heest hier jenug? An Justloffen denkste wohl janicht, watt?«

Über die jüdische Kaufmannskunst und die zweifelhafte Intelligenzhöhe mancher prominenter Funktionäre munkelte man allerlei:

264 Schacht will Ley die Überlegenheit der jüdischen kaufmännischen Begabung beweisen. Sie betreten ein »arisches« Geschäft, und Schacht verlangt eine Schachtel Streichhölzer. Als der Kaufmann sie bringt, schiebt Schacht sie auf und sagt: »Die kann ich nicht gebrauchen, ich muß eine haben, wo die Köpfe auf der anderen Seite sind.« Der Kaufmann bedauert verdutzt, er führe keine andere Sorte. Man geht nun in ein jüdisches Geschäft, und Schacht stellt dort dieselbe Forderung. Ohne Zögern nimmt ihm der jüdische Verkäufer die Schachtel wieder ab und sagt: »Ich werde sehen, ob ich eine solche noch am Lager habe.« Er kommt nach kurzer Zeit natürlich mit derselben Schachtel, deren Inhalt er umgedreht hat, zurück und sagt: »Ich freue mich, daß ich Ihnen dienlich sein kann, es ist allerdings eine Spezialanfertigung und daher drei Pfennig teurer.« Schacht zahlt und sagt vor der Tür zu Ley: »Nun, hatte ich nicht recht?« Worauf Ley antwortet: »So? Das beweist doch nur, daß die Juden mehr Kapital haben und ihnen deshalb eine größere Lagerhaltung möglich ist.«

Die Unfähigkeit vieler hoher Nazis, in Analogien zu denken, wurde an einem anderen Judenwitz festgehalten:

265 Ein Parteiführer, der in der Zeitung von dem großen Empfang gelesen hatte, den man Professor Einstein nach seiner Emigration aus Deutschland in den USA bereitet hatte, fragte einen anderen Nationalsozialisten: »Ich weiß, daß Sie ein wohlbeschlagener Mann sind; können Sie mir die Ursache der großen Begeisterung für Einstein im Ausland nennen?« »Die liegt zweifellos in seiner Relativitätstheorie begründet«, war die Antwort. »Aber das ist es eben, was ich nicht verstehen kann. Was soll denn diese Theorie schon bedeuten?« »Ich will es Ihnen erklären«, sagte der Gutbeschlagene. »Wenn Sie beim Frisör fünf Minuten warten müssen, so scheint es Ihnen, als ob es eine Stunde wäre, aber wenn Sie eine Stunde mit einer netten Frau verbringen, dann scheint es, als ob nur fünf Minuten verstrichen wären.« Der andere dachte eine Weile nach, dann sagte er: »Und für einen so blöden Witz feiert ihn die ganze Welt?«

Am 1. September 1941 wurde für alle Juden und Jüdinnen ab dem sechsten Lebensjahr im Großdeutschen Reich das Tragen des gelben Judensterns auf der Brust befohlen. Damit begann in Deutschland eine schändliche Verunglimpfung und ein schreckliches Spießrutenlaufen der Betroffenen in der Öffentlichkeit. Diesen gelben Stoffetzen nannten die Juden in Anlehnung an den löblichen Verdienstorden *pour le mérite*

266 pour le Sémite,

und einige behaupteten, sie trügen ihn mit besonderer Genugtuung, weil es der einzige Orden sei, den Göring nicht auch tragen könne.[53]

Als der Judenstern verordnet wurde, war es bereits zu spät, auszuwandern; jetzt galt nur noch die »Endlösung der Judenfrage«; hinter dieser dürftigen Formel verbarg sich der systematische Völkermord.

267 Ein Jude besucht in New York einen Verwandten, dem die Emigration aus Deutschland gelungen ist. Zu seiner Überraschung findet er im Wohnzimmer ein Hitlerbild. Er fragt, was das zu bedeuten habe. »Gegen das Heimweh!« erklärt der Besitzer.

Die Emigrationsfrage wurde auch noch in anderer Weise kommentiert und dabei die in Witzen geläufige Formel von Optimisten und Pessimisten verwendet:

268 Wie viele Arten von deutschen Juden gibt es? Zwei: Optimisten und Pessimisten. Und wodurch unterscheiden sie sich? Die pessimistischen Juden sind im Exil, die optimistischen dagegen in deutschen Konzentrationslagern.

Der zunächst wenig gehaltvoll anmutende Scherz gewinnt an Substanz, sobald man ihn wörtlich nimmt. Die Pessimisten erkannten realistisch, daß der Nationalsozialismus von seinem Judenhaß nicht lassen könne, da er ihn für das Freund-Feind-Schema seines Systems benötigte. Diese Gruppe wanderte früh aus, sofern sie dazu finanziell in der Lage war und sich außerdem von der Heimat zu lösen vermochte. Wenn man sich jedoch vergegenwärtigt, daß von der halben Million Juden, die 1933 in Deutschland lebten, bis Kriegsausbruch 1939 nur etwa die Hälfte fortgezogen war, dann wird deutlich, wie stark der Optimismus des deutschen Judentums gewesen sein muß. Es läßt sich sogar behaupten, daß dieser Optimismus die brutalen Umstände nicht voll realisierte, denn zwischen 1933 und 1939 lagen immerhin der Judenboykott, die Nürnberger Gesetze und die »Reichskristallnacht«, um nur einige wichtige Einschnitte zu nennen. Der Untergang des deutschen Judentums wurde auch durch dessen Liebe zur Heimat und den Glauben an Deutschland mitveranlaßt. Wohl wußte man von furchtbaren Pogromen in Osteuropa, aber im Lande Lessings, Goethes und Schillers schien dergleichen unmöglich; es konnte sich nur um eine begrenzte Verwirrung handeln.

Der Vorwurf, die Juden seien feige und körperlich untüchtig, überzeugte nicht:

269 Im Urwald des Sudan treffen sich Levi und Hirsch zufällig, jeder mit einer schweren Büchse über der Schulter und an der Spitze einer Trägerkolonne. Große Freude! »Wie geht es, was machst du hier?« »Ich habe doch in Alexandrien eine Elfenbeinschnitzerei, und zur Verbilligung des Rohstoffeinkaufs schieße ich hier meine Elefanten selbst, und du?« »Ganz ähnlich, ich fabriziere Krokodillederwaren in Port Said und schieße hier Krokodile.« »Wie steht es eigentlich mit unserem gemeinsamen Freund Simon?« »Ach, der ist ganz zum Abenteurer geworden. Er ist in Berlin geblieben!«

Freilich ist das »Abenteuer« symbolisch zu verstehen. Am Ende des Berliner Daseins wartete nämlich Auschwitz.

270 Zwei deutsche Juden unterhalten sich: »Der Moses ist doch ein großes Rindvieh gewesen!« »Wie kannst du so etwas von unserem großen Propheten, der uns aus Ägypten geführt hat, sagen!« »Na, hätte er uns nicht geführt, hätte ich jetzt einen englischen Paß!«

Für die Zurückgebliebenen verschlechterte sich die Lage beständig. Die übelsten antisemitischen Scharfmacher bekamen Oberwasser. Zu diesen gehörte der Nürnberger Gauleiter Julius Streicher, der Herausgeber des Hetzblattes *Der Stürmer*. Man erzählte, es sei ein Antrag bei der Reichsmusikkammer eingegangen, man möge die Orchester umbesetzen:

271 Mehr Blech und weniger Streicher!

Leo Blechs Musik durfte, weil sie »jüdisch« war, in Deutschland nach 1933 nicht mehr gespielt werden. – In einer Münchener Faschingszeitung erschien folgende Anzeige:

272 Der letzte Hirsch in fränkischer Jagd zum Abschuß freigegeben. Angebote zu richten an Str. [Streicher], Nürnberg.

Hirsch war einer der häufigsten jüdischen Familiennamen in Deutschland. Streicher bemühte sich als Gauleiter von Franken hektisch, sein Gebiet »judenrein« zu machen. – Auch die Umwelt der Kinder und Jugendlichen wurde in den jüdischen Witz einbezogen, wobei man sich gelegentlich peinlicher Effekte des Schulalltags bediente, um die Wahrheit zu enthüllen.

273 In den ersten Jahren des Dritten Reiches, als die jüdischen Kinder noch in gemeinsamen Schulräumen – aber auf gesonderten Bänken – mit den anderen un-

terrichtet wurden, stellte einmal ein Lehrer die Frage: »Wer von euch weiß, wer das Buch *Mein Kampf* geschrieben hat?« Niemand meldete sich, nur in der letzten Bankreihe der kleine Moritz Goldstein. Nachdem der Lehrer seine Zöglinge gebührend auf das Beschämende des Vorfalls hingewiesen hatte, fragte er: »Nun Moritz, wer hat es geschrieben?« »Ich nicht, Herr Lehrer«, versicherte der kleine Moritz mit beteuernd gespreizten Händen. Der entrüstete Lehrer ließ den alten Goldstein kommen und hielt ihm eine Standrede. Der alte Goldstein erwog den Tatbestand und sagte dann treuherzig: »Herr Lehrer, ich werd' Ihnen mal was sagen: Mein Moritz ist e vorlautes Kind; er ist vielleicht sogar ein freches Kind. Aber lügen tut mei Moritz nicht! Wenn er sagt, er hat's nicht geschrieben, dann hat er's nicht geschrieben!« Und nach einer Weile gütig zuredend: »Aber, Herr Lehrer, wenn er's wirklich sollte geschrieben haben – nu bitt ich Sie, e Kind!«

Die Not der jüdischen Kinder in Deutschland, die bis 1938 noch die öffentlichen Schulen besuchen durften, also inmitten einer »arischen« Umgebung auskommen mußten, wird niemand ermessen können. Sie saßen in denselben Klassenräumen, jedoch abgesondert, da es »deutschblütigen« Menschen nicht zuzumuten war, in nähere Berührung mit ihnen zu geraten. Vielleicht liegt hier eines der größten Martyrien, das noch kaum dichterische Gestaltung erfahren hat. Man muß sich vergegenwärtigen, daß sie einem Unterricht beizuwohnen hatten, der auf das antisemitische Klischee festgelegt war. Wenn es in unablässiger Einförmigkeit hieß, daß die Juden das Unglück der Völker seien, so wurden damit jüdische Kinder beständig gedemütigt. Um der Existenz ihrer Vorfahren willen hatten sie zu leiden. Diese Situation hält die Geschichte vom »nichtarischen« Kind fest:

274 Ein Schulrat kommt zur Inspektion. In einer Klasse sitzt ein blondes Mädchen mutterseelenallein auf einer abgesonderten Bank. Freundlich fragt der Schulrat: »Warum sitzt du denn hier so allein, mein Kind?« Da schluchzt das Kind: »Wegen Omi!«

Ähnlich stellt eine andere typische Situation das jüdische Kind dar. In der kindlichen Frage an die Mutter ist die Qual unter der braunen Herrschaft verdichtet:

275 Ein jüdisches Kind, das in der Schule die Schimpfreden des Lehrers auf die Juden hat anhören müssen, kommt verängstigt mit folgender Frage zu seinen Eltern: »Mutti, könnt ihr mich nicht umtauschen?«

Seltsam klang der Nazijargon aus dem Munde des »fremdrassigen« Schülers:

276 Der Lehrer hat dem kleinen Moses so derbe Maulschellen verabfolgt, daß die Fingerabdrücke sichtbar sind. »Moses, was wird dein Vater dazu sagen?« »Ach, Herr Lehrer, das ist nicht so schlimm, aber das feindliche Ausland!«

In einem Schulaufsatz über die Juden fand sich:

277 Die Juden wollten das deutsche Volk aussaugen. Aber Adolf Hitler ist ihnen zuvorgekommen.

Auch die Schaukeltaktik der Nazis in der Bewertung individueller Leistungen, je nachdem von welcher »Rassezugehörigkeit« sie ausgingen, fand eine treffende Karikierung:

278 Im Zirkus bricht bei einem Dressurakt ein Löwe aus und springt ins Publikum. Ein beherzter Jüngling

schlägt ihm mit dem Spazierstock derart über den Schädel, daß er bewußtlos wird und abtransportiert werden kann. Ein Reporter bittet den Jüngling um seinen Namen. »Moritz Levi«, ist die Antwort. Am nächsten Morgen steht im *Völkischen Beobachter:* »Frecher Judenlümmel mißhandelt edle Tiere!«

Überhaupt fordert die Rassenlehre mit all ihren grotesken Formen und Kadaverbestimmungen den Sarkasmus heraus:

279 Mit der Rassenschande ist es jetzt in Deutschland endgültig vorbei. Die reichen Juden sind alle schon im Ausland, und nur noch die armen sind hiergeblieben. – Und Armut schändet nicht!

280 Nehmt alle Hitlerbilder von den Wänden,
den alten Kaiser Wilhelm holt herbei
und laßt uns wieder »Rasse schänden«
wie einst im Mai.

Gelobt wurde die jüdische Urgroßmutter: Sie habe das Geld in die Familie gebracht und schade nicht mehr der Karriere.

281 Eine feine, junge Dame findet keinen Sitzplatz mehr und blickt sich herausfordernd um, aber niemand steht auf. Nur ein kleines bescheidenes Judenmädchen bietet seinen Platz an. Aber die Dame wehrt entsetzt den jüdischen Sitzplatz ab. Da erhebt sich schwerfällig Tetje von seinem Platz und sagt: »Nehmen se min Platz, gnädig Frollein, dat ist bestimmt en rein arischen Mors!«

Mit »Mors« ist ein Tabu angerührt, das sprachwissenschaftlich zu klären ist. »Bekanntlich sind die Namen für gewisse Körperteile verpönt und müssen durch andere Bezeichnungen ersetzt werden. Dieser Vorgang wiederholt sich aber beständig, denn es dauert nicht lange, dann sind auch die neuen Namen in guter Gesellschaft unmöglich, weil die Anstößigkeit ja nicht am Namen, sondern an der Sache hängt. So ist das alte Wort *arsch* überhaupt nur noch in bestimmten Kreisen und Situationen möglich. Es wurde zunächst durch *Hinterer* und schließlich durch *Gesäß* ersetzt. Aber *ars*, älteste erreichbare Form *orsos*, bedeutet eigentlich ›Hervorstehender‹ und war also selbst schon eine verhüllende Bezeichnung, die ursprünglich für den tierischen Körper geprägt war.«[54]

Tabuverletzungen gehören zum Charakter des Witzes und bilden eine seiner Wirkmöglichkeiten. Wer es unternimmt, einen anstößigen Körperteil außerhalb des gesellschaftsfähigen, neutralen Begriffs anzusprechen und unvermittelt das gröber wirkende allbekannte Wort gebraucht, schockiert zweifellos. Eine »gute« Gesellschaft ächtet darum den Tabuverletzer. Zu Zeiten aber kann der Verstoß reinigend wirken, besonders wenn Widersprüche und Spannungen aufkommen. Man sagt etwas boshaft, im Schwäbischen werde die Aufforderung des Götz von Berlichingen gebraucht, um Gesprächen »eine andere Wendung« zu geben. Wer das, was viele in einer gespannten Situation über jemanden denken, mit dem charakterisierenden Wort »Arschloch« kennzeichnet, der bereinigt schlagartig die Lage und hilft allen Beteiligten zu wünschenswertem Abstand.

Wenn aber bei kleinen Konflikten das Grobwort bereits reinigend wirkt, so traf es für die Dauer der nationalsozialistischen Herrschaft erst recht zu. Man litt unter ständiger Willkür und vielfältiger Lüge. Dabei bemühten sich jedoch die Bonzen, den Tonfall einer ehrenwerten Gesellschaft wie bei der Mafia nachzuahmen und den oben umrissenen sprachlichen Verhüllungsprozeß in ihrer politischen Praxis zu fördern. Man muß bedenken, daß die nationalsozialistischen Greuel mit harmlos anmutenden Wörtern bedeckt wurden wie zum Beispiel Einsatzkommando, Sonderbehandlung, Schutzhäftling. Wer sich dieser Sprachregulierung nicht anglich und die Wirklichkeit als »Arschpraxis« bezeichnete, schuf damit die gemäße Klassifizierung. Der Widerspruch zwischen brutaler Realität und glattem Amtsdeutsch jener Jahre wurde offenkundig, indem man auf gesellschaftlich verpönte Wörter zurückgriff. So gewann das nur in minderer Gesellschaft gestattete Schimpfwort in diesem Zusammenhang eine überraschende Aufgabe. In den politischen Flüsterwitzen sollte es den sublimierten Wortgebrauch verwerfen und damit eine Art sprachlichen Atavismus ausüben; damit machte es zugleich die gemeinte Sache als schlecht kenntlich. Das allgemein als unpassend empfundene Wort entsprang mithin moralischer Unterscheidung. Aus dieser Perspektive erhalten die anstößigen Witze neue Profile. – Nach diesen Zwischenbemerkungen über den Grobianismus lassen sich weitere Zeugnisse zum jüdischen Witz betrachten.

282 Aaron: »Gott der Gerechte, was gibt's Neies?«

Moses: »Was soll's gutes Neies geben? Schlechtes gibt's Neies!«

Aaron: »Nu, was gibt's denn schlechtes Neies?«

Moses: »Der Hitler soll sein tot!«

Aaron: »Gott der Gerechte, das ist doch nichts Schlechtes!«

Moses: »Nein, aber es soll nicht wahr sein!«

Etwa 1935 unterhalten sich einige Leute über die Strafen, die für die Nazigrößen als angemessen eingeführt werden müßten. Ein älterer jüdischer Herr äußert:

283 Mir würde es genügen, ich könnte nochmals bei Dobrin [Konditorei am Kurfürstendamm] am Fenster sitzen und zu meiner Frau sagen: »War das nicht eben Hitler, der da vorüberging?«

Diese kleine Geschichte ist von feiner psychologischer Einsicht. Statt einer großen Strafe wurde nur gewünscht, daß Hitler wieder der gestrandete und verlotterte Postkartenmaler in Wien oder München sei und daß man selbst wieder als deutscher Bürger jüdischen Glaubens leben könne.

Oft ließ man Personen einander begegnen und die Lage erörtern. In dem folgenden Witz ist vielleicht das Lebensgefühl der nach 1933 in Deutschland verbliebenen Juden am klarsten getroffen:

284 Der alte Goldstein und der alte Cohn gehen zusammen über den Kurfürstendamm. Man schreibt das Jahr 1935. »Was machste für e mises Gesicht?« fragt der alte Goldstein. »Soll ich nicht machen e mises Gesicht?« fragt der alte Cohn zurück. Und nach einer Weile fügt er hinzu: »Und außerdem ist der Davidson gestorben.« Der alte Goldstein zuckt die Achseln: »Nu ja, wenn er sich kann verbessern!«

Selbst Hitler wurde gelegentlich jüdischen Repräsentanten gegenübergestellt. Es ist wohl von tieferer Bedeutung, daß er stets etwas von den Juden begehrte und sich als Gegenleistung mit vagen Andeutungen begnügte:

285 Für seine Invasionspläne in England 1940 läßt Hitler auch den Oberrabbiner von Amsterdam zu sich kommen. »Sagen Sie, der Moses hat doch so einen Stab gehabt; wenn er den ausstreckte, teilten sich die Wogen des Roten Meeres, und man konnte trockenen Fußes hindurchmarschieren. Verschaffen Sie mir den, ich würde dann auch für die Juden Erleichterungen eintreten lassen.« Der Oberrabbiner antwortete: »Das ist leider unmöglich. Der Stab befindet sich im Britischen Museum.«

Hitler hatte eben nicht den rechten »Stab« für seine Angelegenheiten. So mußte schließlich, trotz unablässiger Kämpfe, alles scheitern. – Selbst noch auf die Liquidationen durch die »Einsatzgruppen«[55] fiel der Strahl des jüdischen Witzes, der typologisch die geistige Überlegenheit der Opfer über ihre Henker anzeigte.

286 Jüdische Opfer sollen von der Gestapo erschossen werden. Der gut gelaunte kommandierende SS-Sturmführer tritt auf einen Juden zu und schnarrt: »Na, Sie sehen ja leidlich arisch aus. Ich will Ihnen eine Chance geben. Ich habe ein Glasauge, das aber nicht leicht zu erkennen ist. Wenn Sie sofort richtig raten, werde ich Sie noch zurückstellen.«

Ohne Zögern erfolgt die Antwort des Juden: »Das linke!«

»Woran haben Sie das erkannt?«

»Es hat einen so menschlichen Ausdruck!«

Die Verbrechen der Nationalsozialisten gegen die Juden erlaubten schließlich keinen politischen Witz mehr. Verspottete man zunächst noch den absurden Antisemitismus der braunen Machthaber, so erwiesen sich derartige Äußerungen beim Genozid als primitiv und peinlich. Als der Massenmord schließlich hier und dort bekannt werden mochte, begann die bis heute spürbare moralische Unsicherheit der Deutschen. Die Juden waren Mitbürger gewesen. Man hatte gemeinsam die sozialen Belange gestaltet und sich gegenseitig geholfen. Nun aber wurde eine Gruppe zum Abschaum der Menschheit erklärt, mit ausgesuchter Perversion verleumdet und schikaniert, gequält und schließlich vernichtet. Spätestens seit der »Reichskristallnacht« am 9. November 1938 konnte jeder wissen, wie es den Juden tatsächlich erging. Die ideologisch verkleideten Ausschreitungen wurden schweigend geduldet, vermutlich mit belastetem Gewissen. Kaum eine Hand erhob sich zum Schutze der Juden. Man blickte von den Deportationen fort und mußte gleichwohl Beklemmendes von den Fronturlaubern hören. Der totale Staat hatte die »Euthanasie« eingestellt, weil es hier und dort zu Mißstimmungen in der Bevölkerung gekommen war. Gegenüber den judenfeindlichen Maßnahmen reagierten die Deutschen aber nicht ähnlich empfindlich. So sah sich der Staat auch nicht veranlaßt, die »Endlösung der Judenfrage« auszusetzen.

Mit der Erzählung vom Glasauge ist etwas Erstaunliches geleistet. Angesichts des unausweichlichen Endes siegt noch einmal die Wortmacht. Der Mensch im Untergang wirft in bestürzender Eleganz den Henkern seine Verachtung vor die Füße. Immerhin könnte der SS-Führer von der Erschießung tatsächlich zurückstellen, und allein schon Zeitgewinn bedeutet für den Todeskandidaten spärliche Lebenshoffnung. Aber die Erkenntnis ist hier typologisch so weit gediehen, daß die aktuelle Möglichkeit der Rettung ungenutzt bleibt. Der Jude kümmert sich nicht weiter um die Launenhaftigkeit des Mächtigen, sondern »verscherzt« sich alle Chancen endgültig. Nur im Witz allerdings befreit sich das gedachte Subjekt aus den Fängen seiner Peiniger, obwohl es ihnen in Wirklichkeit ausgeliefert bleibt. Es verschmäht in anmaßender Freiheit eine willkürlich gesetzte Chance und greift damit einen auch sonst bekannten literarischen Topos auf.

Damit aber ist umschrieben, was rückschauend als einzige Unsicherheit der nationalsozialistischen Menschenführung hat aufgewiesen werden können. Sobald die braune Führerschaft nämlich auf einzelne traf, die keine Furcht vor dem Tode hatten, standen die Nazis am Ende ihrer politischen Praxis. Der Mensch sollte ja dadurch fügsam gehalten werden, daß das Konzentrationslager als schreckliche Erziehungs- und Vernichtungsanstalt den ständig drohenden Hintergrund bildete. Wer sich aber nicht einschüchtern ließ, hatte tatsächlich Freiheit gewonnen und irritierte die Nationalsozialisten. Das beweist der berüchtigte Rudolf Höß, Kommandant von Auschwitz, in seiner Biographie aus polnischer Haft. Er schildert die Zeugen Jehovas als die unheimlichsten Gefangenen. Sooft nämlich seine SS-Männer gekommen seien, Mitglieder dieser Gruppe zur Erschießung abzuholen, wären sie freudig begrüßt worden, und die übrigen hätten sie ersucht, sogleich auch hingerichtet zu werden. Sie hätten sich zum Leiden gedrängt, so daß es, wie Höß berichtet, auch den härtesten SS-Männern kalt über den Rücken lief. Hier kommt das kleinbürgerliche Erschrecken der sendungsbewußten Führergarde zum Vorschein: Angesichts wirklicher »Begeisterung« religiöser Menschen versagte ihr Kalkül. Durch rücksichtslose Härte kompensierten sie vor allem die eigene Lebensangst.[56]

Kapitel 10

Religiosität im Witz

Hält man sich bewußt, daß der Nationalsozialismus die alte Religion verdrängen und selbst zur neuen aufsteigen wollte, dann ergibt sich folgerichtig, daß auch auf diesem Felde der Witz sein Spiel treiben konnte. Angesichts der vielen Riten, die die NSDAP mit dem »Braunen Kult«[57] einführte, sah er sich herausgefordert. Das Volk blieb skeptisch, ob es den neuen lautstarken Heilbringern gelingen könne, die in Jahrhunderten gewachsenen Formen des religiösen Rituals außer Kraft zu setzen, und so prophezeite man bereits 1933:

287 Gegen den Weihrauch und den Knoblauch wird auch Hitler nicht ankommen!

Immerhin schien Hitler doch gegen sie anzukommen und sprach bereits das Urteil: nach dem »Endsieg« wollte man mit ihnen »abrechnen«. Daß aber der »Endsieg« ausblieb, wird man je nach Überzeugung Hitlers Fehlern oder einer göttlichen Lenkung zuschreiben.

Zuvor lavierten Staat und Kirche noch miteinander, wie es sich besonders durch das Reichskonkordat vom 20. Juli 1933 abzeichnete, den Vertrag des Deutschen Reiches mit dem Heiligen Stuhl. Es war Hitlers erste außenpolitische Vereinbarung, und sie ist noch heute in der Bundesrepublik Deutschland in Kraft. Man bemerkte:

288 Der Katholizismus und der Nationalsozialismus haben sich endlich auf einer gemeinsamen Grundlage geeinigt. Die Katholiken sagen: Morgens Gebet, mittags Gebet, abends Gebet. Die Nazis sagen: Gebet morgens, gebet mittags, gebet abends!

Der Katholizismus erstarkte erst recht während des Krieges, je stärker die Bevölkerung seelisch belastet wurde. Dabei nahm sich die »Hauptstadt der Bewegung« wunderlich aus:

289 Resultat einer Betrachtung des verdunkelten München: Alles schwarz, von Bewegung keine Spur!

Der Münchener Kabarettist Weiß-Ferdl soll auch gelegentlich bei seinem Auftritt gesagt haben:

290 Grüß Gott! Und Heil Hitler für die Andersgläubigen!

Auch Gott mußte herhalten. Einmal geschah es, daß man ihn zwischen drei Politikern zum Schiedsrichter machte:

291 Hitler, Stalin und Churchill können sich über ihre Ziele nicht einigen und beschließen, den lieben Gott als neutralen Schiedsrichter anzurufen. Gott fragt Hitler: »Also, was willst du?« Hitler: »Ich will die Vernichtung des Bolschewismus!« Gott zu Stalin: »Und was willst du?« Stalin: »Ich will die Vernichtung des Nationalsozialismus!« Gott zu Churchill: »Und was hast du für einen Wunsch?« Churchill: »Ich schließe mich den Wünschen meiner Vorredner an.«

Es gibt eine Reihe von Witzen, die Szenen im Himmel beschreiben, wobei die NS-Funktionäre durch ihre Verschlagenheit selbst dort Angst und Schrecken verbreiten. In einer bezeichnenden Geschichte wurde die deutsche militärische Buchführung und ihre himmlische Konsequenz betont:

292 Vor der Himmelstür tauchen eines Tages zwanzig deutsche Flieger auf. Sie wurden abgeschossen und begehren nun Eintritt. Petrus aber lehnt ihre Aufnahme ab.

»Ich kann nur vier von euch hereinlassen«, sagt er. Ein Major versucht, ihn zu überzeugen, daß sie alle Kameraden seien und nur zusammen in den Himmel gingen.

»Ich weiß, ich weiß«, nickt der alte Himmelspförtner, »ich würde euch auch gern alle zwanzig nehmen. Aber ich darf nicht. Wir richten uns hier nach dem amtlichen deutschen Wehrmachtsbericht.«

Göring wurde als zielstrebiger »Gottsucher« für die Belange seines Vierjahresplanes geschildert:

293 Einmal wurde bemerkt, daß Göring fleißig zur Kirche ging. Darüber war man erstaunt, was hatte er nur in der Kirche zu suchen? Er suchte dort den Gott, der Eisen wachsen ließ.[58]

Ein anderes Mal wurde Gott allerdings nicht als der gemütliche Ausgleicher und die verfügbare Appellationsinstanz geschildert, sondern als der gefährlich Drohende gegenüber der Hybris der braunen Machthaber:

294 Die NS-Regierung möchte ihr kirchliches Wohlwollen beweisen und beschließt, Gott ein Denkmal zu setzen. Man berät über die Inschrift, die schlicht und doch großartig vom berechtigten Selbstgefühl der Spender zeugen soll. Schließlich einigt man sich auf die Formel: Wir – Dir! Da ertönt eine Stimme von oben: Ihr – Mir!

Eine Variante:

295 Die Reichsregierung hat dem Allmächtigen eine Kirche gebaut. Sie will damit ihre Dankbarkeit für seine Mitwirkung am Sieg über Frankreich ausdrücken. Folgende Widmungen werden angebracht:

Von Goebbels: Der erste Geist im Dritten Reich dem dritten Geist im Himmelreich.

Von Göring: Von Mir.

Von Hitler: Dem Allmächtigen – Sein Führer.

296 Hitler unterhält sich mit Mussolini und hohen Funktionären über die Neuordnung Europas. Man erwähnt auch, welches die Hauptstadt werden soll. Mussolini sagt: »Natürlich Rom, das doch schon vom Allmächtigen dazu bestimmt ist.« Darauf Hitler: »Wann soll ich denn das gesagt haben?«

Scharf ironisiert wurden Geistliche, die sich von den Machthabern hatten gewinnen lassen und meinten, ein *artgemäßes* Christentum mit den Lehren des Nationalsozialismus vereinen zu können. Das geschah auf protestantischer Seite stärker als auf der katholischen, da der Protestantismus durch seine landeskirchlich-nationale Herkunft eine Schwäche für die Bindung von »Thron und Altar« besaß, während der Katholizismus ultramontan immer über die Nation hinauswies zu der *einen Kirche*, der »Mutter« aller Völker. – Eine Art trauriger Berühmtheit im Protestantismus gewann der Wehrkreispfarrer Ludwig Müller, den Hitler in Königsberg kennengelernt hatte und den er als »Reichsbischof« zu seinem Generalkirchenfunktionär erhob. Doch war dieser unfähig, sich gegenüber der Bekennenden Kirche und ihren unerschrockenen Männern wie Martin Niemöller, Theophil Wurm und anderen durchzusetzen. »Reichsbischof« Müller (als »Reibi« verulkt) wurde zur Zielscheibe des Spotts:

297 Worin besteht der Unterschied zwischen einem Missionar und dem Reichsbischof? Der Missionar macht Wilde fromm, der Reichsbischof macht Fromme wild!

298 Als Goebbels sein Buch *Vom Kaiserhof zur Reichskanzlei* veröffentlicht hatte, ließ dieser literarische Ruhm dem Reichsbischof keine Ruhe. Er schrieb ebenfalls ein Buch. Der Titel lautete: *Vom Kirchenlicht zum Armleuchter.*

299 Auf dem Bahnhof Friedrichstraße ruft der Fahrdienstleiter: »Zurücktreten, bitte zurücktreten!« Ein Herr tut das Gegenteil davon. Der Fahrdienstleiter ruft noch einmal dringend: »Bitte, mein Herr, zurücktreten!« Der Herr dreht sich um und erwidert energisch: »Ich bin der Reichsbischof Müller und trete nie zurück!«

Fortan wurde er nicht mehr »Reibi«, sondern »Bleibi« genannt. Gelegentlich behauptete man auch, er habe eine so *dicke Haut, daß er kein Rückgrat benötige.* Die »deutschchristlichen« Pfarrer sollten einen *weißen Talar* tragen, denn sie seien *Müllersknechte.*

Andererseits hob der Witz aber auch solche Theologen hervor, die sich durch Unerschrockenheit oder Schlagfertigkeit auszeichneten:

300 Der Bischof von Münster, Graf Galen, wendet sich in einer Predigt gegen die Jugenderziehung durch die Hitlerjugend. Da ruft jemand dazwischen: »Wie kann ein Mann, der keine Kinder hat, maßgeblich über Kindererziehung sprechen wollen!« Darauf Galen: »Ich kann eine solche persönliche Kritik am Führer in meiner Kirche nicht zulassen!«

Hier meisterte Galen eine doppeldeutige Situation und vermochte damit Hitler selbst lächerlich zu machen.

In einem kleinen Wortspiel sagte man, der protestantische Kirchenkampf in Württemberg sei dadurch entstanden,

301 daß es Murr gewurmt hat, daß der Wurm gemurrt hat.

Theophil Wurm war protestantischer Bischof von Württemberg und Wilhelm Murr der Reichsstatthalter desselben Landes.[59]

Sogar religiöse Formeln wurden ironisch verändert:

302 Komm, Adolf, sei du unser Gast,
und gib uns alles, was du uns versprochen hast.
Gib uns aber nicht bloß Pellkartoffeln und Hering,
sondern laß uns leben wie Goebbels und Göring.

Oder man betete den Abschnitt: »Und führe uns nicht in Versuchung« im lateinischen Vaterunser anders:

303 et ne nos inducas in concentrationem [statt temptationem].

Der Terror legte zudem nahe, eine Reihe von Heiligendaten des Kalenders zeitgemäß zu pointieren, man sprach von:

304 Mariä Gefängnis
Mariä Denunciata
Mariä Heimdurchsuchung.

Verhaßt und gefürchtet blieb der Mann, der diesen Terror steuerte: der Reichsführer-SS Heinrich Himmler. Er war oberster Chef aller Konzentrationslager; sein Sicherheitsdienst fahndete überall in Deutschland und im besetzten Europa und machte es zum großen Zuchthaus. So sprach man von den

305 Himmlerschen Heerscharen

oder flüsterte bei einem schrecklichen Ende in den Fängen der Geheimen Staatspolizei:

306 Gott nahm ihn in sein himmlersches Reich.

Kein Wunder war es, daß der Haß gegenüber diesen Dunkelmännern sogar als religiös gerechtfertigt erschien:

307 Im Beichtstuhl fragte einer, ob es eine Sünde sei, wenn man jemandem von ganzem Herzen den Tod wünsche. Die verständnisvolle Antwort des Priesters lautete: »In diesem besonderen Falle nicht!«

308 Zwei Leute gehen an einem Kruzifix vorüber. Da sagt der eine: »Heil Hitler.« Der andere verweist ihn. »In einem solchen Falle sagt man doch: Gelobt sei Jesus Christus!« »Das sage ich erst, wenn jener dran hängt.«

Manche hatten einen gewissen Instinkt dafür, daß die religiös eingefärbte politische Praxis eigentümliche Konsequenzen zeitigte, daß die schreckliche Verkehrung der Wirklichkeit von dem religiösen Anspruch herrührte, der dem Nationalsozialismus innewohnte:

309 Eines Tages ließ Hitler sich in einem Boot von Hermann Göring insgeheim aufs Meer hinausrudern. »Reichsmarschall«, sagte er, als sie ein Stück weit draußen waren, »kann man uns vom Lande aus noch sehen?« »Nein, mein Führer«, meldete Göring, nachdem er sich vergewissert hatte, worauf Hitler über den Bootsrand kletterte und nach biblischem Muster auf dem Wasser zu wandeln versuchte. Natürlich versank er, und Göring konnte ihn im letzten Augenblick noch am Kragen wieder ins Boot ziehen. Nachdem Hitler tüchtig Wasser ausgespien hatte, klopfte er mit dem Knöchel schulmeisterlich auf die Bootsbank und stellte fest: »Dann hat es der andere auch nicht gekonnt!«

Es läßt sich kaum genauer als in dieser sarkastischen Geschichte kennzeichnen, wie Hitler in Konkurrenz mit Jesus trat. Die Geschichte von dessen Gang auf dem See Genezareth (Matth. 14, 25) bietet die Vorlage. Für Hitlers unsicheres Selbstbewußtsein war es unerträglich, eine Tat nicht vollziehen zu können, die »der andere« vollzogen hatte. Im Kampf gegen dessen großen Schatten zeigt sich einer der Züge von Hitlers Charakter. Gleichzeitig wird eine wesentliche Seite seiner abstrusen Logik dargestellt: Was er selbst nicht kann, erachtet er auch bei anderen als unmöglich. In dieser Geschichte fangen sich wie in einem Spiegel die Konturen der nationalsozialistischen Weltanschauung.

Aber auch noch in anderer Hinsicht ist der Witz bedeutungsvoll und ein Zeugnis für die Tatsache, daß man bereits damals Charakterzüge Hitlers ahnte, die sich erst in biographischer Erforschung als tatsächlich herausgestellt haben. In diesem Witz kommt zweimal die Verhüllungssucht Hitlers zum Ausdruck: er ließ sich »insgeheim« aufs Meer hinausrudern und fragte, ob man vom Lande aus noch gesehen werden könne. Die Lebensunsicherheit des »Führers« ist darin erkannt. Sein Scheitern als Schüler und die mangelnde Berufsausbildung hemmten ihn zeitlebens. Er wurde von seiner Vergangenheit überholt. Nie fand er ein freies Verhältnis zu Wissenschaftlern und Gelehrten; die Verleihung von Goethe-Medaillen für Kunst und Wissenschaft gehörte für ihn zu den ungeliebten Pflichten. Es war ihm unmöglich, freie Geselligkeit zu pflegen und interessante Personen an sich heranzuziehen. Er hatte eigentlich gar keinen Umgang; was da an »alten Kämpfern«, Sportlern oder Filmschauspielern eingeladen wurde, diente lediglich als Komparserie seiner endlosen nächtlichen Monologe, die zumeist um ihn selbst und seine »Sendung« kreisten.

Was an diesem letzten Witz so frappiert, ist der Umstand, daß Hitlers Öffentlichkeitsscheu außerhalb seiner rüden Rhetorik geahnt wurde. Heute ist sie erwiesen. Er trieb in seinem Alpenparadies keinen Wintersport, er begann nicht zu reiten oder sich auf anderen Gebieten zu versuchen, obwohl ihn seine Umgebung dazu ermunterte. Er begründete die Ablehnung mit dem Hinweis, als Führer des deutschen Volkes könne er sich nicht leisten, irgendwo *Anfänger* zu sein, seine Gefolgschaft würde dann an ihm zu zweifeln beginnen. Diese groteske Übersteigerung des Vollkommenheitsanspruches aus der Psychologie des gescheiterten Schülers und beruflich Steckengebliebenen führte zu der damals im Vergrößerungsglas des Witzes bereits eingefangenen Abschirmungstendenz, sobald Hitler sich mit Dingen befaßte, in denen er sich nicht als Meister wähnte.

Kapitel 11

Militaria und die Bundesgenossen

Immer schon hatten Drill und Gehorsam der Soldaten die Witzbolde herausgefordert. In vielen Armeen der Welt findet sich ein Repertoire entsprechender Anekdoten. Für einen Staat wie den preußisch-deutschen, in dem das Militär eine so bedeutende Rolle spielte, galt dies verstärkt. Daß der schnarrende preußische Leutnant zum dauernden Witzblattrequisit aufsteigen konnte, verrät einiges über seine soziale Rolle, die er vor dem Ersten Weltkrieg tatsächlich spielte.[60] Der militante Charakter des Nationalsozialismus ließ rasch eine Privatarmee entstehen, die davon träumte, eines Tages in ein Volksheer umgewandelt und mit der Wehrmacht verschmolzen zu werden. Allerdings waren die Praktiken dieser Hitlerschen »Sturmabteilungen« (SA) keineswegs geeignet, Vertrauen in ihren militärischen Ehrenkodex wachzurufen. Ihre Praxis der Straßen- und Saalschlachten, ihre Überfälle, der Kampfruf »Deutschland erwache – Juda verrecke!« und die Mordbrennermethoden bezeugten ihr Wesen:

310 Welcher Unterschied besteht zwischen Wehrmacht und SA? Bei der Wehrmacht heißt es: Legt an, gebt Feuer! Bei der SA aber: Gebt an, legt Feuer!

In diesem einprägsamen Flüsterwitz sprachen Zeitgenossen ihre Meinung über die SA-Verbände aus, die als Kolonnen Deklassierter und Unzufriedener die Straßen unsicher machten und schließlich 1933 sogar als preußische »Hilfspolizei« fungieren durften. Dieser Auftrag führte zu vielen peinlichen Zwischenfällen, denn die Vergangenheit der SA machte sie unfähig, aus der Praxis von Gewalt und Ungesetzlichkeit zur Legalität hinüberzuwechseln.

Szenen wie die im folgenden geschilderte dürften einer Grundlage nicht entbehren:

311 Ein SA-Mann flüstert dem anderen zu: »Hast du schon gehört? Der Reichstag brennt!« Der andere SA-Mann erwidert: »Pst! Erst morgen!«

In einem Kapitel über die Bundesgenossen ist als Schlüsselfigur Hitler selbst zu betrachten. Gern ließ er es sich gefallen, daß man ihn bei seinen militärischen Anfangserfolgen als »größten Feldherrn aller Zeiten« feierte, der Volkswitz machte daraus in der beliebten Abkürzungsmanie

312 den Gröfaz (Größter Feldherr aller Zeiten).

Ihm zur Seite stand als Chef des Oberkommandos der Wehrmacht ein gefügiger und wenig bedeutender Militär, Generalfeldmarschall Wilhelm Keitel. Aus seiner Rolle wurde

313 der Lakeitel.

Als der kriegerische Glücksstern zu sinken begann, veränderten sich freilich die Perspektiven:

314 Der Rückzug der deutschen Truppen in Rußland seit 1943, der nicht mehr aufgehalten werden konnte, wurde von scharfen Zungen »Kaiser-Napoleon-Gedächtnis-Rennen« genannt.

315 Die Niederlage der Deutschen in Tunis nannte man im Anklang an Stalingrad und den englischen Rückzug von Dünkirchen »Tunisgrad« und »Tunkirchen«.

Nach diesem Ereignis grüßte man mit »*Heul Hitler*«.

Den größten Unwillen erregte aber wohl das sinnlose Experiment des »Volkssturms«, als mit diesem letzten Aufgebot im Jahre 1944 Jungen von sechzehn und Männer von sechzig Jahren in die Schlacht geworfen wurden und in den Strudel des Untergangs gerieten.

316 Tünnes und Schäl sind zum Volkssturm eingezogen und begegnen einander auf dem Kasernenhof. Tünnes führt einen lahmen Gaul zum Pferdelazarett, Schäl darf die welken Blätter zusammenkehren und in Körben forttragen. Schäl: »Na, Tünnes, du bist ja schon Gaulleiter geworden!« Tünnes: »Na, und du hast es ja auch schon zum Eichenlaubträger gebracht!«

Die militärisch völlig unzulänglich ausgerüsteten Abteilungen wurden bei der ersten Feindberührung zusammengeschlagen, ohne daß sie etwas hätten ausrichten können. Hinzu kam eine besondere Gefahr für die Volkssturmmänner. Sie galten nach internationalem Kriegsrecht nicht als reguläre Soldaten, sondern als Partisanen. Und das konnte ihr Ende bedeuten, falls sie in Gefangenschaft gerieten. Der Volkssturm entstand in einem Verzweiflungsakt der braunen Herrscher, die das verlorene Spiel auch mit diesem Opfer wieder für eine Weile zu verschleiern und damit ihr Leben zu fristen trachteten.

317 Die Heidelberger Stadtwacht, bestehend aus dem letzten, für den Wehrdienst nicht mehr brauchbaren Aufgebot, ist zum Appell angetreten. Die verdrossenen Männer erhoffen den Beginn des täglichen Luftalarms, um sich verdrücken zu können. Da begrüßt im hinteren Glied einer den anderen mit den Worten: »Na, auch in der Hitlerjugend-Spätlese?«

Man verglich die Volkssturmmänner mit Metallfiguren und stellte das Rätsel:

318 Wer hat Gold im Mund, Silber im Haar und Blei in den Gliedern?

Zuletzt wurden absurde Nachrichten im Volke flüsternd weitergegeben, die in ihrer Sinnlosigkeit das System kennzeichnen sollten:

319 Volkssturmmänner zwischen fünfzig und sechzig Jahren können vom Dienst befreit werden, wenn sie nachweisen, daß ihre Väter an der Front stehen.

Das Verfahren der militärischen Musterungen bot ein ständiges Ärgernis. Bei diesen »Untersuchungen« wurden immer Massen abgefertigt, und der Vorgang ähnelte einer Fleischbeschau. Beleidigend war es bereits, mit Hunderten nackter Männer in irgendeinem Saal von Station zu Station weitergeschleust, begafft und nicht selten in unflätigem Ton verhört zu werden. Die Musterung bedeutete für viele schon eine herbe Ernüchterung, sofern sie als Begeisterte kamen. Zum Gesetz dieser militärischen Vernehmung gehörte ein prinzipielles Mißtrauen gegenüber den Angaben der Wehrpflichtigen, man fahndete nach Drükkebergern und Simulanten und glaubte zunächst einer Krankengeschichte nicht. Ziel war, möglichst viele kv (kriegsverwendungsfähig) zu schreiben. Dabei erfaßte der Witz auch sehr klar die Armut militärischer Argumente, die wohl in allen Zeiten gebraucht werden.

320 Szene bei der Musterung. Der Oberstabsarzt verfährt streng.

»Was haben Sie?« fragt er den ersten. Der antwortet: »Ich bin kurzsichtig, Herr Oberstabsarzt.« »Quatsch!« entgegnet dieser. »Kurzsichtig sind wir alle. Ich bin kurzsichtig, die Herren Offiziere sind kurzsichtig, und auch der Führer ist kurzsichtig. Trotzdem müssen wir unsere Pflicht erfüllen. Abtreten! Kv!«

Der zweite behauptet, an ständigen Kopfschmerzen zu leiden. »Einbildung!« knurrt wiederum der Oberstabsarzt. »Ich habe auch dauernd Kopfschmerzen, die Herren Offiziere ebenfalls und der Führer auch. Trotzdem erfüllen wir unsere Pflicht. Abtreten! Kv!«

Der dritte gesteht leise, daß er magenleidend sei. »Unsinn!« schnauzt der Arzt. »Ich bin auch magenleidend, die Herren Offiziere sind es und der Führer ebenso. Aber jeder erfüllt seine Pflicht.«

Der vierte lächelt den Stabsarzt an und sagt: »Geben Sie sich keine Mühe, ich bin blöde.«

Sehr klar wurde erkannt, daß der »kleine Mann« für Hitler nur Kanonenfutter war:

321 Die Arbeiter der IG-Farben beklagen sich bei Hitler, daß sie immer noch hintenan stehen müßten, während die Großkopfeten vornedran seien. Hitler beruhigt sie: »Wartet nur, bis ich meinen Krieg führe, dann sollt ihr alle vorn stehen und die Großkopfeten hinten.«

Einigen Raum nehmen ferner die Landserwitze ein, in denen besonders das »Heldische« auf die prosaische Wirklichkeit zurückgeführt und seiner Illusionen entkleidet wurde. Dieser Prozeß war eine natürliche Abwehr gegenüber dem Heldenkult, mit dem die oft aus Keckheit, Verzweiflung oder Angst erwachsenen militärischen Taten nachträglich verbrämt wurden. So nannte der Landser die »Frontzulage« in klarer Einschätzung:

322 Zittergroschen.

Auch die Tapferkeitsauszeichnungen und ständig vermehrten Orden waren Gegenstand des Spotts. 1942 wurde nach dem furchtbaren Rußlandwinter, der die deutschen Truppen durch mangelnde Umsicht der Führung völlig unzulänglich ausgerüstet gefunden hatte (vgl. S. 236 f.), ein Winterfeldzugsorden gestiftet. Diese Auszeichnung nannte die Truppe

323 Gefrierfleischorden oder auch Rollbahnorden, weil er links und rechts vom Mittelstreifen rot war. Dort herrschten die sowjetischen Partisanen.

Das massiv wirkende und auf der rechten Brustseite zu tragende Deutsche Kreuz in Gold, das in der Mitte durch ein Hakenkreuz verziert war und entsprechend funkelte, nannte man

324 Gesinnungsrückstrahler oder Parteiabzeichen für Kurzsichtige.

Sehr bezeichnend ist auch eine kleine Anekdote, die Peter Bamm erzählt und die den Ordensbetrieb in seinem inflationistischen Aufwand enthüllt. Man muß dazu wissen, daß 1939 das Ritterkreuz zum Eisernen Kreuz als Tapferkeitsauszeichnung gestiftet worden war, die aber, weil sie schließlich so oft verliehen wurden, ergänzt werden mußte durch das Eichenlaub zum Ritterkreuz des Eisernen Kreuzes, durch das Eichenlaub mit Schwertern zum Ritterkreuz des Eisernen Kreuzes, das Eichenlaub mit Schwertern und Brillanten und schließlich sogar durch das Goldene Eichenlaub mit Schwertern und Brillanten zum Ritterkreuz des Eisernen Kreuzes. Über dem allen gab es auch noch das Großkreuz zum Eisernen Kreuz. Peter Bamms Anekdote ist recht plastisch:

325 »Die alten Obergefreiten waren das Rückgrat der Armee. Sie waren kampferfahren, unerschütterlich in ihrer Haltung und souverän in ihrem Witz. Damals kam eine Geschichte auf, in deren Ironie ihr Witz sich

spiegelte. Es war die Beschreibung vom siegreichen Einzug durch das Brandenburger Tor – vorweg die Kompanie der Feldmarschälle in gleichem Schritt und Tritt; dann der Weltmarschall, in schlichtem Gold, mit dem Mammutkreuz des Ritterkreuzes des Eisernen Kreuzes mit Lorbeerbäumen auf Selbstfahrlafette. Dann folgte eine unendliche Zahl von spöttischen Karikaturen der Armee, die ich vergessen habe. Zum Schluß kam der uralte Obergefreite aus der Steppe, ein wenig abgerissen, mit ellenlangem Bart, bepackt mit Gasmaske, Schanzzeug, Zeltbahn, Kochgeschirr, Handgranate und Gewehr. Befragt, was er hier suche, antwortet er: ›Nix ponemaju!‹ Er war so lange in Rußland gewesen, daß er sein Deutsch verlernt hatte.«[61]

Der politische Witz gegen den Nationalsozialismus hat, soweit sich sehen läßt, niemals den einfachen deutschen Soldaten, den Landser, verhöhnt, während der Chef des OKW als »Lakeitel« (*313*) richtig eingeschätzt wurde oder die vielen sonstigen höheren militärischen Chargen, die mit Kriegsverdienstkreuzen verschiedener Stufen dekoriert wurden (*326*) und manche andere ansehnlichen Vorteile etwa in den besetzten Ländern genossen. Der Grund für die Schonung der Landser dürfte darin zu suchen sein, daß jede Familie Angehörige in dieser soldatischen Rolle im Felde wußte und sich um sie sorgte. Solange es indessen vorwärts ging und der Endsieg winkte, waren die Landser stolz darauf, sich anderen Armeen als überlegen bewiesen und einen großen Teil Europas erobert zu haben. Nach der Kriegswende aber fühlten sie sich eher mißbraucht und als Opfer von Hitlers Plänen. Auf jeden Fall haben sie durch ihre Fügsamkeit als militärische Stoßkeile die faschistische Besetzung Europas vollzogen und damit auch jene Verbrechen ermöglicht, die im Hinterland der Front zumeist von speziellen Einheiten an der Zivilbevölkerung geschahen.

Diese Umstände sind von den deutschen Soldaten in großem Umfange nie aufgearbeitet worden. Statt dessen erschienen als neuartiger Typ der Groschenromane Serienhefte unter dem Titel *Der Landser* in Hunderttausenden von Exemplaren. Darin wurde in Erinnerungen geschwelgt; es ging um entbehrungsreiche Vormärsche und Rückzüge, um Kesselschlachten und um die Verläßlichkeit der eigenen Einheit, des »alten Haufens«. Das Kameradschaftserlebnis strahlte nach Jahrzehnten idealisiert auf. Damals hatte es keine Konkurrenz und undurchschaubaren Wirtschaftsverhältnisse gegeben. Jeder stand jedem zur Seite, sobald es nötig wurde. Das schienen nun die »großen Stunden« im menschlichen Leben; wie oft war man von Kameraden »herausgehauen« worden, während man nunmehr im Wirtschaftsleben eher »in die Pfanne« gehauen wurde.

Den Tenor für den Verleihungsantrag eines Kriegsverdienstkreuzes bestimmte man folgendermaßen:

326 Er ist würdig, diese Auszeichnung zu tragen, weil er wiederholt unter höchstem persönlichen Einsatz durch ein mit Minen und Partisanen völlig verseuchtes Gebiet – – – telefonierte!

In Wahrheit lag dem deutschen Soldaten weniger an Orden; er hatte andere Dinge im Sinn:

327 Der deutsche Soldat wünscht sich die Kleidung des Russen, die Ernährung des Engländers, als Gegner den Italiener und – daß Hitler der unbekannte Soldat des Weltkriegs geblieben wäre!

Gelegentlich sagte man auch, nach dem Kriege sollten alle Gefreiten erschossen werden. Warum?

328 Die Schweinerei mit dem unbekannten Gefreiten soll uns nicht noch einmal passieren!

Hitler war Gefreiter im Ersten Weltkrieg gewesen und bezeichnete sich gern als den Unbekannten Soldaten des deutschen Volkes.

Gern belustigte man sich über die militärischen Qualitäten der Bundesgenossen. Dabei ist interessant, daß die Japaner nicht ironisiert werden konnten, weil ihre Taten von einer Art Nihilismus zeugten, der schlechterdings durch Witz nicht erreicht wurde. Japanische Todesflieger oder Torpedofahrer stürzten sich mit ihrer Sprengladung auf das feindliche Ziel. Diese Vorbilder wurden übrigens, je weiter es mit Hitler militärisch bergab ging, propagandistisch genutzt und die fernöstlichen Sterbetugenden auch den deutschen Soldaten als löblich hingestellt.

Die Spanier wurden nur kurz erwähnt. Es war Hitler nicht gelungen, Franco in den Zweiten Weltkrieg hineinzuziehen, obwohl er sich, als der spanische Faschismus 1936 die Republik beseitigen wollte, mit Waffenlieferungen eifrig beteiligt hatte:

329 Wer ist der tüchtigste Exporteur?
Adolf Hitler; denn er liefert alles franko. –

Die soldatischen Fähigkeiten der italienischen Bundesgenossen aber wurden rege verunglimpft. Ursache dafür mochte einmal Italiens Bündnisabfall von Deutschland während des Ersten Weltkriegs gewesen sein, der das Mißtrauen gegenüber der römischen Ehrlichkeit nie wieder gänzlich beseitigte, zum anderen aber die militärische Abenteuerlust Mussolinis auf dem Balkan (Angriff auf Griechenland 28. Oktober 1940), die Deutschland in erhebliche Schwierigkeiten brachte. Möglicherweise paßt zu den Italienern mehr das rhetorische als das militärische Modell, wie der Historiker Friedrich Meinecke einmal vermutete.[62]

Die Ironie fing an, als Mussolini Frankreich wenige Tage

vor dessen Zusammenbruch den Krieg erklärte; die Absicht war offenkundig. Man nannte Mussolini darum den

330 Reichserntehelfer

oder wandelte den bereits zitierten Caesar-Ausspruch zu seiner Übersetzung folgendermaßen ab:

331 Ich kam, als ich sah, daß er siegte.

Der italienische König fand sich kaum besser glossiert:

332 Victor Emanuel, der Kaiser des Römischen Imperiums, ist vom Führer in die NSDAP aufgenommen worden. Neben dem Goldenen Parteiabzeichen ist ihm das Parteibuch 404 verliehen worden: Eine Null zwischen zwei Vierern [= Führern].

In der italienischen Kriegserklärung entdeckte man noch andere Züge und kennzeichnete damit die Belastung durch den eigenen Bundesgenossen.

333 Ins Oberkommando der Wehrmacht gelangt die Nachricht, Italien sei auf Mussolinis Befehl in den Krieg eingetreten. »Da werden wir ihm zehn Divisionen entgegenstellen müssen!« »Nein, er ist doch als unser Verbündeter eingetreten.« »O weh, das kostet uns mindestens zwanzig Divisionen!«

Die so rege gerühmte Achse Berlin – Rom (Bündnis) erwies sich angesichts der ihr zuteil werdenden Belastungen als nicht recht tragfähig. Man hatte den Verdacht, daß den Italienern ohnehin nicht so sehr viel an dieser »Achse« liegen könne, was man durch den folgenden derben Scherz zum Ausdruck brachte:

334 Mussolini hat auf den italienischen Staatsbahnen die Aborte entfernen lassen, weil die Italiener auf die Achsen scheißen.

Im Anklang an einen bekannten alten Schlager sangen die Soldaten in Italien:

335 Nach Hause, nach Hause, nach Hause gehn wir nicht, bis daß die Achse bricht.

Der Witz verunglimpfte aber nicht nur den militärisch weniger erfolgreichen Mussolini, sondern nahm auch Gelegenheit, ihn in der Rolle des Überlegenen zu zeigen, in der er sich, was den Charakter betraf, Hitler gegenüber wohl wirklich befand:

336 Hitler zu Mussolini: »Italien ist zu beneiden. Über Italien lacht immer der blaue Himmel.« Darauf antwortet Mussolini: »Was heißt das schon? Über Deutschland lacht doch die ganze Welt!«

Lachen war für Hitler tatsächlich ein Anlaß, bitter zu werden. In vielen seiner Reden brachte er zum Ausdruck, daß den anderen das Lachen schon vergehen werde, und fand nach seinen »Maßnahmen« auch Gelegenheit, triumphierend festzustellen, daß es ihnen tatsächlich vergangen sei. Gelächter war für Hitler viel weniger erträglich als persönliche Gefahr für sein Leben.

Wenn sonst die beiden Diktatoren zusammentrafen, bot sich Gelegenheit zu mancherlei Spekulationen, was dort wohl vorgegangen sein mochte. Freilich hat es »Gespräche« zwischen ihnen kaum gegeben, sondern eigentlich immer nur Deklamationen, vornehmlich von der Seite Hitlers. Chaplins genialer Film *Der große Diktator* zeichnet diese Situation nach. Beide Politiker wollten jedenfalls als »Staatsmänner« von historischem Rang bereits zu Lebzeiten in die Geschichte eingehen. Ganz originell hat der Flüsterwitz den Leerlauf ihrer Monologe bei den »historischen Begegnungen« charakterisiert:

337 Hitler und Mussolini treffen sich während des Krieges am Brenner zur Aussprache. Langes Händeschütteln. Pathetisch beteuert Mussolini: »Dein Eid ist mein Eid!« Hitler umarmt den Freund und ruft: »Mein Sinn ist Ihr Sinn!«

Dieser Witz lebt von einer akustischen Verwechslung – »Meineid« und »Irrsinn« –, die besonders von Hitlers harter Sprechweise ausging.

Die militärischen Praktiken der Italiener boten nun vollends Anlässe, sich zu mokieren. So erzählte man, es gebe den

338 Rückzugstanz, eine italienische Neuheit. Die Tanzregel lautet:

Einen Schritt vorwärts, zwei Schritte zurück, einmal um die Achse drehen, dann den Partner vorschieben, und wieder von vorn.

Die Kette der endlosen Absetzbewegungen mußte sich für die italienische Militärführung zu einem schweren Prestigeverlust gestalten, zumal verfahrene Lagen oft von den nördlichen Bundesgenossen wieder »bereinigt« wurden, die es gewiß nicht an Gelegenheit mangeln ließen, den römischen Militärs das wahre kriegerische Gewichtsverhältnis deutlich zu machen. Vermutlich zeichnen sich erfolgreiche Soldaten selten durch sensible Zurückhaltung aus. Wie bereits bemerkt, paßt das rhetorische Element auf die Italiener und ebenso auch wohl die heroische Attitüde. Diese Umstände sind in einer Anekdote aus dem spanischen Bürgerkrieg (1936-1939) klassisch festgehalten worden. Die »Achsenmächte« hatten dem Diktator Franco Militärkontingente zur Verfügung gestellt (Legion Condor aus Deutschland), um dem Faschismus zum Siege zu verhelfen. Dabei konnten sie zugleich ihr modernstes Kriegsmaterial in Spanien risikolos testen. Franco entsandte dafür später die Blaue Division an die deutsche Ostfront. – Die englische Quelle lautet:

339 Three officers of Franco's army were watching the progress of a battle, one was Italian, the other German, and the third Spanish. The German, looking through his field glasses, said in a tone of surprise: »But they're fleeing, our friends are fleeing, look, look! The Italians are running away!«

»Let me see the glasses«, said the Italian officer, somewhat agitated. As he peered through them, his face, a little troubled before, began to clear, and a large smile broke out. Describing a broad gesture in the air with his free hand, he cried: »Yes, they are fleeing, but proudly – like lions!«[63]

Einfallsreich war auch die Gegenüberstellung vom italienischen und deutschen Wehrmachtsbericht, worin sich die sprichwörtliche militärische Tüchtigkeit der Deutschen munter beweihräucherte und selbstgefällig auf die geringen soldatischen Qualitäten der Bundesgenossen herabsah.

340 Italienischer Wehrmachtsbericht:

Italienische Divisionen unter General Pompolini hatten auf dem rechten Flügel unserer Front westlich Audjila erhebliche Erfolge aufzuweisen. Ein britisches Fahrrad wurde umzingelt, die Lenkstange ist fest in unserer Hand. Um die Pedale wird noch erbittert gekämpft. Das Hinterrad hat sich planmäßig abgesetzt, und der Rahmen wurde am Boden zerstört.

341 Italienische Heeresberichte sind Makkaronis, nämlich lang, dünn, hohl.

Gegenüber den Erfolgen der deutschen Truppen, ihrer militärischen Beute während der ersten Kriegshälfte, wurde ironisch das magere Fahrrad gewählt, um das sich die römischen Taktiker mit ihren Feinden balgten und das sich in seine Teile zerlegte, da sie es triumphal heimzubringen gedachten. Hingegen projizierten die Landser den deutschen Wehrmachtsbericht um einige Jahre voraus und ließen ihre italienischen Bundesgenossen dann immer noch die Rolle des wenig glücklichen Dauerschützen im Mittelmeer spielen. So polarisierten sich die Ereignisse:

342 Deutscher Wehrmachtsbericht von 1947:

Das OKW gibt bekannt:

Deutsche Truppen unter Führung des Generalfeldmarschalls Kesselring besetzten gestern die Landenge von Panama; andere Truppen unter Führung von Generalfeldmarschall von Manstein schlossen in den USA die Bundeshauptstadt Washington ein. Der Führer ernannte den Reichsmarschall Hermann Göring zum Reichsprotektor von Südamerika. – Italienische Flugzeuge bombardierten mit beobachteter guter Wirkung wieder den Hafen von La Valetta auf Malta.

Albert Kesselring (1885-1960) war Generalfeldmarschall der Luftwaffe und Oberbefehlshaber der deutschen Truppen in Italien. Er beging Kriegsverbrechen, wurde verurteilt und 1952 aus der Haft entlassen. – Erich von Manstein (1887-1973) war Generalfeldmarschall des Heeres. Er galt als einer der fähigsten deutschen Strategen. Mehrfach vertrat er Hitler gegenüber abweichende militärische Auffassungen, so daß dieser den unbequemen Offizier schließlich entließ, der sich daraufhin auf sein Gut zurückzog. Doch war von Manstein der faschistischen Ideologie hörig und erteilte Befehle an das Ostheer, die der Ausrottung des Bolschewismus dienen sollten. 1953 aus alliierter Haft entlassen, wurde von Manstein von der Bundesregierung noch als Berater in Anspruch genommen.

Kapitel 12

Das Inferno. Der Ausgang des Dritten Reiches

Der Flüsterwitz griff auch die Parole von der »Neuordnung Europas« auf und brachte zum Ausdruck, welches Chaos unter nazistischer Anstiftung organisiert worden war:

343 Ein Chilene und ein Ungar lernten einander während des Krieges in einem Schweizer Hotel kennen. Als der Ungar gelegentlich seinen Paß sehen ließ, deutete der Chilene auf das darin abgebildete ungarische Wappen und fragte: »Ist denn Ungarn ein Königreich?« »Freilich«, antwortete der Ungar, »seit länger als tausend Jahren.« »Und wer ist euer König?« will der Chilene wissen. Aber der Ungar schüttelt den Kopf. »Zur Zeit haben wir keinen König, sondern einen Admiral als Reichsverweser.«[64] »Ach so«, nickte der Chilene, »wenn also ein Admiral an der Spitze eures Staates steht, habt ihr doch sicherlich eine Flotte.« »Leider nein, unsere Flotte haben uns die Italiener 1918 weggenommen.« »So führt ihr mit den Italienern Krieg?« meinte der Chilene. Doch der Ungar verbesserte ihn wieder: »Mit den Italienern sind wir verbündet, Krieg führen wir mit den Russen.« »Interessant«, murmelt der Chilene, um dann zu fragen: »Gewiß haben die Russen ein Stück eures Landes besetzt, und das wollt ihr nun wiederhaben.« »Auch das nicht«, erklärt der Ungar, »die Rumänen sind es, die einen Teil unseres Landes genommen haben.« Na endlich, glaubte nun der Chilene zu verstehen: »Ihr führt also auch mit Rumänien Krieg.« Da verneinte der Ungar abermals. »Irrtum, die Rumänien sind unsere Verbündeten.« Lachend sagte der Chilene schließlich: »Dies Durcheinander soll der Teufel verstehen!« Aber schwermütig antwortete der Ungar: »Wieso Durcheinander, es ist die Neuordnung Europas!«

Das Deutschlandbild wandelte sich unter der nationalsozialistischen Herrschaft. Bislang waren viele stolz gewesen, dem »Volk der Dichter und Denker« anzugehören. Als aber die abgeschirmten Mordaktionen, sie liefen unter »Geheime Reichssache«, langsam bekannt wurden, erschrak man über das von Karl Kraus geprägte Wort vom

344 Volk der Richter und Henker.

Die hinter Mauern und Stacheldrähten der Konzentrationslager geschehenen Untaten irritierten das Bewußtsein. Vor allem lebte der einzelne, je mehr scheußliche Einzelheiten über die Praxis dieser Lager bereits zur NS-Zeit durchsickerten, in beständiger Angst. Auch ihn konnte der Griff der Gestapo nachts aus dem Bett reißen. Kein Wunder, daß sich die Bürger vor den Polypenarmen der drohenden Staatsallmacht fürchteten; von dem Münchener Komiker Weiß-Ferdl hieß es:

345 Weiß-Ferdl kommt auf die Bühne und beginnt: »Heut' wär i beinah zu spät kumma. I hab nämlich oan kloanen Ausflug gemacht. Nach Dachau. Na, da sieht's aus! Stacheldraht, Maschinengewehre, Stacheldraht, nochmals Maschinengewehre und wieder Stacheldraht! Aber das sag i euch – wann i will – i kumm rein!«

Ebenso ausweglos trübsinnig lautete eine andere Geschichte, die man ihm zuschrieb:

346 Als der Krieg sich immer mehr in die Länge zog und der Friede ausblieb, soll Weiß-Ferdl auf die Frage, ob

wir wohl verlieren würden, wehmütig geantwortet haben: »Verlieren – nein, wir können den Krieg gar nicht verlieren, wir werden ihn behalten!«

Tatsächlich mußte man fürchten, daß der Krieg nicht mehr zu Ende käme, ähnlich wie der Feldprediger in Bertolt Brechts *Mutter Courage und ihre Kinder* (6. Bild) die ständige Wiedergeburt des Krieges aus seinen eigenen Gesetzen entwickelt. Als äußeres Kennzeichen jedenfalls hielt man fest:

347 Wann ist der Krieg zu Ende? Wenn Jüppken sien Jöppken dem Hermännken paßt.

Variante:

348 Wenn Göring in die Hosen von Goebbels paßt.

Die Zivilbevölkerung wurde durch den Luftkrieg furchtbar belastet und die Misere in verschiedenen Dialekten ausgesprochen:

349 Hamburger Spruch 1945:
Keen Bodder, keen Fett,
Klock tein all to Bett,
is de Mors eben warm,
gifft all wedder Alarm!

Man lehnte sich aber auch an Goethesche Gedichtformen an:

350 Wer nie sein Brot auf Marken aß,
wer nie die flakdurchtobten Nächte
im kalten Keller frierend saß,
der kennt euch nicht, ihr Achsenmächte.
[Flak war die Abkürzung für Flugabwehrkanonen.]

Allgemeine und spezielle Bestandsaufnahmen folgten:

351 Tierschutz genießen nach Hitlers Gesetz alle Tiere, und der Luftschutz ist für die Katz.

Im fünften Kriegsjahr, als die Stimmung infolge der unaufhörlichen Luftangriffe schon sehr tief gesunken war, saßen bei einem langen nächtlichen Alarm die Leute im Bunker. Die Laune war trübe, was einen Blockleiter veranlaßte, sie mit propagandistischen Betrachtungen aufzubessern. Im Verlaufe seiner schweigend angehörten Phrasen stellte er die rhetorische Frage:

352 »Wo wären wir jetzt, wenn wir den Führer nicht hätten?«
Darauf eine ruhige Stimme von hinten: »Im Bett.«

353 Berlin ist eine Stadt der Warenhäuser, denn dort waren Häuser.

354 Was ist Berlin, als Kunstwerk betrachtet?
Eine Radierung Churchills nach Ideen von Hitler.

Hitler hatte in der Zeit seiner vermeintlichen Luftüberlegenheit großartig ausposaunt, er werde die britischen Städte »ausradieren«. Nun wurde eine »Radierung Churchills« daraus.

Der Zynismus griff ständig weiter und zog schließlich den christlichen Festkalender heran.

355 Weihnachten 1943 verlief nach folgendem Programm:
Die Engländer setzten die Christbäume,
die Flak lieferte die Kugeln,
Goebbels erzählte uns Märchen,
und wir saßen im Keller und warteten auf die Bescherung.

Die Möglichkeit, daß man zu jeder Stunde durch den Luftkrieg sein Ende finden konnte, trieb zuletzt Blüten des Galgenhumors. In der Zeit der täglichen Fliegerangriffe ermahnte man sich zärtlich selbst:

356 Sei nur recht lieb zu dir, du weißt ja gar nicht, wie lange du dich noch hast.

Berliner Grüße während der schweren Luftangriffe 1943:

357 Bleib übrig! Bleib gesund und pfleg mein Grab!

Der Luftschutzbunker wurde für die Zivilbevölkerung zu einem Ort für neuartige Erfahrungen. Bislang hatte sich der Krieg an militärischen Fronten abgespielt, während die Heimat nur Nachrichten und »Sondermeldungen« darüber erhielt, Siege bejauchzte, Niederlagen verdrängte.

Erstmalig in der Geschichte war das Hinterland während des Zweiten Weltkrieges in das Massensterben hineingenommen. Der Luftkrieg gegen die Zivilbevölkerung, gegen Frauen, Kinder und Greise ist eine der Unmenschlichkeiten unserer Zeit. Im Luftschutzkeller konnten sich die »Volksgenossen« unter seelischen Spannungen kennenlernen, die Angst fand viele Gestalten, und der Witz schuf bezeichnende Typologien:

358 Bei Fliegeralarm erscheinen im Luftschutzkeller dreierlei Menschen. Die einen grüßen: »Guten Abend«, die waren noch nicht im Bett; die anderen grüßen mit »Guten Morgen«, die haben schon ausgeschlafen; die dritten grüßen mit »Heil Hitler«, die sind noch nicht aufgewacht.

Im Berliner Frühjahr 1945 fielen alle Schrecken des auslaufenden Krieges zusammen: Bombenhagel, nationalsozialistische Standgerichte, Versorgungsmangel, schließlich Durchbruch der Roten Armee. Als die Reichshauptstadt in Trümmer sank, änderte man entsprechend die einst klangvollen Namen: Reichssportfeld, Charlottenburg, Steglitz und Lichterfelde und nahm dabei die Praxis des Kapuzinermönchs aus »Wallensteins Lager« wieder auf:

359 Stationen einer neuen Berliner Autobuslinie: Reichstrümmerfeld – Klamottenburg – Neustehtnix – Trichterfelde-West.

Das unvermeidliche Ende des Großdeutschen Reiches wurde erörtert:

360 Wie schnell doch die Zeit vergeht!
Schon sind tausend Jahre um!

Als die Amerikaner den Rhein und die Russen die Oder überquert hatten, wurde vermerkt:

361 Mutter Germania ist schwer erkrankt:
Klein-Deutschland ist unterwegs.

Allerdings scherzte man dann auch über die »planmäßige Absetzbewegung«:[65]

362 Niemand braucht Sorge zu haben: denn über die Pyrenäen kommt der Russe so leicht nicht rüber.

Der Flüsterwitz stieß ins Absurde vor und erreichte seine Grenze. Es handelte sich nicht mehr um Karikatur elender Tatbestände, in denen noch eine konstruktive Wendung verborgen lag und damit immerhin die Möglichkeit politischer Erweckung. Mit dem Absurden beginnt der Reigen der Verrückten. Die Resignation verhüllt das Leiden an den Umständen, die niemand ändern kann. Die Torheit des Untergangs wird kenntlich. Darüber stirbt das Lachen. Sprachliche Gestaltungskraft und Absurdität gingen eine letzte Symbiose ein.

Denn inmitten des Verfalls lief die Vernichtungsmaschine der braunen Diktatur weiterhin. Hitler und seine nächsten Gefolgsleute saßen wohlverwahrt im bombensicheren Tiefbunker der Berliner Reichskanzlei und organisierten von dieser Zentrale aus den Terror im versinkenden Großdeutschen Reich. Ihnen ging es nicht um das Volk, sondern um die Fristung des eigenen Lebens. Das deutsche Volk sollte nach Hitlers Willen sogar untergehen, da es sich der »historischen Aufgabe« nicht gewachsen gezeigt habe. So peitschte der Terror der Gestapo die Leute zum letzten Widerstand auf und verwandelte Deutschland vollends in einen Trümmerhaufen. Dem schlichten Zeitgenossen, der diese Taktik durchschaute, blieb nur übrig, sich zu tarnen. Wer überleben wollte, mußte Glauben an den »Endsieg« heucheln.

363 Leitsätze 1945:
Kopf hoch oder Kopf ab!
Glauben oder dran glauben!

Als es schon gefährlich war, ein Wort des Bedenkens zu äußern, sagten die Berliner:

364 »Eher det ick mir meine Riebe abhacken lasse, eher jlobe ick am totalen Sieg!«

In den letzten Kriegswochen beteuerten sie:

365 »Ick jlobe am deutschen Sieg, solange ick noch forn Jroschen von der Westfront an die Ostfront fahren kann.«

Systematisch kämmte man damals in Deutschland die »Heimatfront« durch, um jeden wehrfähig scheinenden

Mann dem Feldheer zuzuführen. Die Praxis des Volkssturms bewies hinlänglich, daß niemand, der sich noch selbständig fortbewegen konnte, der Frontkämpferehre entging. Entsprechend war der Sarkasmus über diese Praxis:

366 Zwei Männer mit Spaten gehen über den Friedhof. Ein Alter ruft ihnen nach: »Ihr wollt wohl den Ersatz für den Volkssturm ausheben?«

Dieser Witz hat übrigens Ähnlichkeit mit Bertolt Brechts »Legende vom toten Soldaten«. Das ausgeblutete Dritte Reich brauchte Menschen. Hitler hatte seine Armeen in den letzten Feldzügen rücksichtslos geopfert und gegen den Rat der militärischen Fachleute in sinnlose Schlachten geworfen oder zum Widerstand aus Prestigegründen befohlen. Strategische Einsichten galten nicht. In den letzten Kriegsmonaten war der Soldatenmangel empfindlich und wurde an den Fronten immer spürbarer. Dennoch wollten die Verantwortlichen keine Konsequenzen ziehen. Daß der Krieg längst verloren war, durfte nicht geäußert, die unabwendbare Kapitulation nicht erwogen werden. Hitler war seinem Wesen nach unfähig zum Kompromiß; er wütete weiter und fahndete entsprechend nach Menschen, die er »einsetzen« konnte. Man erkannte richtig, wie ihm in seiner Bedenkenlosigkeit jedes Mittel recht gewesen wäre, »Kräfte« aus dem Boden zu stampfen. Eine »Führerrede« gegen Kriegsende konnte demnach lauten:

367 In Anbetracht unserer hohen Verluste im Kampf gegen die bolschewistischen Untermenschen habe ich mich entschlossen, die Schwangerschaftsdauer im gesamten Großdeutschen Reich mit sofortiger Wirkung von neun auf sechs Monate herabzusetzen.

Als das Inferno begann, wurde man von der schrecklichen Frage geschüttelt, was leichter zu ertragen sei, eine Verlängerung des Bombenkriegs oder der Einbruch der feindlichen Armeen. Dieses Dilemma bestärkte die braune Propaganda. Sie erhielt darum die Bezeichnung »KdF-Propaganda«:

368 Kraft durch Furcht!

Die letzte Beschäftigung mit den braunen Verführern griff über den Zusammenbruch hinaus:

369 Die Naziherrschaft ist zu Ende.
Das Urteil ist gesprochen.
Hitler, Göring und Goebbels hängen am Galgen.
Da wendet sich Göring noch einmal rechthaberisch zu Goebbels und röchelt ihm zu: »Ich habe es dir ja immer gesagt: Die Sache wird in der Luft entschieden!«

An diesem Witz ist bedeutsam, daß man im Demagogen Goebbels und im Machtpolitiker Göring die Konkurrenz typologisch Gestalt gewinnen ließ: im Streit, ob die Herrschaft auf Dauer dem geschickten und bedenkenlosen Propagandatechniker anzuvertrauen sei, oder ob rücksichtsloser Einsatz militärischer Mittel das nationalsozialistische System sichere. Der Witz verlegt die letzte Fehde an den Galgen. Der Schlußdialog der Naziprominenz enthüllte sich als Monolog. Sie schrien einander zu, daß sie recht hätten. Weil es unter ihnen kein Recht gab, dem alle sich beugten, blieb immer nur der Griff nach dem eigenen Recht. Rechtsstreit bildete den Anfang wie das Ende des Dritten Reiches. Der Kampf um die Führernachfolge und um Selbstbestätigung wurde auch noch mit dem Strick um den Hals ausgetragen. Das Volk sah richtig, daß die Spitzenfunktionäre so tief im Haß aufeinander befangen waren, daß der letzte Atemzug dem eigenen höhnischen Triumph galt.

Überraschend setzte sich der Witz mit einer eigentümlichen Notlage auseinander. Auf dem düsteren Hintergrund von Millionen gefallener Soldaten war der Männermangel nach dem Kriege vorauszusehen:

370 Eine Dame trifft ihre Freundin am Kurfürstendamm. Du bist ja in anderen Umständen! Wie ist denn das gekommen? – Beziehungen![66]

Das Dritte Reich endete mit der völligen Zerstörung aller politischen Grundlagen, der »totale Krieg« raste sich aus. Nach dem Sieg der Alliierten hob das Rätselraten an, wie alles so habe kommen können. Jetzt begann die unwürdige Suche nach dem Alibi: Immer schon waren viele »dagegen« gewesen und fühlten sich »nicht schuldig im Sinne der Anklage«, wie es aus dem Munde fast aller Nazigrößen während des Nürnberger Prozesses hieß. Es verbreitete sich ungläubiges Staunen darüber, daß ein Reichsaußenminister Joachim von Ribbentrop, ein Reichsinnenminister Wilhelm Frick und wie die Hauptangeklagten sonst hießen, sich nicht als belastet und verantwortlich erkennen wollten. Sie fühlten sich nur als Ausführende des allmächtigen Hitlerschen Willens, sie beriefen sich auf Befehle, denen man kraft des geleisteten Treueides habe gehorsam sein müssen, und verwiesen sogar auf das Gewissen. Über dem Nürnberger Prozeß schwebte der Schatten des Großtyrannen Hitler. Jedermann deutete auf ihn und erklärte ihn zum einzigen Schuldigen, sich selbst aber zum bedauernswerten Opfer. Hitler und der Sicherheitsdienst sollten die Welt in Flammen gesetzt haben. Chef des Reichssicherheitshauptamtes war seit 1943 Ernst Kaltenbrunner, der 1946 in Nürnberg hingerichtet wurde. Seine Funktion muß man kennen, um den letzten Witz zu verstehen, der den Nationalsozialismus als bloßen Spuk erscheinen ließe, wäre durch ihn nicht so viel Gräßliches vorgefallen:

371 In Berlin wurde nach dem Zusammenbruch in der Nähe der Reichskanzlei ein abgerissener Arm mit geballter Faust gefunden, von dem man feststellte, daß er zur Leiche des Führers gehöre. Mit Mühe entwand man schließlich der verkrampften Hand des toten Hitler einen beschriebenen Zettel, von dessen Entzifferung man die Aufklärung wichtiger Geheimnisse erwartete, denn hier hatte Hitler doch offenbar seinen letzten Wunsch dokumentieren wollen. Der Text lautete:

Ich bin nicht schuldig im Sinne der Anklage, denn ich mußte in die Partei eintreten, weil ich sonst der Rache Kaltenbrunners zum Opfer gefallen wäre!

In diesem Witz ist Hitlers Wesen zu einer biographischen Summe verdichtet. Den hochtönenden Phrasen von der »historischen Sendung«, die er sich bereits zu Lebzeiten freizügig spenden ließ, entsprach hochgradige Verantwortungsscheu. In Krisenzeiten vor 1933 hatte er bereits behauptet, daß er zum Selbstmord schreiten werde, sobald die Partei zerfalle. Als er das Reich verspielt und sein Volk ins Verderben gerissen hatte, machte er am 30. April 1945 die Drohung wahr. Was sich erst heutiger Forschung erschließt, nahm der Witz als Wahrheit vorweg: Hitler suchte für jede Schlappe ein Alibi; stets hatten andere den Erfolg seiner Pläne vereitelt. Er suggerierte sich selbst in die Rolle des Enttäuschten und Opfers hinein. So leistete dieser Witz die absurde Akrobatik, Hitlers eigenes Werk, die NSDAP, noch mit dem Vorzeichen der Entschuldigung auszustatten: Der Führer habe sich ihr anschließen müssen, weil ein großer, gefährlicher Dunkelmann drohend im Hintergrund lauerte. Der Name der unheimlichen Gestalt wechselte. Hieß sie hier Kaltenbrunner, so wurde sie bei anderen Gelegenheiten in die Mehrzahl gesetzt: Juden, Freimaurer, Marxisten, Kapitalisten, Generalstäbler, ja, sogar die Deutschen selbst. Mit dieser Technik konnte Hitler sich einspinnen und jeder Rechenschaft erfolgreich entgehen.

Kapitel 13

Strukturfragen zum politischen Witz

Mit dem Auftritt des Bürgertums in der europäischen Sozialgeschichte erst finden Humor und Witz ihre ständigen Ausgangsbedingungen. Wohl hatte es auch in der alten Feudalordnung Spott gegeben; Spottlied und Spottgedicht reichen bis in die Antike zurück und sind auch in manchen uns fremden Kulturen nachweisbar. Selbst der jeweilige Götterclan ließ sich bisweilen in solche Frechheiten einbeziehen. Doch wurden die grundlegenden Verhältnisse dadurch nicht gestört. Erst die Konstitution des bürgerlichen Subjekts schuf jene psychische Beweglichkeit, die der neuen revolutionären Produktionsweise entsprach. Sollte das ökonomische Handeln profitabel geraten, Geld sich in Kapital verwandeln, Mehrwert abschöpfbar bleiben, so bedurfte es neuer mentaler Fähigkeiten. Wirtschaftliche Entwürfe wurden abgesichert, indem ein Sensorium für die reale Lage und ihre zukünftige Entwicklung sich aufbaute. In diese Prozesse hinein gehörten auch jene psychischen Kräfte und Aktivitäten, die wir literarisch als Humor und Witz kennzeichnen. Denn in ihnen handelt es sich – weitgreifend gedeutet – um eine Art mentaler Witterung für das mehr oder minder Zuträgliche der Gesellschaftsatmosphäre. Mit anderen Worten: die als Bürger zu sich selbst gelangenden Subjekte überprüfen das Moment der Gedeihlichkeit für ihre projektiven Belange. Mit Humor und Witz kommentieren sie die Situation. Karikaturen unterstützen sie dabei. Sie erlauben uns nachträglich, kaum faßbare Stimmungen in der Bevölkerung zumindest in deren intellektuellen Schichten als eine psychologische Realität wahrzunehmen, die sich durch andere Dokumente nicht gleichermaßen erschließt. Ein Moment dieser bildlich gefaßten Äußerungen wäre mithin als Kritik an vorfindlichen politischen Verhältnissen zu bestimmen, und diese Charakteristik läßt sich als dauerndes Merkmal bis in unsere Zeit festhalten. Vom freundlichen Belächeln über den milden Spott, die harsche Anklage, bis zur Entdeckung verborgener tyrannischer Praktiken mag die Skala der Äußerungen reichen. Die international renommierten satirischen Zeitschriften seit der zweiten Hälfte des 19. Jahrhunderts, zum Beispiel *Punch, Simplicissimus* und *Kladderadatsch,* haben die Gesellschaftskritik durch die Kraft ihrer künstlerischen Mitarbeiter auf eine bis dahin unbekannte Höhe gebracht. Die Satire selbst ist weit älter; bereits die römischen Dichter nutzten ironische Aussagen. Die moderne europäische Geschichte beginnt gleichsam mit dem Spott auf die »Dunkelmänner« im Dominikanerorden zu Köln, als Ulrich von Hutten samt Mitstreiter 1517 die *Epistulae virorum obscurorum* herausgab.

Überall in Europa wird Ironie zur Waffe: Rabelais und Sebastian Brant, Voltaire und Lichtenberg, Swift und Pope, Thomas Moore und Heinrich Heine, um nur wenige Namen zu nennen, wenden sich scharfzüngig gegen die Überständigkeit ihrer Zeit, helfen dem bürgerlichen Selbstbewußtsein mittels ironischer Distanzierung zu seiner Identität. Wolfgang Schmidt-Hidding hat in seiner Untersuchung gezeigt, wie Humor und Witz im frühbürgerlichen England ihren Ausgang nehmen, in jenem Land, das die ursprüngliche Akkumulation des Kapitals in klassischer Gestalt aufweist. In England wurden »wit« und »humour« während des 18. Jahrhunderts aus einer synonymen zur antonymen Fassung.[67] Die Linie geht über Shaftesbury, Henry Fielding, Laurence Sterne und andere. In wortvergleichenden und wortgeschichtlichen Studien führt Karl-Otto Schütz die Untersuchung in die französischen Verhältnisse weiter und zeigt, wie das Wort »Witz« zur Umschreibung für »esprit« dient.[68] Bei den deutschen Intellektuellen des 18. Jahrhunderts wird über Witz und Humor im Anschluß an die englischen Vorlagen ebenfalls nachgedacht; das Komische rückt in Perspektive. Lessing, Kant, Gottsched, Hagedorn, Herder und andere treiben die Definitionen voran, Jean Paul hat in seiner *Vorschule der Ästhetik* die Wesensmerkmale des Humors scharf herausgearbeitet. In seiner Nachfolge konnten die Romantiker sowie Friedrich Th. Vischer ihre Bemühungen um diesen literarischen Typ fortsetzen.

Ein gewisser Konsens scheint in der Sprachwissenschaft vorzuliegen, Humor gegenüber dem Witz mit einer spezifischen Bodenständigkeit in Verbindung zu bringen. Der Humor drängt zur Geschichte, verlangt breite Ausführlichkeit, bezieht den Zuhörer als länger korrespondierenden Teilhaber in den Bericht ein und identifiziert die Runde, in der humorvolle Erzählung stattfindet, die sich nicht der Knappheit zu unterwerfen hat. Solches Aussparen jeglicher Kärglichkeit verleiht dem Humoristen die Züge des Nachschöpfers einer Situation und enthält zugleich die pädagogische Einladung, künftigen Gegebenheiten versuchsweise größere Gelassenheit entgegenzubringen, da die Torheit der Welt auch den Erzähler zu Zeiten einbegreift.

Demgegenüber ist der Witz rasch, immer komprimiert er die Zeit, wird eingeschoben, läßt sich zurückziehen, um eine noch günstigere Gelegenheit zu nutzen. Die Physiognomien des Witzerzählers wie seiner Zuhörer sind stillgelegt. Die Latenz der Spannung muß bis zum Eintritt der Pointe durchhalten, damit die Explosion alle mitreißt. Nach dem Witz aber bleibt kaum etwas. Darum werden Witze meistens auch so rasch vergessen, und mancher Erzähler versichert sich vorab durch die Frage »Kennen Sie den schon . . .?« Der Witz treibt das Gelächter immer auf Kosten anderer hervor; in der Erzählsituation sind alle Anwesenden exterritorial. Die eigene Blödheit ist abgedeckt, zumal der einzelne darauf zu achten hat, die bestätigende Lachsalve zum richtigen Zeitpunkt abzufeuern. Die intellektuelle Diachronie wird durch den Metawitz festgehalten, es gebe Leute, die bei einem Witz dreimal lachten: erstens, wenn er erzählt werde, zweitens, wenn er erklärt werde, und drittens, wenn er verstanden worden sei.

Mit der Tiefenpsychologie wurde über die ästhetische und literaturgeschichtliche Betrachtung des Witzes hinaus eine weitere Sicht erschlossen. So lange hatte man seinen Spielcharakter nicht bezweifelt, fortan mußte man den Witz aber auch noch anders deuten. Seit Sigmund Freuds Forschungen über den unbewußten Seelenbezirk gilt die geistige Schicht des Menschen nicht mehr als völlig selbständig, sondern als abhängig von unterschwelligen Seelenteilen, auch von unbotmäßigen und quälenden Triebmächten, gegen die der gute Wille wenig auszurichten vermag. Alle Anstrengungen kann die Dunkelheit einer vergessenen Lebensgeschichte nicht erhellen. Unter den Wissenschaften hat die Psychologie heute die größte Popularisierung erfahren, und so glaubt jedermann zu wissen, was Verdrängungen, Komplexe und Neurosen besagen.

Sigmund Freud hat das Witzproblem in seine Forschungen einbezogen. Die Abhandlung *Der Witz und seine Beziehung zum Unbewußten*[69] beschäftigt sich eingehend mit der Erscheinung in psychologischer Sicht, und vielfältige Verknüpfungen werden daran deutlich. Was zunächst nämlich als einfache sprachliche Form gegolten hatte,[70] erschloß sich als komplizierter Vorgang mit fragwürdiger Freiheit für den einzelnen.

Im Witz kann sich die ursprüngliche Absicht, die den Erzähler motivierte, verändern. Strebungen von unten verdrehen das Wort im Munde, so daß es anders als gewünscht hervortritt; die berüchtigte »Fehlleistung« schleicht sich ein. Weite Problemfelder bieten die sexuellen Witze, deren Tendenz Freud nachspürt.[71] Von Bedeutung ist ferner die Tatsache, daß Witze nur eine bestimmte Lebensdauer haben, also einem Generationsgefühl entsprechen, sich aber gelegentlich wandeln und anpassen können. Das gilt auch für die politischen Witze, wenn billige Kalauer in veränderten Situationen neue Beliebtheit gewinnen. Schließlich muß noch an die zynisch-religiösen Witze gedacht werden, die eine besondere Gemütslage anzeigen.[72]

Für unseren Zusammenhang ist allein der politische Witz zu bedenken. Die patriarchalische Verfassung band das Mitglied des Gemeinwesens so eng an den jeweiligen Landesherrn, daß es zur kritischen Abstandnahme und damit zum Witz überhaupt nicht kam. Auch das Kind witzelt nicht über seine Eltern, es sei denn im Durchgangsstadium der leiblich-seelischen Reifung (Pubertät), wo es sich selbst im Wege steht und in den Eltern die eigene Unzulänglichkeit verhöhnt. So hat es den politischen Witz in Deutschland bis in den auslaufenden monarchistischen Patriarchalismus im 19. Jahrhundert eigentlich nicht gegeben. Witze über die Könige waren höchst eigenwillige Bemerkungen kecker Zeitgenossen, denn das Recht auf den Thron, das Gottesgnadentum der Könige und ihr religiös begründeter Herrschaftsauftrag wurden grundsätzlich noch nicht in Frage gestellt. Selbst die Demagogenverfolgungen um 1825 und die Reaktion nach 1848, das Spitzelsystem und die Gewissensknechtung stachelten kaum zum galligen Witz auf. Man erlitt die Demütigungen, und damit hatte es sein Bewenden. Die Gründe für die Demut (= Dienemut) lagen in der Überzeugung, daß Herrscher und Volk einem gemeinsamen jenseitigen Richter unterstanden, in dessen Lebensbüchern jede erkannte und unerkannte Verfehlung ihren Niederschlag fände, und daß schließlich niemand der Rechtsprechung entrinne. Angesichts dieses Glaubens schienen zwar obrigkeitliche Übergriffe drückend und peinvoll, aber sie verloren bei »endgültiger« Betrachtung ihre Ausweglosigkeit, denn sie blieben zeitliche Akte. Solange das Volk noch durchgehend religiös gebunden war, mußte politische Drangsal nicht notwendig in die Verzweiflung treiben, denn Gott würde Recht schaffen, möglicherweise unvorhergesehen plötzlich, auf jeden Fall aber im »ewigen Leben« allen Bedrängten und Verfolgten entgelten. Man hatte Geduld mit seinen Königen, weil man wußte, daß Gott dereinst genaue Rechenschaft über ihr Amt fordern und alle ihre Sünden streng ahnden würde. Wem viel anvertraut war, von dem würde auch viel gefordert werden (Luk. 12, 48). So konnte sich der Bedrängte aus besserer Kenntnis und treuerer Befolgung des göttlichen Gesetzes über seinen Bedränger sogar geistlich erhaben fühlen.

Dieser eigentümliche Lebensvollzug ist Menschen der Gegenwart nur schwer verständlich. Die sich festigende Überzeugung, daß mit diesem Leben »alles aus« sei, treibt notwendig in den Protest, falls der Daseinsablauf beträchtlich hinter der Glückserwartung zurückbleibt. Das mag sich einmal als aggressive Unzufriedenheit gegenüber der eigenen Sozialrolle äußern (»Ich kann doch genauso viel wie Herr X., und der steht oben und ich unten«), zum anderen im Protest gegen politische Widrigkeiten, die es einem verwehren, nach Wunsch zu leben. Hier liegt der Geburtsraum des politischen Witzes. Man muß sich nur hüten, auf Menschen früherer Zeiten herabzusehen, weil sie nicht gegen die Verhältnisse aufstanden und jede Obrigkeit als von Gott gegeben erachteten. Das hatte eine eigene Würde, und man darf Martin Luthers Empfehlung, auszuwandern, wenn die Obrigkeit die Ausübung des Glaubens verwehre, noch nicht mit den verwaschenen Praktiken von Heinrich Manns *Untertan* auf eine Ebene stellen. Ein Ausläufer des protestantischen Obrigkeitsrespekts wurde erst schrecklich enthüllt, als beim Nürnberger Prozeß 1945/46 fast alle Angeklagten sich auf Befehle von oben beriefen, die zu kritisieren ihnen nicht angestanden habe, da sie sich ja eben dieser Obrigkeit mit einem heiligen Eide unterworfen hätten.

Der politische Witz gewann seinen Nährboden und gleichzeitig das ihm gemäße Klima erst mit dem Ausbau der totalitären Systeme des 20. Jahrhunderts. Die absolute staatliche Inanspruchnahme des Individuums stellte tatsächlich eine grundsätzlich neue Weise der Menschenführung dar. Nicht die Versklavung unter aufgedonnerte Gesetze war dabei das Neue. Solange es eine Menschheit gibt, diktieren die Sieger den Unterworfenen ihre Lebensvollzüge oder rotten die Verlierer überhaupt aus; Gewalttat und Unrecht ziehen sich endlos durch die Geschichte. Das schlechthin andere der totalitären Systeme unserer Zeit besteht darin, den Menschen nicht in Groll und Abkehr beharren zu lassen, sondern ihn zu einem Bekenntnis zu nötigen. So werden diese Systeme pervers und damit auch erst eigentlich totalitär. Der Reichskirchenminister der Nationalsozialisten, Hans Kerrl, hat diesen Anspruch einmal verräterisch in die Worte gekleidet: »Wir dulden keine staatsfreien Räume!« Der Staat will alles sein. Darum ist der verdrießliche oder unzufriedene Zeitgenosse, wenn er als solcher erkannt wird, bereits ein potentieller Verbrecher. Er hat sich gegen die herrschende »Weltanschauung« gestellt und gefährdet dadurch den Zusammenhalt. Das System aber erträgt keine Zweifler, denn sie würden zum Fäulnisherd und zersetzten die Gemeinschaft. Daher kann jeder jederzeit und allerorts vor die Inquisitionsinstanz gezogen und gefragt werden: Glaubst du an die geschichtliche Sendung von . . .? Bejahst du unsere Errungenschaften . . .? Bist du bereit, dich für die Ausbreitung unserer Wahrheit bedingungslos einzusetzen . . .?

Das Glaubensbekenntnis zu den Grundregeln des Systems wird unumgänglich; »Objektivismus« ist Verrat und führt nach der Systemlogik unweigerlich in das Lager des Feindes, der Greuelnachrichten zu verbreiten sucht und sich dafür weltanschaulich schwacher Charaktere bedient. Die Sprache wird notwendig formelhaft. Wer das

Bekenntnis ablegt, muß es klar und deutlich tun, entsprechend dem biblischen »Ja-ja – Nein-nein«. Wer eigene Sätze gebrauchen wollte, liefe Gefahr, im Labyrinth stekkenzubleiben oder gar – was noch schlimmer wäre – als »Doppelzüngler« entlarvt zu werden.

In dieser stickigen Luft dauernder seelischer Nötigung und ideologischer Erpressung schießt der politische Witz auf; er wächst, und man raunt ihn weiter. Auch die frühen Erzähleinheiten der Völker wurden von Mund zu Mund übernommen und formten sich zur Überlieferung. Freilich waren sie aus Ahnungen und Schauer gewoben, während die Flüsterwitze der totalitären Systeme Entladungen gestauter Wut, zynische Bloßstellungen der Funktionäre und Bonzen und ironische Analysen des Weltanschauungsbetriebes sind.

Kapitel 14

Politischer Ausblick

Die Ereignisse am Ende des Jahres 1989 erlauben für die Deutschen in beiden Staaten, vierzig Jahre seit deren Bestehen, eine geschichtliche Rückschau. Mit dem Sieg der alliierten Armeen im Mai 1945 war das militärische Kräftepotential des Faschismus zwar zerschlagen, keineswegs jedoch wurden Ökonomie und Mentalität des politischen Systems selbst ausgeräumt. Mithin stehen also auch die Witze jener Jahre immer noch in einem Zusammenhang mit der Gegenwart, der unter dem Anspruch von Erziehung und Bildung aufzuarbeiten ist. Dazu bietet sich eine Gelegenheit in diesen Wintermonaten 1989/90, in denen ich das Buch nach fünfundzwanzig Jahren umarbeite. Die Verhältnisse in den sozialistischen Ländern, die ebenfalls eine nicht unbeträchtliche Anzahl von politischen Witzen hervorgebracht haben, veranlassen die Frage nach übereinstimmenden oder abweichenden Merkmalen der einzelnen Typen. Auf jeden Fall läßt sich die These vertreten, daß in den Figuren Hitlers und Stalins eine nicht nur zeitliche Koinzidenz vorliegt, sondern daß auch die despotischen Wesenszüge dieser Männer vergleichbare politisch repressive Verhältnisse bewirkten. Dafür sei folgender Witz angeführt:

Eines Tages vermißt Stalin nach einer Sitzung des Politbüros eine Mappe mit Geheimdokumenten. Sofort ruft er Berija an, den Chef der Geheimpolizei, und befiehlt ihm, alle Mitglieder des Politbüros verhaften zu lassen. Am anderen Morgen aber findet er die Mappe selbst wieder. Unverzüglich ruft er wiederum Berija an und gibt Order, die Verhafteten freizulassen. »Zu spät!« erwidert Berija. »Sie haben alle bereits gestanden.«[73]

Die Parallele im Flüsterwitz lautet: der Führer ernennt und erschießt seine Minister selbst.

Eine andere Parallele, die sich auf die propagandistische Einvernahme der Welt bezieht, griff Willy Brandt auf. Er erzählte 1989 beim Besuch Gorbatschows in Bonn:

Bush, Gorbatschow und Honecker haben Audienz beim lieben Gott. Dort erfahren sie: »In vierzehn Tagen kommt die Sintflut.«

Zu Hause stellen sie sich einzeln der Presse.

Bush berichtet von einer guten und einer schlechten Nachricht: Der liebe Gott entbiete allen Amerikanern ein kräftiges »God bless you«, doch in zwei Wochen gehe die Welt unter.

Gorbatschow berichtet von zwei schlechten Nachrichten: Den lieben Gott gebe es wirklich, und in vierzehn Tagen gehe die Welt unter.

Honecker überbringt zwei gute Nachrichten: Gott habe die DDR anerkannt, und in vierzehn Tagen fielen Glasnost und Perestroika ins Wasser.[74]

Bezogen ist die Aussage auf Systeme, die Opposition nicht dulden und damit zuletzt den revolutionären Protest des Volkes wie in der DDR oder in der CSSR heraufbeschwören. Ihn jedoch brachte das deutsche Volk im Faschismus nicht zustande.

An den Entwicklungen aber, die ohne Gorbatschows Wirken kaum dergestalt sich hätten vollziehen können, läßt sich ansatzweise zeigen, was an politischer Bildung in der Zeitgenossenschaft vorangekommen sein muß, sofern der Prozeß gesellschaftlicher Selbstemanzipation anheben soll. War der Flüsterwitz weithin der Ausweis gelähmter Initiative und untergründigen Grollens, so wäre deren aktive Version der Aufbau solidarischer Gewißheiten, die als Bedingung der Möglichkeit jeder praktischen Veränderung kenntlich sein müssen.

In der Tat wäre damit ein neuer Begriff von Gesellschaftspädagogik zu fassen, der sich aus jenen Quellen speist, die auch die Kräfte des politischen Witzes ausmachen. Wären die Impulse, die er für Spott und Ironie verausgabt, um eine kritikbedürftige Situation zu kennzeichnen, als gesellschaftsveränderndes Potential faßlich, so stünde ein mehrfaches an Kraft zur Verfügung, das sonst in der zuvor erläuterten eigentümlichen Ambivalenz des Witzes (vgl. S. 9 ff.) sich selbst schließlich nur paralysiert, indem es wie beim Inferno des Faschismus in Resignation abgleitet.

Aus dem vorliegenden historischen Witzmaterial leitet sich die Bildungsfrage her. Welcher Stand von Information muß in einer Bevölkerung vorhanden sein, damit neue Einsichten erarbeitet werden können, die den sich wandelnden Verhältnissen gerecht werden, Eingriffe in die Wirklichkeit erlauben? Der Wechsel in den politischen Gruppierungen und in ihren hervorgehobenen Führungsgestalten pflegt ja nicht die Interessen der neuen Leitfiguren und die damit eventuell verbundene Schwächung demokratischer Kompetenzen offen darzulegen, sondern sich vielmehr in die Primitivschichten des gesellschaftlichen Bewußtseins einzunisten, mit dessen Ängsten zu manipulieren, Wohlsein zu versprechen, vielleicht sogar eine Aufbruchseuphorie zu bewirken. Der Faschismus steht dafür exemplarisch. Und an dieser Stelle wäre sogleich die Lüge zu enttarnen, die im politischen Bereich wächst, sofern ihr nicht das ausgebildete kritische Vermögen einer Gesellschaft gegenübertritt und, summarisch gesprochen, Mündigkeit bereits wirksam ist. Zum notwendigen Bestand solcher Fertigkeiten rechnet vornehmlich das analytische Vermögen gegenüber komplexen Verhältnissen, die politisch allemal obwalten. Es muß also möglich sein, das Wesentliche eines politischen Gefüges samt den Tendenzen seiner Veränderung zu ermitteln und ihm begründetes eigenes Interesse entgegenzusetzen. Das aber wäre als der Wille zur Selbstbestimmung im Rahmen demokratischer Legitimation zu kennzeichnen.

Das entsprechend gebildete Subjekt potenziert sich als kritische Zeitgenossenschaft, die dem politischen Leben und dessen Repräsentanten mit Reserve begegnet. Die Kenntnis üblicher Parteikarrieren ist dazu dienlich, gerade weil sie von den Parteizentralen und ihren Managern nicht wohlfeil angeboten wird. Sie gehört gleichsam nur zum Wissen des inneren Kreises. Wenn aber Peter Glotz, langjähriger Geschäftsführer der SPD, einmal bemerkte, die Hoffnungsträger der Partei hätten zumeist keine Biographie, sondern nur eine Karriere, so dringt damit etwas aus dem Zirkel der Eingeweihten nach außen und läßt sich als erwünschter Bestandteil politischer Bildung für alle auffassen. Denn der Berufspolitiker, der sich nach beschwerlichen Selektionsvorgängen in den Ortsverbänden anschickt, die höheren und publikumswirksamen Ränge etwa als Abgeordneter zu erreichen, von den Hinterbänken sich in den ersten Sperrsitz voranzuhelfen, muß eine eigentümliche Geschmeidigkeit entfalten und immer wieder auch eigene Überzeugungen zumindest zurückstellen. Hinzu kommt, daß entscheidende Beschlüsse über Personalia gar nicht in offiziellen Veranstaltungen fallen, sondern zumeist in den Hinterzimmern oder Klubräumen von Gastwirtschaften und Hotels mit der entsprechenden alkoholischen Beigabe. Franz Josef Strauß, einer der wenigen bedeutenden Politiker der zweiten deutschen Republik, hat gesagt, in Deutschland könne die politische Laufbahn nur einschlagen, wer auch Alkohol trinke; jemand, der Sprudel bevorzuge, sei für diesen Weg untauglich.[75] Sollte sich die Position eines Spitzenpolitikers eröffnen, so ist es erforderlich, auch das persönliche Gewissen zu Gunsten des politischen stillzulegen und damit im Gefüge des Machtpokers fungibel zu werden.

Weil solche Verhältnisse, wie bereits bemerkt, vornehmlich durch Indiskretionen in die Öffentlichkeit dringen, statt zum Lernpensum des Staatsbürgers zu gehören, wäre eine Gesellschaftspädagogik so anzulegen, daß sie das Mißtrauen von emotionalen Bestandteilen freihält – also nicht länger mit subjektiven Merkmalen einzelner Politiker verklammert – und als Verhalten politischer Repräsentanz schlechthin aufbaut. Wenn das persönliche Gewissen als sekundär gegenüber der Opportunität von Fraktionsbeschlüssen gilt, dann ist eine mögliche Korrektur zunächst nur als Zweifel an der Seriosität sämtlicher Parolen einzubringen. Stellt der nachprüfende Verstand bei eingehender Analyse der Umstände fest, daß kritische Zusammenarbeit der eigenen Interessenlage entspricht, so ließe sich ein bedingter, das heißt jederzeit aufkündbarer Zusammenschluß unterschiedlicher Absichten bewirken. Durch ein solches Pädagogikum avancierte die Öffentlichkeit zur schwierigen und einsichtsbedürftigen Kooperation mit der politischen Klasse, deren moralische Weitherzigkeit eben eines unbestechlichen Widerparts bedarf.

Für die politische Gesamtsituation nach dem offenen Faschismus kann sich aus solcher Anlage von Andragogik ein Sensorium für Faschismus schlechthin aufbauen. Bildung in unserer zeitgeschichtlichen Epoche bewährt sich vor allem, vielleicht sogar einzig, in der Entschiedenheit und Kraft, mit denen Eingriffe zwischen latentem und manifestem Faschismus durch die jeweilige Gesellschaft geschehen. Dies setzt den kundigen und politisch streitbaren einzelnen voraus. Inzwischen tritt bereits die dritte, nicht mehr mit dem deutschen offenen Faschismus in Zusammenhängen stehende Generation auf die Bühne. Gleichwohl bleibt sie und jede weiterhin nachfolgende im geschichtlichen Zirkel nationaler Existenz. Auch an der Schwelle zum 21. Jahrhundert gibt es keine Abträge, weil Leben ohne Kontinuität nicht besteht. Mithin ist die hier skizzierte Erweiterung des Bildungsbegriffs die einzige positive Vermittlung schuldhaft verstrickter Vorläufergenerationen. Es geht um das nur negativ Fixierbare des Faschismus an alle weiteren Enkel. Der inhaltliche Wechsel wäre demnach das Bewußtsein für unaufgebbare Abstände im politischen Gefälle, während die Vorfahren sich in jede herablassende politische Gestalt einpassen ließen, weil sie nicht gelernt hatten, ihre Kritik als Barriere zu verstehen, der Sog des alten Obrigkeitsstaates ungehemmt auf sie wirkte. Vielleicht hat Bertolt Brecht in einer quasi philosophischen Glosse dieses verzwickte neue Verhältnis mit dem Witz richtig bezeichnet: Hegel »hat das Zeug zu einem der größten Humoristen unter den Philosophen gehabt (. . .). Den Witz einer Sache hat er Dialektik genannt. Wie alle großen Humoristen hat er alles mit todernstem Gesicht vorgebracht.«[76]

Der Flüsterwitz im Dritten Reich nun war der undialektische Witz unserer Zeitgeschichte, weil er anstelle seiner ohnmächtigen Zeugnisse den latenten Faschismus durch die Solidarität aller Demokraten zu vernichten unterließ. Am Phänomen des politischen Witzes wäre demnach auch die Geschichte historischer Versäumnisse, nicht wahrgenommener Eingriffe zu schreiben. Die »Negative Dialektik« im Sinne Adornos ließe sich auch anhand der dargebotenen Materialien ausbreiten.

Indessen bleibt in politischen Kontexten ein bisher nur beiläufig erwähntes Verhältnis als *factum brutum* bestehen. Max Horkheimer hat es in den schlichten Satz gefaßt: »Wer aber vom Kapitalismus nicht reden will, sollte auch vom Faschismus schweigen.«[77] Die mitteleuropäische Erfahrung mit dem Faschismus in den dreißiger und vierziger Jahren unseres Jahrhunderts, seine erinnerlichen Schrecken bleiben nur Teilgestalt einer kapitalistischen Struktur, an die Horkheimer erinnerte. Heute manifestiert sich die Drohgebärde im ökonomischen Nord-Süd-Gefälle, in der Übermacht hochentwickelter Industrienationen über alles, was im Radius der sogenannten dritten Welt gefaßt ist. Für Menschen im Vergeudungskapitalismus und den damit verknüpften Wegwerfbeziehungen bleibt weithin unerkannt, daß die Spätfolgen des europäischen Kolonialismus das Elend der dritten Welt vornehmlich ausmachen. Das vergißt sich für die Wohlhabenden leicht, denn Besitz beschwichtigt sich immer auch selbst.

Es wachsen, verelenden und sterben ganze Populationen, da eine effektive Geburtenkontrolle aus unterschiedlichen Gründen in der farbigen Welt scheiterte. Leben wird gleichsam ausgeschüttet und verrinnt wieder. Die Forderung nach konstruktiver Teilung der Reichtümer unseres Planeten ist unerfüllbar, weil damit das herrschende Profitgesetz außer Kraft geriete. So wird das Kapital der nördlichen Hemisphäre diejenigen weiterhin verhungern lassen, deren Arbeitskraft es nicht selbst oder durch einheimische Dependancen ausbeuten kann; es wird mit geeigneten Mitteln diejenigen zerschmettern, die den Aufstand proben und damit angestammte Besitzverhältnisse ernstlich bedrohen. Die reichen Nordländer dürften weiterhin den unfaßlichen Katastrophen des Südens zuschauen, gelegentlich freilich ihr Gewissen durch karitative Maßnahmen beruhigen. Ist von gemeinsamem Überleben heute die Rede, so bezieht sich die Formel zumeist auf den Ost-West-Konflikt und dessen eingelagerte Atompotentiale mit Megatod. Die weiterreichende Bedrohlichkeit unseres Daseins liegt jedoch im bewußtseinsmäßig unverarbeiteten Nord-Süd-Gefälle. Bleibt auch einstweilen nicht absehbar, wie der gordische Knoten solle zerschlagen, wie die Faschismen weiterer Spielarten erkannt werden können, so wird nur aus dem Bewußtsein unverleugneter Gefahren, das heißt durch die Kraft der Bildung, Zukunft als gestaltbar kenntlich.

III Anhang

Anmerkungen

1. Vgl. R. Giordano: *Die zweite Schuld oder Von der Last, Deutscher zu sein*. Hamburg, 1987.
2. *Nationalsozialistische Zeitung Rheinfront*, Ludwigshafen, Ausgabe Pirmasens vom 18.9.1937.
3. Vgl. dazu auch W. F. Haug: »Philosophie im deutschen Faschismus« in: *Argument*-Sonderband (AS 165), 1989, S. 11.
4. B. Brecht: *Furcht und Elend des Dritten Reiches*. In: *Gesammelte Werke 3*. Frankfurt/M., 1967, S. 1134-1144.
5. H.-J. Gamm: »Sexualität und ihre gesellschaftlich-politische Dimension« in: N. Kluge (Hg.): *Handbuch der Sexualpädagogik*, Bd. 1, Düsseldorf, 1984, S. 121-137.
6. F. Koch: *Sexuelle Denunziation. Die Sexualität in der politischen Auseinandersetzung*. Frankfurt/M., 1986.
7. F. Koch: »Sexualität und politische Kultur« in: F. Zubke (Hg.): *Politische Pädagogik. Beiträge zur Humanisierung der Gesellschaft*. Weinheim, 1990, S. 259-269.
8. Im letzten Bericht des Oberkommandos der Wehrmacht vom 9. Mai 1945 heißt es abschließend:

   »Seit Mitternacht schweigen nun an allen Fronten die Waffen. Auf Befehl des Großadmirals hat die Wehrmacht den aussichtslos gewordenen Kampf eingestellt. Damit ist das fast sechsjährige heldenhafte Ringen zu Ende. Es hat uns große Siege aber auch schwere Niederlagen gebracht. Die deutsche Wehrmacht ist am Ende einer gewaltigen Übermacht ehrenvoll unterlegen.

   Der deutsche Soldat hat, getreu seinem Eid, im höchsten Einsatz für sein Volk für immer Unvergeßliches geleistet. Die Heimat hat ihn bis zuletzt mit allen Kräften unter schwersten Opfern unterstützt.

   Die einmalige Leistung von Front und Heimat wird in einem späteren gerechten Urteil der Geschichte ihre endgültige Würdigung finden.

   Den Leistungen und Opfern der deutschen Soldaten zu Lande, zu Wasser und in der Luft wird auch der Gegner die Achtung nicht versagen. Jeder Soldat kann deshalb die Waffe aufrecht und stolz aus der Hand legen und in den schwersten Stunden unserer Geschichte tapfer und zuversichtlich an die Arbeit gehen für das ewige Leben unseres Volkes.

   Die Wehrmacht gedenkt in dieser schweren Stunde ihrer vor dem Feind gebliebenen Kameraden.

Die Toten verpflichten zu bedingungsloser Treue, zu Gehorsam und Disziplin gegenüber dem aus zahllosen Wunden blutenden Vaterland.«

Quelle: *Die Wehrmachtberichte 1939-1945*, Bd. 3, München, 1985, S. 569.

9. S. Landmann: *Der jüdische Witz.* Olten und Freiburg, 1960.
10. Eine weitere Version lautet:

    Die Wilhelmstraße ist jeden Morgen von acht bis neun Uhr abgesperrt, weil Hindenburg dort auf dem Damm Kreisel spielt.
11. So z.B. Paul Sethe: *Deutsche Geschichte im letzten Jahrhundert.* Frankfurt/M., 1960. Er führt aus (S. 321), Hindenburg habe dreimal verhängnisvolle Entscheidungen getroffen: Er habe dem Kaiser geraten, nach Holland zu gehen; er habe die »Dolchstoßlegende« aufgebracht und den letzten fähigen Staatsmann der Weimarer Republik, Heinrich Brüning, entlassen.
12. Diesen Begriff prägte der Historiker Friedrich Meinecke: *Die deutsche Katastrophe. Betrachtungen und Erinnerungen.* Wiesbaden, 1946, S. 25.
13. Vgl. Felix Kersten: *Totenkopf und Treue. Heinrich Himmler ohne Uniform. Aus den Tagebuchblättern des finnischen Medizinalrates F. Kersten.* Hamburg, 1952; vgl. ferner Achim Besgen: *Der stille Befehl. Medizinalrat Kersten, Himmler und das Dritte Reich.* München, 1960, bes. S. 174 ff.
14. Man raunte auch:

    Warum hält Hitler eigentlich immer seine Mütze vor den Leib? Er will den letzten Arbeitslosen beschützen!

    Oder es hieß höchst eindeutig:

    Ihm ist keiner gewachsen.
15. Dazu eine Variante:

    Können Sie mir einen deutschen Minister nennen – intelligent und arisch –, dessen erste Namenssilbe »Gö« lautet?

    1. Antwort: Göring!

    Ich sagte: Intelligent!

    2. Antwort: Goebbels!

    Ich sagte: Arisch!

    (Auflösung: Goethe)
16. M. Buchele: »Der politische Witz als getarnte Meinungsäußerung gegen den totalitären Staat«. (Phil. Diss.) München, 1955, S. 173.
17. Willy Kramp berichtet, wie er nach dem Kriege bekannte Conférenciers der Hitler-Zeit gefragt habe, aus welchen Motiven sie damals so gefährliche Dinge öffentlich ausgespro-

chen, ob sie damit etwa eine erzieherische oder aufrüttelnde Wirkung beabsichtigt hätten. Ihre Antwort ist erstaunlich eindeutig; nicht weil sie politische Wirkungen erzielen wollten, hätten sie ihre gefährlichen Einfälle dem begierig auf Zwischentöne horchenden Publikum angeboten, sondern weil es ihnen selbst Spaß machte! »In dieser Zeit der Narrenfreiheit war es in Berlin die ›Katakombe‹ und Werner Finck, die den Mut hatten, unerhörte Dinge zu wagen und zu sagen, Dinge, die an der Grenze des Konzentrationslagers waren, die vom Publikum atemlos genossen wurden. Es bildete sich damals eine Art des Beiseite-Sprechens oder des Beinahe-Sagens aus, die beste Kleinkunst war. Es war eine unheimlich prickelnde Stimmung, der Tod lauerte hinter jedem Wort.« Vgl. W. Kramp: »Die Welt des Narren« in: *Die Neue Furche*, Heft 11, 1951.

18. Vgl. M. Niemöller: *Vom U-Boot zur Kanzel*. Berlin, 1934; dazu J.S. Conway: *Die nationalsozialistische Kirchenpolitik 1933-1945. Ihre Ziele, Widersprüche und Fehlschläge*. München, 1969, S. 228.
19. Die Mitglieder der NSDAP redeten sich gegenseitig mit »Parteigenosse« an. Mit der Zeit wurde die Nennung der Buchstabenabkürzung üblich, und man sagte z.B. »Lieber Pg. Müller«.
20. Vgl. Rudolph Morsey: »Hitler als Braunschweigischer Regierungsrat« in: *Vierteljahrshefte für Zeitgeschichte*, 8, Jg. 1960, S. 419-448.
21. Vgl. Lutz van Dick: *Oppositionelles Lehrerverhalten 1933-1945*. Weinheim/München, 1988.
22. Tiernamen waren unter den deutschen Juden sehr verbreitet: Katz, Adler, Hirsch, Bär, Wolf, Löw(e). Da die Nazis alles Jüdische auszurotten trachteten, war es also konsequent, daß auch der »Adler« im Wappen zu verschwinden hätte.
23. Liste der Abkürzungen von NS-Organisationen im Anhang.
24. Die kecken Worte des Leibfrisörs haben ihr großes Vorbild in Schillers *Don Carlos* (3,10), als Marquis Posa gegenüber dem spanischen König gegen die Gewissensknechtung protestiert: Geben Sie Gedankenfreiheit!
25. Der Witz bezieht sich auf ein Gedicht von Hermann Löns, das zu Beginn des Ersten Weltkriegs geschrieben und im Zweiten Weltkrieg zum Kampf- und Siegeslied der Marine wurde: Wann immer Sondermeldungen über Erfolge deutscher U-Boote mitgeteilt wurden, ertönte das Lied über alle Sender:

    Heute wollen wir ein Liedlein singen,

trinken wollen wir den kühlen Wein,
und die Gläser sollen dazu klingen,
denn es muß, es muß geschieden sein.
Gib mir deine Hand, deine weiße Hand,
leb wohl, mein Schatz, leb wohl, lebe wohl,
denn wir fahren, denn wir fahren,
denn wir fahren gegen Engelland.

26. Hitlers Frauenbild ist kleinbürgerlich patriarchalisch. Sein Ziel war, die Frau als Mutter und Erzieherin der Kinder auf das Haus zu beschränken. Hitler hat später um der Kriegswirtschaft willen auch die berufstätige Frau tolerieren müssen, insbesondere ab 1939. Damals sprach man vom »heroischen Einsatz« oder von der »Kameradin« des Mannes.

27. Furtwängler hatte 1933 in einem Briefwechsel mit Propagandaminister Goebbels versucht, die »rassischen« Maßstäbe aus der Kunstbewertung zu entfernen und sich dabei für seine jüdischen Musikerkollegen verwendet. Als Maßstab wollte er nur künstlerische Gesichtspunkte gelten lassen. Die Anwort von Goebbels war vielfältig klausuliert, aber im entscheidenden Punkt eindeutig: Das Rassendogma vom negativen Einfluß des Judentums auf die Kultur sollte nicht aufgehoben werden.

Der Brief Furtwänglers bezeugt Standhaftigkeit, die ihn ehrt, wenn er auch Konzessionen in ideologischer Hinsicht einfügte, die Goebbels sofort als politische Zustimmung aufgriff:

Sehr geehrter Herr Reichsminister!

Angesichts meines langjährigen Wirkens in der deutschen Öffentlichkeit und meiner inneren Verbundenheit mit der deutschen Musik erlaube ich mir, Ihre Aufmerksamkeit auf die Vorkommnisse zu lenken, die meiner Meinung nach nicht unbedingt mit der Wiederherstellung unserer nationalen Würde, die wir alle so dankbar und freudig begrüßen, verbunden sein müssen. Ich fühle hierbei durchaus als Künstler. Kunst und Künstler sind dazu da, zu verbinden, nicht zu trennen. Nur einen Trennungsstrich erkenne ich letzten Endes an: den zwischen guter und schlechter Kunst. Während nun aber der Trennungsstrich zwischen Juden und Nichtjuden, auch wo die staatspolitische Haltung der Betreffenden keinen Grund zu klagen gibt, mit geradezu theoretisch unerbittlicher Schärfe gezogen wird, wird jener andere, für unser Musikleben auf die Dauer so wichtige, ja entscheidende Trennungsstrich, der zwischen gut und schlecht, allzusehr vernachlässigt. Das heutige Musikleben, durch die Weltkrise, das Radio usw. ohnehin geschwächt, verträgt keine Experimente mehr. Man kann Musik nicht kontingentieren wie andere lebensnotwendige Dinge, wie Kartoffeln und Brot. Wenn in Konzerten nichts geboten wird, gehen die Leute eben nicht hinein. Darum ist die Frage der Qualität für die Musik nicht nur eine ideale, sondern schlechthin eine Lebensfrage. Wenn sich der Kampf gegen das Judentum in der Hauptsache gegen jene Künstler richtet, die – selber wurzellos und destruktiv – durch Kitsch, trockenes Virtuosentum und dergleichen zu wirken suchen, so ist das nur in Ordnung. Der Kampf gegen sie und den sie verkörpernden Geist, der übrigens auch germanische Vertreter besitzt, kann nicht nachdrücklich und konsequent genug geführt werden. Wenn dieser Kampf sich aber auch gegen wirkliche Künstler richtet, ist das nicht im Interesse des Kulturlebens. Schon weil Künstler, wo es auch sei, viel zu rar sind, als daß irgendein Land sich leisten könnte, ohne kulturelle Einbuße auf ihr Wirken zu verzichten. Es muß deshalb klar ausgesprochen werden, daß Männer wie Walter, Klemperer, Reinhardt usw. auch in Zukunft in Deutschland mit ihrer Kunst zu Worte kommen müssen.

Deshalb noch einmal: Unser Kampf gelte dem wurzellosen, zersetzenden, verflachend destruktiven Geiste, nicht aber dem wirklichen Künstler, der in seiner Art immer, wie man seine Kunst auch einschätzen möge, ein gestaltender ist und als solcher aufbauend wirkt. In diesem Sinne appelliere ich an Sie im Namen der deutschen Kunst, damit nicht Dinge geschehen, die vielleicht nicht mehr gutzumachen sind.

In vorzüglicher Hochachtung
Ihr ergebener
gez.: Wilhelm Furtwängler.

Sehr geehrter Herr Generalmusikdirektor!

Ich begrüße es dankbar, daß ich auf Grund Ihres Briefes Gelegenheit habe, Ihnen Aufschluß über die Haltung der national bedingten deutschen Lebenskräfte zur Kunst im allgemeinen und zur Musik im besonderen geben zu können. Dabei freut es mich außerordentlich, daß Sie im Namen der deutschen Künstlerschaft gleich zu Beginn Ihres Schreibens betonen, daß Sie die Wiederherstellung unserer nationalen Würde dankbar und freudig begrüßen.

Ich habe niemals angenommen, daß das anders sein könnte. Denn ich glaube, der Kampf, den wir um Deutschlands Wiedergestaltung führen, geht den deutschen Künstler nicht nur passiv, sondern auch aktiv an. Ich berufe mich hier auf ein Wort, das der Reichskanzler drei Jahre vor unserer Machtübernahme in der Öffentlichkeit gesprochen hat: »Wenn die deutschen Künstler wüßten, was wir einmal für sie tun werden, dann würden sie uns nicht bekämpfen, sondern mit uns fechten.«

Es ist Ihr gutes Recht, sich als Künstler zu fühlen und die Dinge auch lediglich vom künstlerischen Standpunkt aus zu sehen. Das aber bedingt nicht, daß Sie der ganzen Entwicklung, die in Deutschland Platz gegriffen hat, unpolitisch gegenüberstehen. Auch die Politik ist eine Kunst, vielleicht die höchste und umfassendste, die es gibt. Und wir, die wir die moderne deutsche Politik gestalten, fühlen uns dabei als künstlerische Menschen, denen die verantwortungsvolle Aufgabe anvertraut ist, aus dem rohen Stoff der Masse das feste und gestalthafte Gebilde des Volkes zu formen. Es ist nicht nur die Aufgabe der Kunst und des Künstlers, zu verbinden; es ist weit darüber hinaus ihre Aufgabe, zu formen, Gestalt zu geben, Krankes zu beseitigen und Gesundem freie Bahn zu schaffen. Ich vermag deshalb als deutscher Politiker nicht lediglich den einen Trennungsstrich anzuerkennen, den Sie wahrhaben wollen: den zwischen guter und schlechter Kunst. Die Kunst soll nicht nur gut sein, sie muß auch volksmäßig bedingt erscheinen, oder besser gesagt, lediglich eine Kunst, die aus dem Volkstum selbst schöpft, kann am Ende gut sein und dem Volke, für das sie geschaffen wird, etwas bedeuten. Kunst im absoluten Sinne, so wie der liberale Demokratismus sie kennt, darf es nicht geben. Der Versuch, ihr zu dienen, würde am Ende dazu führen, daß das Volk kein inneres Verhältnis mehr zur Kunst hat, und der Künstler selbst sich im luftleeren Raum des l'art-pour-l'art-Standpunktes von den treibenden Kräften der Zeit isoliert und abschließt. Gut muß die Kunst sein: darüber hinaus auch verantwortungsbewußt, gekonnt, volksnahe und kämpferisch.

Daß sie keine Experimente mehr verträgt, gestehe ich gern zu. Es wäre aber angebracht gewesen, gegen künstlerische Experimente zu protestieren in einer Zeit, in der das deutsche Kunstleben fast ausschließlich von der Experimentiersucht volks- und rassenfremder Elemente bestimmt und dadurch das deutsche künstlerische Ansehen vor der ganzen Welt belastet und kompromittiert wurde. Gewiß haben Sie recht, wenn Sie sagen, daß die Qualität für die Musik nicht nur eine ideale, sondern schlechthin eine Lebensfrage sei, mehr noch haben Sie recht, wenn Sie den Kampf gegen die wurzellos destruktive, durch Kitsch und trockenes Virtuosentum verdorbene künstlerische Gestaltung mit uns kämpfen. Ich gebe gerne zu, daß auch germanische Vertreter sich an jenem üblen Treiben beteiligt haben; das ist aber ein Beweis dafür, wie tief die Wurzeln dieser Gefahren schon in den deutschen Volksboden hineingedrungen waren, und wie notwendig es auf der anderen Seite erschien, dagegen Front zu machen. Wirkliche Künstler sind rar. Man muß sie deshalb fördern und unterstützen. Es sollen dann aber in der Tat wirkliche Künstler sein. Sie werden in Deutschland auch in Zukunft mit ihrer Kunst immer zu Worte kommen können. Dagegen zu klagen, daß hier und da Männer wie Walter, Klemperer, Reinhardt usw. Konzerte absagen mußten, erschien mir im Augenblick um so weniger angebracht, als wirkliche deutsche Künstler in den vergangenen 14 Jahren vielfach überzeugt zum Schweigen verurteilt waren, und die auch von uns nicht gebilligten Vorgänge in den letzten Wochen nur eine natürliche Reaktion auf diese Tatsache darstellen. Jedenfalls aber bin ich der Meinung, daß jedem wirklichen Künstler bei uns das Feld zur unbedingten Wirksamkeit freigegeben sein soll. Er muß dann aber, wie Sie selbst sagen, ein aufbauender, schöpferischer Mensch sein und darf nicht auf der Seite der von Ihnen mit Recht gegeißelten wurzellosen, zersetzenden, verflachend destruktiven, meistens nur technischen Könner stehen.

Seien Sie bitte davon überzeugt, daß ein Appell im Namen der deutschen Kunst in unseren Herzen immer einen Widerhall finden wird. Künstler, die wirklich etwas können, und deren außerhalb der Kunst liegendes Wirken nicht gegen die elementaren Normen von Staat, Politik und Gesellschaft verstößt, werden, wie immer in der Vergangenheit, so auch in der Zukunft bei uns wärmste Förderung und Unterstützung finden.

Darf ich Ihnen, sehr verehrter Herr Generalmusikdirektor, bei dieser Gelegenheit meine Dankbarkeit zum Ausdruck bringen für die vielen Stunden wirklich erbauender, großer und manchmal erschütternder Kunst, die Sie mir, vielen meiner politischen Freunde und Hunderttausenden von guten Deutschen schon bereitet haben. Es würde mich freuen, bei Ihnen für meinen Standpunkt ein offenes Gehör und ein weiteres Verständnis zu finden. In besonderer Hochachtung

Ihr ergebener
gez.: Goebbels.

(Briefwechsel zwischen Generalmusikdirektor Wilhelm Furtwängler und Reichsminister Dr. Joseph Goebbels vom 11. April 1933. Zitiert nach: Paul Meier-Benneckenstein (Hg.): *Dokumente der Deutschen Politik*, Bd. 1, Berlin, 1938, S. 271 ff.)

28. Dieser Witz hat eine Geschichte. Man lokalisierte ihn am Hofe Maria Theresias. Die Kaiserin habe unter der geschilderten Darmschwäche gelitten, und es sei ihr bei einem Hofempfang das genannte Mißgeschick zugestoßen. Darauf habe ein junger Gardeleutnant sich ihr zu Füßen geworfen und gestammelt: Verzeihung, Majestät!, worauf die Monarchin huldvoll erwiderte: Sie sei Ihm gewährt, Herr *Ober*leutnant!
Unabhängig von der amüsanten Geschichte über Leibesschwäche, Etikette und Esprit, gab es in der deutschen Diplomatie eine Reihe ungeschickter Leute, die schwere internationale Verstimmungen heraufbeschworen und unabsehbaren Schaden einleiteten. Paul Sethe (*Deutsche Geschichte im letzten Jahrhundert*, 1960, S. 192 ff.) nennt einige Ereignisse dieser Art: 1890 die Kündigung des deutsch-russischen Rückversicherungsvertrages, die »Krüger-Depesche« von 1895, die die Engländer das Mißtrauen gegen die Deutschen nie wieder vergessen ließ, und schließlich Wilhelms II. berüchtigte »Hunnen-Rede« bei der Verabschiedung der deutschen Soldaten gegen China am 27. 7. 1900; vgl. Harry Pross: *Die Zerstörung der deutschen Politik. Dokumente 1871-1933*. Frankfurt/M., 1959, S. 38 f.
29. Vgl. Otto Meißner: *Staatssekretär unter Ebert – Hindenburg – Hitler. Der Schicksalsweg des deutschen Volkes 1918-1945, wie ich ihn erlebte*. Hamburg, 1950. – Meißner kann als Typ des »unpolitischen« Staatsdieners gelten.
30. Über Bluncks Rolle in der braunen Literatur vgl. Franz Schonauer: *Deutsche Literatur im Dritten Reich*, Olten und Freiburg, 1961, besonders das Kapitel »Die nordische Renaissance«, S. 77 ff.
31. Man erzählte diesen Witz auch dreistufig:
Warum geht Hitler so selten ins Theater? Weil der Logenschließer ihn dauernd fragt, ob der Herr schon ein Programm habe. Statt dessen spielt er lieber mit dem Stabschef Röhm Dame, aber das letzte Mal hatte er Pech, weil Röhm auf Einladung Mussolinis in Italien war, um sich ein paar warme Tage am Po zu machen.
32. Vgl. Achim Besgen: *Der stille Befehl*. München, 1960, S. 182.

33. Ebd., S. 183 f.
34. In England erzählte man über das schriftstellerische Fiasko Goebbels' folgende Anekdote:

It is a well known fact that Goebbels only became a Nazi when all the newspapers of Republican Germany had rejected his poems and articles. On one occasion he called on Theodor Wolff, world famous editor of the *Berliner Tageblatt.*

»Sir«, the unsuccessful poet said, »you have had my poems for three months and you haven't published any of them.« »Look here, Dr. Goebbels«, replied Theodor Wolff, »Homer was a greater poet than you, yet he had to wait two thousand years before he appeared in print.«

Theodor Wolff was among the first refugees when the Nazis came into power.

R.S. Davies: *Hitler's Crazy Gang.* London, (o.J.), S. 28.
35. Hitlers Landsitz in den Alpen, in den zwanziger Jahren als kleines Landhaus einem Hamburger Handelsherrn abgekauft, später verschwenderisch ausgebaut, besonders durch Martin Bormann, den Leiter der Parteikanzlei, der sich Hitler in jeder Weise gefällig erwies. Sein Lohn war das Amt eines »Parteiministers« im Testament Hitlers.
36. Der Abkürzungsfimmel (als Witz *Aküfi*) im Dritten Reich schuf eine Reihe freundlicher oder drohender Buchstabenkombinationen. »UK« gehörte zur freundlichen Gruppe, denn es bedeutete »unabkömmlich«. Die Träger dieser Abkürzungen wurden beneidet. Sie durften in der Heimat bleiben und mußten nicht zur Feldtruppe. – Bezüglich der Abkürzungen sollten noch zwei weitere Beispiele eingefügt werden: In der deutschen Wehrmacht wurde bis Kriegsende Militärseelsorge ausgeübt, die Kriegspfarrer waren bei allen Divisionen mit Planstellen vertreten. Die Soldaten nannten den katholischen Geistlichen KASAK, das heißt »Katholische Sündenabwehrkanone« und seinen evangelischen Amtsbruder entsprechend ESAK.
37. Der Witz bezog sich zum einen auf Hitlers erfolglose Malertätigkeit und zum anderen auf ein Gedicht von Dietrich Eckart, »Deutschland erwache!«, das zur Kampfparole der SA erhoben war. – Dietrich Eckart (1868-1923) war sozusagen Hitlers politischer Lehrer bezüglich Deutschtum, Judentum und Marxismus. Auch versuchte er, Hitlers Umgangsformen sowie dessen sprachlichen Ausdruck zu verbessern, da er sich selbst als antisemitischer Schriftsteller betätigte. Zudem be-

schaffte er die Gelder, um den *Völkischen Beobachter* zu erwerben, der fortan als Zentralorgan der NSDAP diente. Alfred Rosenberg übernahm nach Eckarts Tod die Hauptschriftleitung. Hitler ehrte Eckart, indem er ihm *Mein Kampf* widmete.

38. Hans Frank: *Im Angesicht des Galgens. Deutung Hitlers und seiner Zeit auf Grund eigener Erlebnisse und Erkenntnisse.* Neuhaus, 1955, S. 259.
39. Der einflußreiche Theaterkritiker Alfred Kerr (1867-1948) emigrierte 1933 aus Deutschland. Seine Verse beziehen sich auf Hitlers primitive Ansichtskartenmalerei vor dem Ersten Weltkrieg in Wien und München.
40. Prof. Adolf Ziegler, der unermüdliche Aktmaler, war gemeinsam mit Hitlers Hausfotografen, Heinrich Hoffmann, im Dritten Reich autorisiert, die Bilder für die »Große Deutsche Kunstausstellung« auszusuchen, die ab 1937 in München stattfand.
41. Hitler sagte im Sommer 1939 zu dem Schweizer Historiker C.J. Burckhardt, er werde hart zuschlagen, wenn man ihn »mit Lächerlichkeit« überhäufe; er warnte ausdrücklich davor, an einen Bluff zu glauben. Vgl. C.J. Burckhardt: *Meine Danziger Mission 1937-1939.* München, 1960, S. 270.
42. Vgl. Ernst Hanfstaengl: *Hitler in der Karikatur der Welt. Tat gegen Tinte.* Berlin, 1933.
43. Prof. Heinrich Hoffmann (Hitler verlieh bereitwillig den Professorentitel an »künstlerisch« arbeitende Parteigenossen) war der Leibfotograf Hitlers. Er besaß das Monopol für sämtliche Führerbilder. Dieses Vorrecht wußte er wirtschaftlich rege zu nutzen, indem er reichlich Bildbände über Hitler auf den Büchermarkt brachte: *Hitler, wie ihn keiner kennt; Jugend um Hitler; Hitler in seinen Bergen; Mit Hitler im Westen; Ein Volk ehrt seinen Führer,* und so weiter. Diese Bände erreichten hohe Auflagen, denn das Schaubedürfnis der Menge war damals nicht weniger rege als heute. Die Hoffmann-Informationen bildeten die einzige Möglichkeit, gewisse Spuren des Hitlerschen Privatlebens kennenzulernen. Man nannte den Cheffotografen auch »Präsident der Reichsdunkelkammer« und »Reichslinsenführer«. – Eine Angestellte des Hoffmannschen Fotogeschäfts war übrigens Eva Braun, die spätere Frau Hitlers. Der Leibfotograf machte sich also auch um die Ehe des Führers verdient.
44. Alfred Kerr: *Die Diktatur des Hausknechts.* Bruxelles, 1934, S. 11.

45. Ernst Thälmann wurde 1886 geboren und 1944 im KZ Buchenwald ermordet. Er war Vorsitzender des Roten Frontkämpferbundes und seit 1925 der KPD. Er kandidierte 1925 und 1932 bei der Reichspräsidentenwahl und erhielt 1932 im ersten Wahlgang fünf Millionen Stimmen. Bereits 1933 wurde er von den Nazis verhaftet und verbrachte bis zu seiner Ermordung elf Jahre im Konzentrationslager.
46. Der Jugendfreund Hitlers, August Kubizek, berichtet, wie sie als junge Leute in Linz Wagners Oper *Rienzi* besuchten und wie Hitler, durch das Bühnengeschehen mächtig aufgewühlt, seinem Freund beim anschließenden nächtlichen Spaziergang gestand, seine »Sendung« zu erkennen. Hitler bezog sich später ausdrücklich auf dieses »Berufungserlebnis«. Als sein Freund ihn nach 1933 einmal darauf anredete, sagte er, rückschauend auf den Wagner-Impuls: »In jener Stunde begann es.« Vgl. A. Kubizek: *Adolf Hitler. Mein Jugendfreund.* Graz/Göttingen, 1953, S. 133.
47. Auf dieser Linie liegt auch ein Witz mit Alibitendenz, man sei schon »immer dagegen« gewesen und habe nur gezwungen mitziehen müssen:

    Ein Mann ist lebensmüde, und darum ist ihm alles gleichgültig. Er will das Schicksal herausfordern. Während einer großen Parteidemonstration stürzt er auf die Straße und ruft dem Führer einer heranrückenden SA-Kolonne mit erhobener Faust zu: »Heil Moskau!« Der SA-Führer flüstert dem Lebensmüden eindringlich zu: »Halt's Maul, Mann; in der letzten Reihe marschiert ein Nazi!«
48. R.S. Davies: *Hitler's Crazy Gang*. London, (o.J.), S. 14.
49. Noch etwas differenzierter wurde der Vorgang in folgender Fassung erzählt:

    Die deutsche Delegation stellt folgende drei Fragen;
    1. Frage: Haben wir das deutsche Volk richtig geführt?
    Pythia: Noch nie wurde ein Volk so angeführt!
    2. Frage: Werden wir uns halten können?
    Pythia: Noch nie hat eine Regierung so festgesessen!
    3. Frage: Werden wir siegen?
    Pythia: Ihr müßt dran glauben!
50. Vgl. H.-J. Gamm: *Das Judentum. Eine Einführung*. Frankfurt/M., 1981, S. 57ff.
51. S. Freud: *Der Witz und seine Beziehung zum Unbewußten*. In: S. Freud: *Gesammelte Werke*, Bd. 6, Frankfurt/M., [6]1978, S. 125.
52. Bezeichnend ist, daß das bereits im November 1938 auftauchende Wort »Reichskristallnacht« im Laufe der Jahre zum

Begriff wurde. Dabei ist man sich heute kaum noch bewußt, daß die Brandstiftung in allen Synagogen Deutschlands und die furchtbaren Ausschreitungen an der jüdischen Bevölkerung durch das Glasscherbenwort verharmlost werden. Es klingt so, als seien lediglich Fensterscheiben zerschlagen worden. Vergessen aber sollte man nicht, daß damals zahlreiche jüdische Bürger grundlos verhaftet, gequält und viele von ihnen ermordet wurden. Als kein ordentliches Gericht in Deutschland die Schandtaten aufdeckte, erlosch das Recht. Diese düstere Seite verstellt der Begriff »Reichskristallnacht«; er entlastet die Zeitgenossen.

53. Über das »Mutterkreuz« kursierte ein ähnlicher Kalauer: Es verdrieße Göring, daß er diesen Orden nicht tragen dürfe.
54. W. Porzig: *Das Wunder der Sprache.* Bern, 1957, S. 45.
55. Vgl. Josef Wulf: *Aus dem Lexikon der Mörder.* Gütersloh, 1962; Sternberger/Storz/Süskind: *Aus dem Wörterbuch des Unmenschen.* Hamburg, [3]1957.
56. R. Höß: *Kommandant in Auschwitz. Autobiographische Aufzeichnungen.* München, 1963.
57. H.-J. Gamm: *Der braune Kult. Das Dritte Reich und seine Ersatzreligion.* München, 1962.
58. Das ist eine Anspielung auf das Vaterlandslied von Ernst Moritz Arndt: »Der Gott, der Eisen wachsen ließ, der wollte keine Knechte.« Arndts Gedicht mit seinem nationalen Pathos paßte zum Stil des Nationalsozialismus.
59. Zeugnisse über die unerschrockene Haltung Wurms gegenüber dem NS-Staat bietet Joachim Beckmann: *Kirchliches Jahrbuch für die Evangelische Kirche in Deutschland 1933-1944.* Gütersloh, 1948. Siehe darin besonders Wurms Brief an den Reichsinnenminister vom 19. 06. 1940 wegen der Tötung »Lebensunwerten Lebens« (S. 412ff.) und das Schreiben an Minister Goebbels (S. 430).
60. Vgl. dazu Friedrich Meinecke: *Die deutsche Katastrophe.* Wiesbaden, 1946. Meinecke spricht von einem »penetranten Militarismus« in Preußen (S. 23).
61. P. Bamm: *Die unsichtbare Flagge.* München, 1954, S. 205f.
62. F. Meinecke: *Die deutsche Katastrophe,* S. 17.
63. *Is Hitler Dead? and best Anti-Nazi Humor.* Ed. with an Introduction by G.B. Shaw. New York, 1939, S. 11f.
64. Nikolaus v. Horthy war im Ersten Weltkrieg Oberbefehlshaber der österreichisch-ungarischen Flotte und von 1940 bis 1944 Reichsverweser von Ungarn.

65. Mit Vokabeln dieser Art waren die Berichte des Oberkommandos der Wehrmacht ausstaffiert. Bis zuletzt sollte im Volk der Glaube lebendig bleiben, daß die deutschen Armeen freiwillig Raum aufgaben und daß man das Heft in der Hand behielte.
66. Damit heben bereits die Kriegsfolgenwitze an. So erzählte man während der »Entnazifizierung«:

Zwei Maler treffen sich nach dem Krieg in Westdeutschland. Dem einen geht es wirtschaftlich gut, dem anderen schlecht. Der Arme fragt nun seinen Kollegen: »Sag mal, wie machst du es, daß du in dieser schlechten Zeit so viele Bilder verkaufst?« »Ach«, sagte der andere, »ich hatte einen guten Einfall, komm mit in mein Atelier!« Dort entdeckt der Minderbemittelte, daß sein Kollege nur Hitlerbilder malt. »Ja, sag mal«, fragt er überrascht, »wer kauft denn heute solchen Blödsinn?« »Oh«, sagt der Wohlhabende, »ich verkaufe Hitler bei den Ostpreußen. Die haben ihn nicht gekannt.«
67. W. Schmidt-Hidding: *Humor und Witz.* München, 1963, (= *Europäische Schlüsselwörter,* Bd. 1.), S. 105 ff.
68. Ebd., S. 161 ff.
69. S. Freud: *Der Witz und seine Beziehung zum Unbewußten.* In: S. Freud: *Gesammelte Werke,* Bd. 6, Frankfurt/M., 61978.
70. Vgl. A. Jolles: *Einfache Formen.* Darmstadt, 1958. Der Verfasser erarbeitet in seiner Untersuchung die Strukturen der »einfachen Formen« wie Legende, Sage, Mythe, Rätsel, Spruch usw. Über den Witz vgl. ebd. S. 247ff.
71. S. Freud, ebd., S. 105-111.
72. S. Freud, ebd., S. 126.
73. W. Preisendanz: *Über den Witz.* Konstanz, 1970, S. 7.
74. *Der Spiegel,* Nr. 25/1989, S. 22.
75. *Der Spiegel,* Nr. 37/1975, S. 146.
76. Vgl. B. Brecht: *Flüchtlingsgespräche. Gesammelte Werke,* Bd. 14, Frankfurt/M., 1967, S. 1459ff.
77. Max Horkheimer: *Die Juden und Europa. Aufsätze 1939-1941,* Amsterdam, 1967, S. 8.

Verzeichnis der erwähnten NS-Funktionäre

Als Quelle vgl. dazu R. Wistrich: Wer war wer im Dritten Reich? Anhänger, Mitläufer, Gegner aus Politik, Wirtschaft, Militär, Kunst und Wissenschaft. *München, 1983 (Englische Originalausgabe: London, 1982).*

Blunck, Hans Friedrich (1888-1961)
Schriftsteller und Präsident der Reichsschrifttumskammer. Zunächst Verwaltungsbeamter und Syndikus der Hamburger Universität. Seine zahlreichen Romane, Erzählungen und Märchen stützten sich vor allem auf germanische und norddeutsche Traditionen. Er erklärte sich ohne Einschränkung für das »neue Reich« Adolf Hitlers und trug zur Literaturpolitik zwischen 1933 und 1945 entscheidend bei. Nach der Befreiung vom Faschismus war von ihm keinerlei Auseinandersetzung mit der Vergangenheit und seiner ideologischen Mittäterschaft vernehmlich.

Darré, Richard Walter (1895-1953)
Darré wurde in Argentinien geboren, studierte Agronomie und war examinierter Diplomlandwirt. Mit Hitler befreundet, organisierte er ab 1930 die Bauern in der NSDAP. Seine Bücher *Um Blut und Boden* (1929) sowie *Neuadel aus Blut und Boden* (1930) ergänzten die faschistische Ideologie um Elemente, die fortan in sämtliche Lehrpläne eingingen. Als Tierzüchter sah Darré die Gesellschaft unter rassistisch-biologischen Gesichtspunkten. Das Bauerntum wurde zum ewigen Kraftquell des deutschen Volkes stilisiert. 1933 wurde er Reichsbauernführer und Reichsminister für Ernährung und Landwirtschaft, zudem leitete er das SS-Rasse- und Siedlungshauptamt. Dabei verfaßte er sein Buch *Das Schwein als Kriterium für nordische Völker und Semiten* (1933). Er verkündete das »Reichserbhofgesetz«. Da er jedoch die Lebensmittelversorgung nicht befriedigend zu sichern vermochte, wurde er 1942 als Minister abgesetzt. Ein amerikanisches Militärgericht verurteilte ihn 1949 zu fünf Jahren Haft.

Frank, Hans (1900-1946)
Promovierter Jurist und praktizierender Anwalt in München. Er schloß sich bereits 1923 Hitler an und trat in die SA ein. In den Jahren vor 1933 verteidigte er Hitler mehrfach, wurde zum obersten Rechtsberater der NSDAP und 1929 zum Leiter der rechtspolitischen Abteilung der NS-Reichsleitung bestellt. Nach der

Machtübertragung an Hitler belohnte ihn dieser mit der Verleihung hoher Ämter. Er wurde Bayerischer Justizminister, Leiter des Rechtsamtes der NSDAP, Präsident der Akademie für Deutsches Recht und Reichsminister ohne Geschäftsbereich. Doch rückte er nicht in den inneren Führungszirkel des Staates auf. Nach der Eroberung Polens wurde er zum Generalgouverneur von Polen ernannt, übernahm die Zivilverwaltung des Landes und residierte in der alten Königsburg zu Krakau. Er versuchte, die Elite der polnischen Intelligenz auszurotten und das Volk zu Arbeitssklaven für das Großdeutsche Reich zu prägen. Der Genozid an den Juden fand in Frank einen bedingungslosen Agitator. Im Nürnberger Kriegsverbrecherprozeß vollzog er einen Gesinnungswechsel, konvertierte zur Katholischen Kirche und stimmte seinem Schuldspruch zu. Am 16. Oktober 1946 wurde er hingerichtet.

Goebbels, Joseph (1897-1945)
Aus einer katholischen Familie im Rheinland stammend, studierte er Philosophie, Literaturgeschichte und Germanistik. Wegen eines verkrüppelten Fußes war er im Ersten Weltkrieg nicht militärdiensttauglich, was ihm zeitlebens peinlich blieb. Möglicherweise ist sein späterer politischer Extremismus mit diesem Unterlegenheitsbewußtsein in Verbindung zu bringen. 1924 schloß er sich der NSDAP an, zunächst auf deren sozialrevolutionärem Flügel unter Gregor Strasser, bald aber schwenkte er zu Hitler über. 1926 Gauleiter von Berlin, als solcher gründete er seine Wochenzeitung *Der Angriff*. 1929 Reichspropagandaleiter der NSDAP. 1933 Reichsminister für Volksaufklärung und Propaganda. Er kontrollierte fortan das gesamte Kultur- und Geistesleben und schuf den Mythos des Faschismus, die Horst-Wessel-Legende, den Führerkult, den Ethnozentrismus der Deutschen. Seine beachtlichen Fähigkeiten als Agitator nutzte er, um das »Weltjudentum« zum Feind aller Völker zu erklären und dessen Vernichtung zu betreiben. Alle Pogrome nach 1933 wurden durch ihn stimuliert, und die »Endlösung der Judenfrage« ist von ihm intellektuell zu verantworten. In seiner berüchtigten Sportpalast-Rede vom 18. Februar 1943 stachelte er seine Zuhörer zum »totalen Krieg« auf. In Hitlers Testament wurde ihm das Amt des Reichskanzlers zugesprochen. Nachdem er seine Kinder getötet hatte, beging er am 1. Mai 1945 im Bunker der Reichskanzlei Selbstmord.

Göring, Hermann (1893-1946)
Ausbildung über die Kadettenanstalt zum Berufsoffizier. 1918

letzter Chef des Jagdgeschwaders Richthofen, Träger hoher Orden. Nach dem Kriege in den nordischen Ländern als Kunst- und Verkehrsflieger tätig, heiratete er eine schwedische Adelige. Er stieß 1922 zur NSDAP und wurde beim Hitlerputsch 1923 schwer verwundet. Er ging ins Ausland, kehrte 1927 zurück und half durch seine Verbindungen, Hitler und dessen Pläne bekanntzumachen. Als Preußischer Ministerpräsident begann er ab 1933 mit Himmler und Heydrich gemeinsam die Terroreinrichtungen aufzubauen. 1935 Oberbefehlshaber der Luftwaffe. Als Beauftragter für den Vierjahresplan (1936) kontrollierte er die gesamte Industrie und konnte 1937 mit den staatseigenen Hermann-Göring-Werken selbst ein großes Vermögen aufhäufen. Seine Intrigen führten 1938 zum Sturz der Generale v. Fritsch und Blomberg. Beim Novemberpogrom 1938 setzte er durch, daß den deutschen Juden eine Buße von einer Milliarde Reichsmark auferlegt wurde, und er befahl bei der Wannsee-Konferenz Heydrich, die »Endlösung der Judenfrage« vorzubereiten. 1940 wurde er »Reichsmarschall des Großdeutschen Reiches«. Vor seiner Hinrichtung in Nürnberg beging Göring Selbstmord.

Heß, Rudolf (1894-1987)

Er war Auslandsdeutscher und studierte zeitweise Politische Wissenschaften in München. Als Mitglied der Freikorps stieß er früh zur NSDAP. Nach seiner Teilnahme am Putschversuch im November 1923 war er gemeinsam mit Hitler in der Landsberger Festungshaft und half dessen Buch *Mein Kampf* zustande zu bringen. Von Anfang an hatte er die Rolle des Privatsekretärs bei seinem Führer, dem er kritiklos ergeben war. 1933 wurde er zum »Stellvertreter des Führers« ernannt und durfte in dieser Funktion unbedeutende politische Auftritte vollziehen. Er wurde Reichsminister ohne Geschäftsbereich und 1939 nach Göring zu Hitlers zweitem Nachfolger bestimmt. Am 10. Mai 1941 flog er nach England, um die britische Regierung von Hitlers einzigem Kampfziel, die Beseitigung des Bolschewismus, zu überzeugen. Er wurde gefangengenommen, ohne irgendeinen Gesprächspartner zu finden. Die Nazis erklärten das peinliche Ereignis mit geistiger Zerrüttung, die aus Verletzungen während des Ersten Weltkrieges herrühre. Heß wurde 1946 in Nürnberg zu lebenslanger Haft verurteilt und starb 1987 im Kriegsverbrechergefängnis Spandau.

Himmler, Heinrich (1900-1945)

Er studierte Landwirtschaft an der TH München und nahm am

Hitlerputsch 1923 in München teil. Zeitweise war er Geflügelzüchter. Er baute die SS auf und gestaltete sie zur führenden politischen Kraft in Deutschland. 1936 Chef der deutschen Polizei und gleichzeitig Reichsführer-SS. Er perfektionierte den Terror und ließ 1933 das erste Konzentrationslager bei Dachau errichten. Sein bornierter Antisemitismus war mit mystischen Vorstellungen verwoben. Die Deutschen galten ihm als das Kernvolk der nordischen Rasse. Der SS-Mann sollte einen neuen Menschentyp verkörpern und damit die Kolonisation des Ostraums durchführen. In seine SS durften nur Bewerber mit »hochwertigem Erbgut« aufgenommen werden, um einen »Orden nordisch bestimmter Männer« entstehen zu lassen. So wurde er 1939 »Reichskommissar für die Festigung des deutschen Volkstums«, 1943 zusätzlich Reichsinnenminister. In diesen verschiedenen Funktionen hat er dem deutschen Faschismus die mörderische Gestalt gegeben, indem er als Herr aller Konzentrationslager »Untermenschen« zur wissenschaftlichen Forschung freigab und ihnen unermeßliche Leiden auferlegte. Auch der Genozid, dessen er sich rühmte, wird mit seinem Namen verbunden bleiben. Himmler beging am 23. Mai 1945 Selbstmord.

Hitler, Adolf (1889-1945)

Geboren in Braunau/Österreich. Er verließ die Schule ohne Mittlere Reife. 1908-1913 lebte er in Wien, seiner Auffassung nach als Künstler, doch wurde er zur Ausbildung in die Wiener Kunstakademie wegen ungenügender Leistungen in der Vorprüfung nicht aufgenommen. Da er ein kleines Erbteil von elterlicher Seite sowie als Beamtensohn eine Waisenrente bezog, konnte er mehrere Jahre ohne Erwerbsarbeit leben. Danach versuchte er sich als Postkartenmaler und mit sonstigen Gelegenheitsarbeiten zu erhalten. In Wien sog er die antisemitischen Elemente in sich hinein, von denen er zeitlebens nicht abließ. Sein Haß auf Marxisten und Liberale war damit verknüpft. 1913 übersiedelte er nach München und setzte dort sein Leben als mittelloser Künstler fort, zudem entging er damit dem österreichischen Militärdienst. Zu Beginn des Ersten Weltkriegs meldete er sich jedoch freiwillig zur Infanterie, war vier Jahre an der Westfront und wurde als tapferer Soldat geschätzt. Als Verbindungsmann der Reichswehr wurde er 1919 als Agitator verwendet und stieß dabei auch auf die Deutsche Arbeiterpartei als Vorläuferin der NSDAP. Er wurde Mitglied, 1921 Vorsitzender und entfaltete nunmehr sein Rednertalent in unzähligen Werbeveranstaltungen. Drei Themen bestimmten den Inhalt seiner Reden: der Versailler Vertrag, der Marxismus und das »internationale Judentum«. Am 9. November 1923 versuchte er einen Staatsstreich, der jedoch niedergeschlagen wurde. 16 dabei gefallene Putschisten wurden später zu »Blutzeugen der Bewegung« stilisiert. Sie waren nunmehr die »Toten der Feldherrnhalle«. Damit nahm er Elemente des katholischen Märtyrerkults auf. Nach kurzer – großzügig gestalteter – Festungshaft in Landsberg am Lech, wo er Gelegenheit fand, sein Buch *Mein Kampf* zu verfassen, gründete er 1925 die Partei neu und versuchte nun, mit legalen Mitteln zur Macht zu gelangen. Durch die Weltwirtschaftskrise erhielt die NSDAP 1929 erheblichen Zulauf, besonders aus den Mittelschichten, da die Massenarbeitslosigkeit den Ruf nach einem »starken Mann« begünstigte. Inzwischen bekannten sich auch Teile der Großindustrie zu Hitler, und einflußreiche konservative Politiker betrieben seine Ernennung zum Reichskanzler. Damit begann die Phase des Aufbaus eines totalitären Einparteienstaates. Durch die deutsche Wiederaufrüstung brachte er Millionen Arbeitsloser von den Straßen und konnte eine Reihe außenpolitischer Erfolge verbuchen. Innenpolitisch hatte damit jedoch der »SS-Staat« begonnen, wie Eugen Kogon ihn nannte: Rassegesetze, Konzentrationslager, Unterdrückung jeder freien Meinungsäußerung, Einschüchterung und Terrorpraktiken.

Im März 1939 zerschlug Hitler die Tschechoslowakei, was die westlichen Alliierten hinnahmen. Mit seinem Angriff auf Polen am 1. September 1939 entfesselte er den Zweiten Weltkrieg. Mit dem deutschen Überfall auf die Sowjetunion am 22. Juni 1941 und dem Eintritt der USA in den Krieg im selben Jahr wurde das Ringen global, in dem er zugleich seine Verbrechen gegen die Menschheit beging und am Ende beschloß, das deutsche Volk mit ihm gemeinsam untergehen zu lassen, da es sich seiner »historischen Sendung« nicht würdig erwiesen habe. Er beging am 30. April 1945 Selbstmord im Bunker der Berliner Reichskanzlei.

Kaltenbrunner, Ernst (1903-1946)
Österreichischer Nationalsozialist und Chef des Reichssicherheitshauptamtes (RSHA). Promovierter Jurist und Rechtsanwalt in Linz. Seit 1932 Mitglied der NSDAP und der SS. Betrieb mit Arthur Seyss-Inquart (1892-1946) den »Anschluß« Österreichs an das Deutsche Reich und wurde 1938 Staatssekretär für öffentliche Sicherheit in der »Ostmark«, wie Österreich fortan hieß. 1943 übernahm er die Nachfolge Reinhard Heydrichs in der Leitung des RSHA. Als Chef der Sicherheitspolizei, des Sicherheitsdienstes (SD) und der Geheimen Staatspolizei (GESTAPO) kontrol-

lierte er auch Organisation und Verwaltung der »Endlösung der Judenfrage«. 1944 konnte er den unter Wilhelm Canaris stehenden Militärischen Nachrichten- und Abwehrdienst ebenfalls übernehmen. Am 16. Oktober 1946 wurde er im Nürnberger Kriegsverbrechergefängnis hingerichtet.

Keitel, Wilhelm (1882-1946)
Berufsoffizier im Ersten Weltkrieg bei der Artillerie. Von der Reichswehr übernommen. 1938 Chef des Oberkommandos der Wehrmacht (OKW). 1939 verlieh Hitler ihm das goldene Parteiabzeichen. 1940 wurde er Generalfeldmarschall. Er prägte nach dem Frankreichfeldzug die Formel von Hitler als dem »größten Feldherrn aller Zeiten«. Das Offizierkorps wußte, daß Keitel Hitler gegenüber absolut unterwürfig war. So verlor eine konstruktive Opposition der Generalität gegenüber Hitler zunehmend ihr Fundament, da Keitel zum einzigen Ratgeber avancierte. Er gab »Führerbefehle« an die Truppe während des Rußlandfeldzuges, die klar gegen internationales Recht verstießen, und veranlaßte damit Verbrechen gegen die Menschheit. Er wurde 1946 in Nürnberg hingerichtet.

Kerrl, Hans (1887-1941)
Von Beruf Justizbeamter, 1933 kurzfristig Preußischer Justizminister. Dabei erließ er vor allem Berufsverbote für jüdische Rechtsanwälte und Notare. Als Reichskirchenminister von 1935-1941 oblag es ihm, die allgemeine »Gleichschaltung« auch im kirchlichen Bereich voranzutreiben. Sämtliche geistlichen Aktionen sollten unter NS-Kontrolle gebracht werden.

Ley, Robert (1890-1945)
Promovierter Chemiker, bei den IG-Farbwerken in Leverkusen tätig. Seit 1924 Mitglied der NSDAP, 1925 Gauleiter von Rheinland-Süd. 1932 Reichsorganisationsleiter. 1933 zerschlug er die freien und unabhängigen Gewerkschaften und baute an ihrer Stelle die Deutsche Arbeitsfront (DAF) auf. Ziel war »sozialer Friede« und damit Steigerung der Produktivität. Die Kontrolle der gesamten Arbeit und ihrer Organisation lag bis 1945 in den Händen Leys. Alle Fragen der Entlohnung, der Sozialversicherung und der Altersversorgung liefen bei ihm zusammen. Auch die Erziehung der Nachwuchskader der Partei war ihm anheimgegeben. So baute er die Adolf-Hitler-Schulen und die Nationalpolitischen Erziehungsanstalten auf. Er beging 1945 in seiner Nürnberger Gefängniszelle Selbstmord.

Meißner, Otto (1880-1953)
Studierter Jurist. Verwaltungsbeamter. Seit 1923 unter drei deutschen Staatsoberhäuptern Chef von deren Präsidialkanzlei: Ebert, Hindenburg und Hitler. Als einflußreicher Ratgeber Hindenburgs trat er hinter den Kulissen für die Ernennung Hitlers als Reichskanzler ein. Im sogenannten »Wilhelmstraßen-Prozeß« wurde er 1949 freigesprochen; auch bei deutschen Entnazifizierungskammern wurden Verfahren gegen ihn eingestellt.

Müller, Ludwig (1883-1945)
Studierter Theologe und seit 1908 im Kirchendienst. Im Ersten Weltkrieg Marinegeistlicher; in dieser Funktion erhielt er eine Reihe von Kriegsauszeichnungen. Mehrere Jahre Pfarrer in Wilhelmshaven, danach Militärgeistlicher im Wehrkreis Königsberg, wo er sich durch nationalistische und antisemitische Predigten hervortat. Seit 1933 Hitlers Vertrauensmann und Bevollmächtigter für Fragen der Evangelischen Kirche. Dabei wurde er zum Oberhaupt der »Deutschen Christen«, die alles Jüdische ausscheiden und ein »artgemäßes Christentum« schaffen wollten. Als »Reichsbischof« vermochte er sich jedoch nicht gegen »Pfarrernotbund« und die »Bekennende Kirche« des Kreises um Martin Niemöller durchzusetzen, denen Christentum und NS-Weltanschauung als unvereinbar galten. So verlor er auch zunehmend an Ansehen bei Hitler und dessen obersten Funktionären und wurde ab 1935 bereits zur Randfigur. 1945 beging er Selbstmord in Berlin.

Papen, Franz von (1879-1969)
Entstammte einer alten katholischen Adelsfamilie in Westfalen. Zunächst Berufsoffizier und Militärdiplomat. Nach dem Ersten Weltkrieg ging er in die Politik. 1920 Mitglied der katholischen Zentrumsfraktion im Preußischen Landtag. 1932 wurde er als Nachfolger Heinrich Brünings Reichskanzler. Sein konservatives »Kabinett der Barone« wurde durch das Vertrauen des Reichspräsidenten v. Hindenburg gehalten. Am 4. Januar 1933 traf er sich heimlich mit Hitler im Hause des Kölner Bankiers Kurt v. Schröder, um ein Kabinett Hitler-Papen vorzubereiten. So wurde er am 30. 1. 1933 Vizekanzler. In einer Rede am 17. 6.34 vor Marburger Studenten hatte er eine Rückkehr zum Konservatismus gefordert. Hitler schob ihn daraufhin als Botschafter nach Wien, später nach Ankara ab und ließ den Ghostwriter der anstößigen Rede, den Publizisten Edgar Jung, in der Mordserie vom 30. Juni 1934 umbringen. Vom Nürnberger Gericht wurde v. Pa-

pen 1946 in allen Punkten freigesprochen. Wie wenig er auch später zur politischen Einsicht gelangte, zeigt seine 1952 erschienene Autobiographie mit dem Titel *Der Wahrheit eine Gasse.*

Ribbentrop, Joachim von (1893-1946)
Bankausbildung und verschiedene Zwischentätigkeiten. Kaufmann in Kanada. Teilnahme am Ersten Weltkrieg. Er heiratete Anneliese Henkell, die Erbtochter des reichsten deutschen Sektfabrikanten. Seit 1932 Mitglied der NSDAP und Hitlers außenpolitischer Berater. Schloß 1935 als Sonderbotschafter das deutsch-britische Flottenabkommen und wurde 1936 Botschafter in London, wo er keine Sympathien gewann. 1938 Reichsaußenminister. In dieser Funktion bereitete er 1938 die Münchner Konferenz und 1939 den Hitler-Stalin-Pakt vor. 1946 als Kriegsverbrecher in Nürnberg hingerichtet.

Riefenstahl, Leni (geb. 1902)
Sie begann ihre Laufbahn als Ballettänzerin, danach erfolgreiche Filmschauspielerin, bereits in der Weimarer Republik mit internationaler Anerkennung. Als Regisseurin und Produzentin stellte sie die großen faschistischen Filme über die Reichsparteitage und die Olympischen Spiele 1936 her, die wegen der Kombination neuer Mittel und eindrücklicher szenischer Gestaltung beachtliche Werbeeffekte für das Dritte Reich hervorbrachten. Nach dem Zweiten Weltkrieg war sie als Fachfotografin bei ethnologischen Studien im Ausland tätig.

Röhm, Ernst (1887-1934)
Berufsoffizier. Nach der Niederlage von 1918 fand er keinen Anschluß an eine bürgerliche Existenz, sondern sah im Kampf den eigentlichen Lebenssinn. So schloß er sich den Freikorps an und nahm am 9. November 1923 an Hitlers gescheitertem Putschversuch teil. Er war einer der wenigen Duzfreunde Hitlers und organisierte für ihn die Partei. 1928-1930 Militärberater in Bolivien. Hitler rief ihn zurück, um das Kommando über die schwierigen »Sturmabteilungen« (SA) zu übernehmen. Er baute diese Privatarmee enorm aus und ließ sie zu Straßenschlachten, besonders gegen kommunistische Gruppen, antreten. Nachdem Hitler zum Regierungschef ernannt worden war, fühlte sich diese Armee um den Lohn geprellt und wurde zum unkalkulierbaren politischen Faktor. Zudem entstanden Rivalitäten zwischen der Reichswehr und der SA sowie zwischen Göring und Himmler einerseits und Ernst Röhm andererseits. Für Hitlers weitreichende

Pläne wurde nun die SA-Führung zum Hindernis. So ließ Hitler am 30. 6. 1934 Röhm und mehrere seiner obersten Führer ermorden, wobei als Grund hochverräterische Absichten der SA-Leitung, ein Putschversuch und eine »zweite Revolution« genannt wurden. Außerdem hob man nun die »abartige« (= homosexuelle) Neigung Röhms hervor, die jahrelang geduldet worden war.

Rosenberg, Alfred (1893-1946)
Studierte als Balte Ingenieurwissenschaften und Architektur. Ging nach der russischen Revolution zunächst nach Paris und kam bereits 1919 zur Vorläuferorganisation der NSDAP. Er war Mitglied weißrussischer Emigrantenzirkel und der »Thule-Gesellschaft« und neigte zu okkulten Betrachtungsweisen. Damals schrieb er Broschüren über jüdische und freimaurerische Weltverschwörung. 1923 wurde er Hauptschriftleiter des Zentralorgans der NSDAP *Völkischer Beobachter* und nahm an Hitlers Putschversuch in München teil. 1929 gründete er den Kampfbund für deutsche Kultur und veröffentlichte 1933 sein Hauptwerk *Der Mythus des 20. Jahrhunderts.* Neben Hitlers *Mein Kampf* galt es als das ideologische Hauptwerk der faschistischen Bewegung. Trotz ihrer hohen Auflage wurden beide Werke verhältnismäßig wenig gelesen. Rosenbergs Polemik gegen das Christentum brachte ihn in Konflikte mit der Kirche. 1934 wurde er »Beauftragter des Führers für die Überwachung der gesamten geistigen und weltanschaulichen Schulung und Erziehung der NSDAP«. Ab 1940 beschlagnahmte der »Einsatzstab Reichsleiter Rosenberg« Kunstwerke in Frankreich und in anderen besetzten Ländern. 1941 wurde er von Hitler zum Minister für die besetzten Ostgebiete ernannt. In den Rivalitäten mit anderen Spitzenfunktionären unterlag er zumeist in seiner Kompetenz. 1946 wurde er als Kriegsverbrecher in Nürnberg hingerichtet.

Rust, Bernhard (1883-1945)
Reichsminister für Wissenschaft, Erziehung und Volksbildung (1934-1945). Er war studierter Gymnasiallehrer für Deutsch, Griechisch und Latein. 1922 Mitglied der NSDAP, ab 1925 Gauleiter von Hannover-Nord, 1928 umbenannt in Südhannover-Braunschweig. 1930 von der republikanischen Schulbehörde in Hannover aus dem Schuldienst entlassen, angeblich hatte er eine Schülerin belästigt. 1930 Abgeordneter der NSDAP im Reichstag. Als Reichsminister stellte er die Erneuerung des deutschen Geisteslebens unter das Gebot der Rassereinheit. An den deutschen Universitäten wurden deshalb tiefgreifende Veränderungen im Lehr-

personal vollzogen und auch international berühmte Gelehrte zur Emigration gezwungen. Rust beging am 8. Mai 1945 Selbstmord.

Schacht, Hjalmar (1887-1970)
Promovierter Wirtschaftswissenschaftler und ursprünglich in der Dresdner Bank tätig. Als Reichswährungskommissar hatte er im November 1923 Anteil an der Überwindung der Inflation und Stabilisierung der Mark/Rentenmark. Präsident der Deutschen Reichsbank. Zunehmend politisch rechts orientiert, drängte er Hindenburg, Adolf Hitler als Kanzler zu berufen. Auf sein Betreiben unterstützten die Vertreter der deutschen Schwerindustrie die Nationalsozialisten. Er war Hitlers Wirtschaftsminister von 1934-1937. Ab 1935 Generalbevollmächtigter für die Kriegswirtschaft. Er finanzierte Rüstungs- und Arbeitsbeschaffungsprojekte, indem er der Großindustrie höhere Gewinnspannen sicherte und die Privatwirtschaft ankurbelte. 1946 wurde er im Nürnberger Kriegsverbrecherprozeß von den Alliierten freigesprochen und begann nach dem Kriege eine zweite erfolgreiche Laufbahn als Finanzberater von Entwicklungsländern (Brasilien, Äthiopien, Indonesien, Iran, Ägypten, Syrien und Libyen). 1953 Mitinhaber der Düsseldorfer Handelsbank Schacht & Co.

Schirach, Baldur von (1907-1974)
Stammte väterlicherseits aus einer alten Offiziersfamilie. Seine Mutter war Amerikanerin, zu deren Vorfahren zwei Unterzeichner der amerikanischen Unabhängigkeitserklärung gehörten. In der Schirach-Familie waren künstlerische Neigungen verbreitet. So schied der Vater aus dem aktiven Offiziersberuf aus und wurde Intendant des Großherzoglich-Weimarischen Hoftheaters, war also mit der klassischen deutschen Literatur existentiell verbunden. In dieser Atmosphäre wuchs Schirach auf und trat bereits als 18jähriger im Jahre 1925 der NSDAP bei, als er in München kurzfristig Deutsche Volkskunde und Geschichte studierte, ohne freilich zu einem akademischen Abschluß zu gelangen. Seine Tätigkeit konzentrierte sich darauf, die junge Generation an den deutschen Hochschulen für Hitler zu gewinnen. 1929 wurde er Führer des Nationalsozialistischen Deutschen Studentenbundes und 1931 Reichsjugendführer der NSDAP. In dieser Stellung blieb er bis 1940. Hitler ernannte ihn dann zum Gauleiter und Reichsstatthalter von Wien. Nachfolger als Reichsjugendführer wurde Artur Axmann, obwohl Hitler in seiner üblichen personellen Doppelpolitik Schirach als weiterhin verantwortlich für die deutsche Jugend erklärte.

Schirach fühlte sich als Künstler, besonders als Lyriker und dichtete das Lied der Hitler-Jugend »Unsere Fahne flattert uns voran . . .«, dessen letzte Zeile lautet: »Die Fahne ist mehr als der Tod.« Mit diesen und ähnlichen Auslassungen indoktrinierte er die deutsche Jugend, indem er ihre Begeisterungsfähigkeit nutzte, mit Aufmärschen, Zeltlagern, Musikfesten, Sonnenwendfeiern und vormilitärischer Ausbildung die Nachwachsenden für den Kampf gegen das Judentum und um »Lebensraum« im Osten vorbereitete. Zaghafte Kritik von ihm und seiner Frau (einer Tochter Heinrich Hoffmanns) an der Behandlung der osteuropäischen Völker und an den Bedingungen der Deportation der Juden, die er im Jahre 1943 auf Hitlers Wohnsitz, dem »Berghof«, äußerte, brachten ihn in eine gewisse Distanz zum Führungszentrum, doch tat er nichts dagegen, daß während seiner Amtszeit in Wien 185 000 Juden zur Vernichtung in die Ostgebiete deportiert wurden. Vor dem Nürnberger Gericht behauptete er, von Vernichtungslagern nichts gewußt zu haben. Er wurde zu 20 Jahren Haft verurteilt und 1966 aus dem Kriegsverbrechergefängnis Spandau entlassen.

Streicher, Julius (1885-1946)
Aus einer Lehrerfamilie stammend, wurde Streicher selbst Lehrer. 1919 Mitbegründer einer antisemitischen Partei, trat jedoch später mit sämtlichen Mitgliedern zur NSDAP über. Er nahm am Münchner Hitlerputsch 1923 teil. Wegen seiner antirepublikanischen Äußerungen wurde er zwischen 1923 und 1928 aus dem Schuldienst entlassen. Ab 1924 war er Abgeordneter der NSDAP im Bayerischen Landtag und Gauleiter von Franken. 1923 begründete er als Wochenzeitung das antisemitische Hetzblatt *Der Stürmer*, das er bis 1945 herausgab. Durch Aushängekästen in allen deutschen Städten erreichte dieses Organ Millionen Deutsche und indoktrinierte sie mit Hetzparolen über die Juden. Die nachfolgenden Ausschreitungen im Reich sind immer auch durch die perfide Propagandaform vorbereitet worden. Sein privates Verhalten erzürnte die faschistische Führungsriege, vor allem Göring, und so wurde er 1940 seiner politischen Ämter enthoben, gab aber den *Stürmer* weiterhin heraus, um gegen das »Weltjudentum« zu kämpfen. 1946 wurde er in Nürnberg hingerichtet.

Troost, Paul Ludwig (1878-1934)
Architekt. Frühe Verbindung zu Walter Gropius und Peter Behrens. Er hatte große Erfolge bei der Ausstattung von Fahrgastschiffen und entwarf für den Norddeutschen Lloyd elegante

Räumlichkeiten an Bord. Er wurde zu Hitlers bevorzugtem Architekten und gestaltete 1934 die NSDAP-Parteizentrale, das sogenannte »Braune Haus« in München. 1933 erhielt er den Auftrag, die Reichskanzlei in Berlin umzubauen. Ebenso das »Haus der Deutschen Kunst« in München. Dabei entstand seine kräftige Imitation klassischer Formen. Sein Nachfolger bei allen Projekten wurde Albert Speer.

Tschammer und Osten, Hans von (1887-1943)
Staatssekretär im Reichsministerium des Inneren und Reichssportführer. Seit 1929 Mitglied der NSDAP. Hoher SA-Führer und ab 1933 Mitglied des Reichstags. Seit 1934 Leiter der Sektion Sport in der NS-Gemeinschaft KdF. Er führte die deutschen Sport- und Turnverbände im Reichsbund für Leibesübungen zusammen, war Präsident der Reichsakademie für Leibesübungen und Präsident des Deutschen Olympischen Ausschusses. Ein Ziel der NS-Sportpolitik bestand darin, bei internationalen Wettkämpfen – so bei der Olympiade in Berlin 1936 – die Überlegenheit der »arischen Rasse« und der »nordischen Völker« zu demonstrieren. Jüdische Sportverbände in Deutschland wurden zuerst gettoisiert und endeten mit der Ermordung der deutschen Judenheit.

Ziegler, Adolf (1895-1963)
Studierte an der Kunstakademie in Weimar Malerei. 1925 wurde er Mitglied der NSDAP und stand in persönlicher Verbindung zu Hitler, der seinen Malstil besonders schätzte. So wurde er zum führenden Vertreter der offiziellen Kunstauffassungen der Partei: 1936 Präsident der Reichskammer der Bildenden Künste, zuvor bereits Professor an der Münchner Kunstakademie. 1937 erhielt er von Hitler den Auftrag, sämtliche Galerien und Museen in Deutschland nach Werken sogenannter »entarteter Kunst« zu durchmustern und Anstößiges ausscheiden zu lassen. Tausende von Bildern expressionistischer, abstrakter, kubistischer oder surrealistischer Kunst kamen dabei zusammen. Die Werke bedeutender Künstler wie Max Ernst, Franz Marc, Emil Nolde, Oskar Kokoschka, George Grosz, Karl Schmidt-Rottluff u.a. wurden auf seine Anordnung hin beschlagnahmt und 1937 in verschiedenen Städten als Ausstellung unter dem Titel »Entartete Kunst« gezeigt. – Zieglers überscharfe Detailmalerei bei weiblichen Akten provozierte den Witz über ihn: »Meister des deutschen Schamhaares.«

Verzeichnis der erwähnten NS-Organisationen

NSDAP:

Neben der Nationalsozialistischen Deutschen Arbeiterpartei (NSDAP) war keiner anderen Gruppe irgendeine politische Betätigung erlaubt. Am 14. Juli 1933 wurde das »Gesetz gegen die Neubildung von Parteien« erlassen, am 1. Dezember 1933 das »Gesetz zur Sicherung der Einheit von Partei und Staat«. Darin wurde die NSDAP zur »Trägerin des Staatsgedankens« erklärt. Durch diese vielfältige Abstützung wuchs die NSDAP zum Organisationszentrum des politischen Lebens in Deutschland, alle »völkischen Führungsaufgaben« lagen in der Hand der Parteihierarchie. Durch ihren gestuften Aufbau konnte sie das Ohr jedes deutschen Volksgenossen erreichen.

Die unterste politische Gruppierung fand sich im »Block« (40-60 Haushaltungen), überwacht vom »Blockleiter«. Er war »Hoheitsträger« der Partei und zugleich der einzige Funktionär, der dauernden persönlichen Kontakt mit den »Volksgenossen« hatte. Verantwortlich war er dafür, daß in seinem Aufsichtsbezirk keine »Reaktion« entstand. Er mußte die Stimmung nach oben melden und andererseits »weltanschauliche Schulung« betreiben. Als das Volk besonders während des Krieges zu murren begann, oblag es ihm, kräftige Propagandaspritzen zu verabfolgen, auf den Retter Hitler und seine großen Taten zu verweisen (vgl. den Witz *352*) und damit die Widerstandskräfte zu stärken. Für Unbelehrbare oder gar Defaitisten wurde er freilich auch zum Schicksal: wer ihm verdächtig vorkam, den konnte er durch einen Wink gegenüber der Geheimen Staatspolizei ins KZ befördern lassen. Es versteht sich, daß bei diesen Verhältnissen das Spitzelwesen blühte und daß mancher aus bloßer Mißgunst denunziert wurde.

Vorgesetzter des Blockleiters war der Zellenleiter; er war für 4-8 Blöcke verantwortlich. Seine politischen Kenntnisse sollten weiter reichen, denn er hatte Schulungsaufgaben gegenüber den Blockleitern. Dazu wurde ihm Propagandamaterial ausgehändigt, so z.B. *Der Schulungsbrief*, das zentrale Monatsblatt der NSDAP und DAF, herausgegeben vom Reichsorganisationsleiter. Die Blockleiterberichte wurden über den Zellenleiter den nächsten Instanzen weitergereicht. Es folgten die Ortsgruppe (höchstens 3000 Haushaltungen), der Kreis und der Gau. Aber selbst in den letztgenannten Bezirken konnten keine selbständigen Entscheidungen getroffen werden; alle Anordnungen kamen wieder von oben, von der Reichsleitung der NSDAP (Sitz München), d.h. eigentlich aus den persönlichen Entscheidungen Hitlers. Alle anderen Instanzen sollten lediglich ausführen und dem Führerwillen Gehorsam verschaffen. Die Reichsleiter der NSDAP waren die obersten Parteiführer; sie hatten als persönliche Beauftragte Hitlers meistens noch Sonderfunktionen, so Robert Ley als Reichsorganisationsleiter der NSDAP und Führer der DAF und Alfred Rosenberg als Leiter der gesamten weltanschaulichen Schulung der NSDAP. Die Partei konnte durch ihren straffen Aufbau jeden Volksgenossen erreichen; die propagandistischen Leitsätze erklangen in kürzester Frist im Großstadthinterhaus wie im letzten Dorf, sobald auf Befehlsempfang geschaltet wurde.

Die Gliederungen der NSDAP

SA (Sturmabteilungen)

Die SA entwickelte sich aus kleinen Kampfgruppen, die den Parteirednern zum Schutz beigegeben wurden, zur braunen Privatarmee Hitlers. Sie wurde so mächtig, daß sie ernstlich mit der Reichswehr rivalisieren konnte und daß sich die Frage erhob, wer »Waffenträger der Nation« sei. Das galt besonders während der ersten Monate der NS-Herrschaft. Stabschef Ernst Röhm, der damals die SA befehligte, träumte wohl von einer Volksarmee, in der Reichswehr und SA aufgehen sollten, und erstrebte vermutlich selbst die Rolle eines Oberbefehlshabers. Jedenfalls fühlte er, daß die SA, die während der »Kampfzeit« bei den Saal- und Straßenschlachten blutige Köpfe bekommen und die Kastanien aus dem Feuer hatte holen dürfen, nach der »Machtübernahme« mit einem Butterbrot abgespeist werden sollte. Die »Revolution« war steckengeblieben, und Hitler verband sich schon zu Beginn seiner Kanzlerschaft in der ihm eigenen skrupellosen Einschätzung der Lage lieber mit der Generalität und Hochfinanz, als weiterhin mit seinen einstigen Kameraden von der Straße zusammenzugehen. Er opferte der Reichswehr seine SA, denn die Militärs erkannten sehr wohl, was ihnen von der Straße drohte. Die Liquidationen vom 30. Juni 1934, denen auch Röhm zum Opfer fiel, brachen das Rückgrat der SA. Sie war hinfort zur Konspiration unfähig. Zudem hatte der neue Stabschef Victor Lutze, im Gegensatz zu Ernst Röhm, nicht das Format, auch nur bescheidener Gegenspieler Hitlers zu sein. Zu dieser ferneren politischen Bedeutungslosigkeit der SA paßte es, daß man sie einerseits als Statisterie bei den Massendemonstrationen besonders der Reichsparteitage zusammentrommelte und sie andererseits für nachmilitärische Schulung und düstere Sonderaufträge wie die Pogrome in der »Reichskristallnacht« (9. 11. 38) benutzte. – Der Stabschef der SA, Victor Lutze, ging übrigens während des Krieges auf streng verpönte Hamstertouren und kam dabei durch einen Verkehrsunfall ums Leben. Es war ein Witz besonderer Art, daß man diesen »Schädling« (wie er hätte genannt werden müssen) durch ein Staatsbegräbnis auszeichnete.

SS (Schutzstaffel)

Der Aufstieg der SS ist mit dem Abstieg der SA verknüpft. Der schwarze Tag der SA am 30. 6. 1934 (s.o.) zeigt es. Die Exekutionen in Süddeutschland wurden von der »Leibstandarte-SS Adolf Hitler« (Kommandeur Sepp Dietrich) durchgeführt und die Berliner Morde in der SS-Kaserne Lichterfelde. Für diese »Treue« (»Meine Ehre heißt Treue«) belohnte Hitler die SS bereits zwei Wochen später, indem er sie zu einer selbständigen Organisation im Rahmen der NSDAP erhob. Nun war der Weg für Heinrich Himmler frei. Er unterstand nicht länger dem Stabschef der SA, sondern Hitler unmittelbar. Zwar war er bereits seit dem 6. Januar 1929 »Reichsführer SS«, jetzt aber konnte er seine Vorstellung von Elite in die Wirklichkeit umsetzen. Himmler wurde 1936 auch Chef der deutschen Polizei und hatte damit die faktische Kontrolle über das ganze Reich, und selbst manche Großbonzen fürchteten diesen undurchsichtigen Mann. Eugen Kogon hat mit der Formel »Der SS-Staat« gekennzeichnet, wohin die Entwicklung ging. Während des Krieges standen die meist besser ausgerüsteten Verbände der Waffen-SS neben der Wehrmacht.

HJ (Hitler-Jugend)

Jede »Bewegung« möchte möglichst rasch den »neuen Menschen« gewinnen, und so hatte die NSDAP bereits vor 1933 eine eigene Jugendorganisation ins Leben gerufen und nach 1933 alle anderen Jugendverbände verdrängt. Die HJ diente vor allem der körperlichen Ertüchtigung, es sollten kämpferische Leidenschaften wachgerufen und gepflegt werden, von »intellektueller Erziehung« hielt Hitler nichts. Das Gewissen war ihm eine »jüdische Erfindung«, das »freie, herrliche Raubtier« galt es in der Jugend wieder heranzuzüchten. Das Gesetz vom 1. 12.1936 gab der HJ die rechtlichen Grundlagen, ihre Erziehungsmacht gegenüber der »Staatsjugend« wahrzunehmen. Alle wurden »erfaßt« und nach Leitbildern geprägt, indem sie körperlicher Ertüchtigung, vielfachen Mutproben, vormilitärischer Ausbildung und weltanschaulicher Schulung unterworfen wurden. Am 25. März 1939 wurde ein weiteres Gesetz erlassen: alle Jugendlichen von 10-18 Jahren waren zum Dienst in der HJ verpflichtet. Der Krieg räumte der HJ-Führung zusätzliche Aufgaben ein: in der Erntehilfe, in der Kinderlandverschickung; bei den Luftwaffen- und Marinehelfern fungierten HJ-Führer als Vorgesetzte.

Gliederung der männlichen Jugend: 10-14jährige Deutsches Jungvolk (DJ); das einzelne Mitglied, das keinen Rang innehatte, hieß Pimpf. 14-18jährige organisierte man in der Hitler-Jugend. – Weibliche Jugend: 10-14jährige Jungmädel (JM), 14-18jährige Bund Deutscher Mädel (BDM), 18-21jährige BDM-Werk »Glaube und Schönheit«.

NSKK (NS-Kraftfahrkorps)

Hitler bemühte sich um die Motorisierung des deutschen Volkes, wofür die Reichsautobahnen und das Volkswagenprojekt zeugen. Freilich waren seine diesbezüglichen Wünsche von Rüstungserwägungen mitbestimmt. Das NSKK sollte seine Motorisierungspläne volkstümlich machen. Außerdem hatte diese Parteigliederung den Auftrag, die technisch interessierten Hitlerjungen, die in der Motor-HJ zusammengefaßt waren, zu betreuen.

NS-Frauenschaft

Hier sammelte man die einfacheren Frauen und beeinflußte sie weltanschaulich. Man hatte in ihnen für die Notzeiten eine stille Reservearmee, die namentlich während des Krieges zu zahllosen Ersatzdiensten herangezogen wurde.

Die angeschlossenen Verbände der NSDAP

NSV (NS-Volkswohlfahrt)

Bereits am 3. Mai 1933 bestimmte Hitler, daß alle sozialen Fürsorgeaufgaben ausschließlich von dieser Organisation wahrgenommen werden sollten, die NSV wuchs daher zu einem gewaltigen Unternehmen mit den Sonderzweigen WHW (Winterhilfswerk) und EHW (Ernährungshilfswerk). »Ein Volk hilft sich selbst« diente als Parole, man rief zu »Feldzügen« gegen Hunger und Kälte auf und übertrug damit militärische Begriffe auch auf das Diakonische. Man muß wissen, daß der NS-Staat aber nur dort half, wo er auch Nutzen erwartete. So galt die Fürsorge der NSV vor allem jungen Menschen, Müttern und Säuglingen, während Alte und Sieche ihn weniger kümmerten. Dieser Gruppe durften sich die Kirchen annehmen, die man im übrigen bezichtigte, ihrer sozialen Verpflichtung nicht nachgekommen zu sein. Die NSV zählte Millionen Mitglieder; manche Menschen hofften, durch Zugehörigkeit zu diesem stärker sozial orientierten Verband einer Mitgliedschaft in der NSDAP entgehen zu können.

KdF siehe unter DAF

DAF (Deutsche Arbeitsfront)

Nach Hitlers Bestallung zum Reichskanzler ließ er die Gewerkschaften zerschlagen und ihr Vermögen beschlagnahmen. Die DAF entstand als Einheitsgewerkschaft mit Führerprinzip. Die Funktionäre wurden von oben beordert und waren keine freigewählten Arbeitervertreter mehr. Die Betriebsräte wurden durch DAF-Funktionäre ersetzt. Auch die Unternehmer traten der Mammutorganisation bei, so daß fortan die Arbeiter ohnehin nicht mehr als Opponenten auftreten konnten. Das Streikrecht erlosch. Erzieherisch bedeutsam wurde, daß die DAF neben der weltanschaulichen Schulung auch »Freizeitgestaltung« erstrebte. Hitler nahm gewerkschaftliche Anregungen auf, ahmte aber auch Versuche seines Diktatorvorbildes Mussolini nach, als er am 28. November 1933 im Rahmen der DAF die NS-Gemeinschaft »Kraft durch Freude« (KdF) ins Leben rief. Nunmehr organisierte man billige Theater- und Varietébesuche, Heimatabende, Wochenendausflüge, richtete den Betriebssport ein und verstärkte den Freizeitsport, um die Arbeitsmoral der deutschen Arbeiter zu heben und so die Produktivität zu steigern, und ermöglichte die noch heute so oft erwähnten KdF-Reisen, für die man eine KdF-Flotte schuf (*Robert Ley, Wilhelm Gustloff*). Ein Propagandaerfolg gelang mit dem KdF-Wagen. Er sollte 990,— RM kosten. Zahlreiche Deutsche hatten den Preis bereits entrichtet, ohne je im Dritten Reich einen Volkswagen zu bekommen; ihre Sparguthaben dienten zum Aufbau des Wolfsburger Werks für Militärfahrzeuge. So hatte der Volkswagen eine kriegstechnische Funktion wie auch die KdF-Flotte als Truppentransporter.

Juristische Dokumente im Zusammenhang mit dem politischen Witz im Nationalsozialismus

(A)

Verordnung des Reichspräsidenten zum Schutze von Volk und Staat
vom 28. Februar 1933
(Reichsgesetzbl. 1933 I S. 83; 1935 I S. 839)

Auf Grund des Artikels 48 Abs. 2 der Reichsverfassung wird zur Abwehr kommunistischer staatsgefährdender Gewaltakte folgendes verordnet:

§ 1.

Die Artikel 114, 115, 117, 118, 123, 124 und 153 der Verfassung des Deutschen Reichs werden bis auf weiteres außer Kraft gesetzt. Es sind daher Beschränkungen der persönlichen Freiheit, des Rechts der freien Meinungsäußerung, einschließlich der Pressefreiheit, des Vereins- und Versammlungsrechts, Eingriffe in das Brief-, Post-, Telegraphen- und Fernsprechgeheimnis, Anordnungen von Haussuchungen und von Beschlagnahmen sowie Beschränkungen des Eigentums auch außerhalb der sonst hierfür bestimmten gesetzlichen Grenzen zulässig.

[. . .]

(B)

Gesetz gegen heimtückische Angriffe auf Staat und Partei und zum Schutz der Parteiuniformen
vom 20. Dezember 1934
(Reichsgesetzbl. I S. 1269)

Die Reichsregierung hat das folgende Gesetz beschlossen, das hiermit verkündet wird:

ARTIKEL 1

§ 1.

(1) Wer vorsätzlich eine unwahre oder gröblich entstellte Behauptung tatsächlicher Art aufstellt oder verbreitet, die geeignet ist, das Wohl des Reichs oder das Ansehen der Reichsregierung oder das der Nationalsozialistischen Deutschen Arbeiterpartei oder ihrer Gliederungen schwer zu schädigen, wird, soweit nicht in anderen Vorschriften eine schwerere Strafe angedroht ist, mit Gefängnis bis zu zwei Jahren und, wenn er die Behauptung öf-

fentlich aufstellt oder verbreitet, mit Gefängnis nicht unter drei Monaten bestraft.

(2) Wer die Tat grob fahrlässig begeht, wird mit Gefängnis bis zu drei Monaten oder mit Geldstrafe bestraft.

(3) Richtet sich die Tat ausschließlich gegen das Ansehen der NSDAP., oder ihrer Gliederungen, so wird sie nur mit Zustimmung des Stellvertreters des Führers oder der von ihm bestimmten Stelle verfolgt.

§ 2.

(1) Wer öffentlich gehässige, hetzerische oder von niedriger Gesinnung zeugende Äußerungen über leitende Persönlichkeiten des Staates oder der NSDAP., über ihre Anordnungen oder die von ihnen geschaffenen Einrichtungen macht, die geeignet sind, das Vertrauen des Volkes zur politischen Führung zu untergraben, wird mit Gefängnis bestraft.

(2) Den öffentlichen Äußerungen stehen nichtöffentliche böswillige Äußerungen gleich, wenn der Täter damit rechnet oder damit rechnen muß, daß die Äußerung in die Öffentlichkeit dringen werde.

(3) Die Tat wird nur auf Anordnung des Reichsministers der Justiz verfolgt; richtet sich die Tat gegen eine leitende Persönlichkeit der NSDAP., so trifft der Reichsminister der Justiz die Anordnung im Einvernehmen mit dem Stellvertreter des Führers.

(4) Der Reichsminister der Justiz bestimmt im Einvernehmen mit dem Stellvertreter des Führers den Kreis der leitenden Persönlichkeiten im Sinne des Absatzes 1.

[. . .]

(C)

Verordnung über außerordentliche Rundfunkmaßnahmen vom 1. September 1939
(Reichsgesetzbl. I S. 1683; 1940 I S. 493)

Im modernen Krieg kämpft der Gegner nicht nur mit militärischen Waffen, sondern auch mit Mitteln, die das Volk seelisch beeinflussen und zermürben sollen. Eines dieser Mittel ist der Rundfunk. Jedes Wort, das der Gegner herübersendet, ist selbstverständlich verlogen und dazu bestimmt, dem deutschen Volke Schaden zuzufügen. Die Reichsregierung weiß, daß das deutsche Volk diese Gefahr kennt, und erwartet daher, daß jeder Deutsche aus Verantwortungsbewußtsein heraus es zur Anstandspflicht erhebt, grundsätzlich das Abhören ausländischer Sender zu unterlassen. Für diejenigen Volksgenossen, denen dieses Verantwortungsbewußtsein fehlt, hat der Ministerrat für die Reichsverteidigung die nachfolgende Verordnung erlassen. Der Ministerrat für die Reichsverteidigung verordnet für das Gebiet des Großdeutschen Reichs mit Gesetzeskraft:

§ 1.

Das absichtliche Abhören ausländischer Sender ist verboten. Zuwiderhandlungen werden mit Zuchthaus bestraft. In leichteren Fällen kann auf Gefängnis erkannt werden. Die benutzten Empfangsanlagen werden eingezogen.

§ 2.

Wer Nachrichten ausländischer Sender, die geeignet sind, die Widerstandskraft des deutschen Volkes zu gefährden, vorsätzlich verbreitet, wird mit Zuchthaus, in besonders schweren Fällen mit dem Tode bestraft.

[. . .]

§ 6.

Der Reichsminister für Volksaufklärung und Propaganda erläßt die zur Durchführung dieser Verordnung erforderlichen Rechts- und Verwaltungsvorschriften, und zwar, soweit es sich um Strafvorschriften handelt, im Einvernehmen mit dem Reichsminister der Justiz.

(D)

§ 5.

Zersetzung der Wehrkraft

(1) Wegen Zersetzung der Wehrkraft wird mit dem Tode bestraft:

1. wer öffentlich dazu auffordert oder anreizt, die Erfüllung der Dienstpflicht in der deutschen oder verbündeten Wehrmacht zu verweigern, oder sonst öffentlich den Willen des deutschen oder verbündeten Volkes zur wehrhaften Selbstbehauptung zu lähmen oder zu zersetzen sucht;
2. wer es unternimmt, einen Soldaten oder Wehrpflichtigen des Beurlaubtenstandes zum Ungehorsam, zur Widersetzung oder zur Tätlichkeit gegen einen Vorgesetzten oder zur Fahnenflucht oder unerlaubten Entfernung zu verleiten oder sonst die Manneszucht in der deutschen oder verbündeten Wehrmacht zu untergraben;
3. wer es unternimmt, sich oder einen anderen durch Selbstverstümmelung, durch ein auf Täuschung berechnetes Mittel oder auf andere Weise der Erfüllung des Wehrdienstes ganz, teilweise oder zeitweise zu entziehen.

(2) In minder schweren Fällen kann auf Zuchthaus oder Gefängnis erkannt werden.

(3) Neben der Todes- und der Zuchthausstrafe ist die Einziehung des Vermögens zulässig.

[. . .]

§ 5 stellt die Zersetzung der Wehrkraft unter Strafe. Er ergänzt und ersetzt zu einem Teil die dem Schutze der Wehrkraft dienenden Vorschriften des RStGB und des MStGB. Abs. 1 dient in seiner Nr. 1 dem Kampf gegen die Zersetzung des völkischen Wehrwillens. Die Erfahrungen des Weltkrieges haben gelehrt, daß der geschlossene Einsatz des gesamten Volkes, das hinter der Wehrmacht steht, den Ausgang eines Krieges entscheiden kann. § 5 zieht aus dieser Erfahrung Folgerungen für den Strafschutz.

In seinem ersten Teiltatbestand trifft Abs. 1 Nr. 1 die öffentliche Aufforderung und Anreizung, die Erfüllung der Dienstpflicht in der deutschen oder einer verbündeten Wehrmacht zu verweigern. Darunter fällt sowohl die Aufforderung, sich zur Musterung nicht zu stellen, wie auch die Aufforderung, daß Soldaten, die ihre Dienstpflicht erfüllen, die weitere Erfüllung verweigern sollen. Im zweiten Teiltatbestand der Nr. 1 ist für strafbar erklärt, wer in anderer Weise öffentlich den Willen des deutschen oder verbündeten Volkes zur wehrhaften Selbstbehauptung zu lähmen oder zu zersetzen sucht. Öffentlich im Sinne dieser Bestimmung handelt auch, wer sich gegenüber einer unbestimmten Anzahl von Personen nacheinander zersetzend äußert oder wer sich zwar an einen bestimmten Kreis wendet, aber damit rechnet, daß seine Äußerungen in die Öffentlichkeit dringen. Die Fälle der Zersetzung des Wehrwillens lassen sich nicht abschließend aufzählen; sie können nur durch eine weite Fassung der Vorschrift getroffen werden.

Durch die weite Fassung des § 5 Abs. 1 Nr. 1 (2. Halbsatz) werden die Bestimmungen des Gesetzes gegen heimtückische Angriffe auf Staat und Partei und zum Schutze der Parteiuniform vom 20. 12. 1934 (RGBl. I S. 1269) nur insoweit berührt, als der Täter durch seine – öffentlich erfolgten – zersetzenden Äußerungen den Wehrwillen des deutschen Volkes treffen will. Der Tatbestand des § 5 Abs. 1 Nr. 1 ist daher im Verhältnis zum Heimtückegesetz eng auszulegen. Für Vergehen gegen dieses Gesetz bleiben die Gerichte der allgemeinen Gerichtsbarkeit weiterhin zuständig, soweit nicht ohnehin die Zuständigkeit der Wehrmachtsgerichte begründet ist.

[S. 52f.]

(E)
§ 6
Unerlaubte Entfernung und Fahnenflucht
I. Die §§ 64, 67, 70 des Militärstrafgesetzbuchs sind in folgender Fassung anzuwenden:
§ 64
Wer unbefugt seine Truppe oder Dienststelle verläßt oder ihr fernbleibt und vorsätzlich oder fahrlässig länger als einen Tag abwesend ist, wird wegen unerlaubter Entfernung mit Gefängnis oder Festungshaft bis zu zehn Jahren bestraft. In minder schweren Fällen kann die Strafe bis auf vierzehn Tage geschärften Arrestes ermäßigt werden.
§ 67
Freiheitsstrafe von einem Jahr bis zu zehn Jahren tritt ein, wenn die unbefugte Abwesenheit länger als drei Tage dauert.
§ 70
Bei Fahnenflucht ist auf Todesstrafe oder auf lebenslanges oder zeitiges Zuchthaus zu erkennen.

[S. 49]

(F)
Beschluß des Großdeutschen Reichstags
vom 26. April 1942 (Reichsgesetzbl. I S. 247)
Der Großdeutsche Reichstag hat in seiner Sitzung vom 26. April 1942, auf Vorschlag des Präsidenten des Reichstags, die vom Führer in seiner Rede in Anspruch genommenen Rechte einmütig durch nachfolgenden Beschluß bestätigt:
»Es kann keinem Zweifel unterliegen, daß der Führer in der gegenwärtigen Zeit des Krieges, in der das deutsche Volk in einem Kampf um Sein oder Nichtsein steht, das von ihm in Anspruch genommene Recht besitzen muß, alles zu tun, was zur Erringung des Sieges dient oder dazu beiträgt. Der Führer muß daher – ohne an bestehende Rechtsvorschriften gebunden zu sein – in seiner Eigenschaft als Führer der Nation, als Oberster Befehlshaber der Wehrmacht, als Regierungschef und oberster Inhaber der vollziehenden Gewalt, als oberster Gerichtsherr und als Führer der Partei jederzeit in der Lage sein, nötigenfalls jeden Deutschen – sei er einfacher Soldat oder Offizier, niedriger oder hoher Beamter oder Richter, leitender oder dienender Funktionär der Partei, Arbeiter oder Angestellter – mit allen ihm geeignet erscheinenden Mitteln zur Erfüllung seiner Pflichten anzuhalten und bei Verletzung dieser Pflicht nach gewissenhafter Prüfung

ohne Rücksicht auf sogenannte wohlerworbene Rechte mit der ihm gebührenden Sühne zu belegen, ihn im besonderen ohne Einleitung vorgeschriebener Verfahren aus seinem Amte, aus seinem Rang und seiner Stellung zu entfernen.«
Im Auftrag des Führers wird dieser Beschluß hiermit verkündet.
Der Reichsminister und Chef der Reichskanzlei

[S. 73]

(G)
Erlaß des Oberbefehlshabers der Kriegsmarine
vom 27. April 1943
Fahnenflucht ist eins der schimpflichsten soldatischen Verbrechen, ein Treubruch gegenüber dem Führer, den Kameraden und der Heimat. Wer die Fahne verläßt, schwächt die deutsche Kampfkraft und unterstützt den Feind. Fahnenflucht trägt den Keim zu weiteren Straftaten notwendig in sich. Auf ehrliche Weise kann ein Fahnenflüchtiger seinen Lebensbedarf nicht beschaffen. Mit Recht wird die Fahnenflucht daher scharf bestraft. Aus den mir vorgelegten Urteilen habe ich festgestellt, wie gering oft der Anlaß zu einer Fahnenflucht mit ihren schwerwiegenden Folgen ist: Heimweh, Liebeskummer, mangelnde Einordnungsbereitschaft, ungeschickte Behandlung, Furcht vor disziplinarer oder gerichtlicher Strafe. *Keiner* dieser oder ähnlicher Gründe rechtfertigt ein Weglaufen von der Truppe. Fahnenflucht kann den beklagten Zustand nicht beseitigen, sondern nur verschlimmern. Darüber ist sich anscheinend nicht jeder Fahnenflüchtige klar.
Ich befehle daher:
1. Alle Angehörige der Kriegsmarine (einschließlich des Gefolges) sind durch die Disziplinarvorgesetzten vierteljährlich auf Grund dieses Erlasses über die Bedeutung der Fahnenflucht und ihrer Folgen eingehend zu belehren. Jeder einzelne muß genau wissen: Fahnenflucht kostet den Kopf. Nur sofortige *freiwillige* Rückmeldung innerhalb einer Woche nach der Tat ermöglicht eine mildere Beurteilung.
2. Wer dennoch Fahnenflucht begeht, ist unerbittlich hart zu verfolgen. Ich erwarte, daß die Kriegsgerichte das Versagen solcher treulosen Schwächlinge allein an der bis zum Tode getreuen Einsatzbereitschaft aller anständigen Soldaten messen.
Ich selbst werde in diesen Fällen jeden Gnadenerweis für einen Fahnenflüchtigen ablehnen.

[S. 78f.]

(H)

Verordnung des Führers zum Schutz der Sammlung von Wintersachen für die Front vom 23. Dezember 1941 (Reichsgesetzbl. I S. 797)

Die Sammlung von Wintersachen für die Front ist ein Opfer des deutschen Volkes für seine Soldaten. Ich bestimme daher:

Wer sich an gesammelten oder vom Verfügungsberechtigten zur Sammlung bestimmten Sachen bereichert oder solche Sachen sonst ihrer Verwendung entzieht, wird mit dem Tode bestraft.

Diese Verordnung tritt mit der Verkündung durch Rundfunk in Kraft. Sie gilt im Großdeutschen Reich, im Generalgouvernement und in den von deutschen Truppen besetzten Gebieten.

Der Führer

Der Reichsminister und Chef der Reichskanzlei

[S. 73]

(I)

Verordnung des Führers zum Schutz der Sammlung von Kleidung und Ausrüstungsgegenständen für die Wehrmacht und den Deutschen Volkssturm vom 10. Januar 1945 (Reichsgesetzbl. I S. 5)

Die Sammlung von Kleidung und Ausrüstungsgegenständen ist ein erneutes Opfer des Deutschen Volkes für seine Soldaten. Ich bestimme daher:

Wer sich an gesammelten oder vom Verfügungsberechtigten zur Sammlung bestimmten Sachen bereichert oder solche Sachen sonst ihrer Verwendung entzieht, wird mit dem Tode bestraft.

Diese Verordnung tritt mit ihrer Verkündung durch Rundfunk in Kraft. Sie gilt im Großdeutschen Reich, im Generalgouvernement und in den von deutschen Truppen besetzten Gebieten.

Der Führer

Der Reichsminister und Chef der Reichskanzlei

[S. 75]

(K)

§ 4

Verbotener Umgang mit Kriegsgefangenen

(1) Wer vorsätzlich gegen eine zur Regelung des Umgangs mit Kriegsgefangenen erlassene Vorschrift verstößt oder sonst mit einem Kriegsgefangenen in einer Weise Umgang pflegt, die das gesunde Volksempfinden gröblich verletzt, wird mit Gefängnis, in schweren Fällen mit Zuchthaus bestraft.

(2) Bei fahrlässigem Verstoß gegen die zur Regelung des Um-

gangs mit Kriegsgefangenen erlassenen Vorschriften ist die Strafe Haft oder Geldstrafe bis zu einhundertfünfzig Reichsmark.

[S. 72]

Die Dokumente D bis K wurden entnommen aus:

Das Wehrmachtstrafrecht im 2. Weltkrieg. Sammlung der grundlegenden Gesetze, Verordnungen und Erlasse. Bearbeitet von Rudolf Absolon. Bundesarchiv, Abt. Zentralnachweisstelle, Kornelimünster, 1958.

Vgl. dazu auch *Militärstrafgesetzbuch nebst Kriegssonderstrafrechtsordnung.* Erläutert von Prof. Dr. Erich Schwinge. Berlin, [6]1944.

Ferner: *Militärstrafgesetzbuch mit besonderer Berücksichtigung der Rechtsprechung des früheren Reichsmilitärgerichts und des Reichsgerichts in Strafsachen.* Erläutert von Oberkriegsgerichtsrat Martin Rittau. Leipzig, [2]1935.

Zum Komplex insgesamt vergleiche auch M. Messerschmidt / F. Wüllner: *Die Wehrmachtjustiz im Dienste des Nationalsozialismus. Zerstörung einer Legende.* Baden-Baden, 1987.

Die Verfasser zeigen, wie die Juristen es nach 1945 fertigbrachten, sich als »Widerstand« zu stilisieren, und daß erst Rolf Hochhuths Angriff auf das Verhalten dieser Berufsgruppe im Dritten Reich eine kritische Forschung über sie in Gang brachte (S. 16). Hochhuth hatte von den »furchtbaren Juristen« gesprochen und sich auf den damaligen CDU-Ministerpräsidenten von Baden-Württemberg, Hans Filbinger, bezogen, der als Richter bei der Kriegsmarine noch im Mai 1945 das Gesetz als Terrorinstrument gegen die Soldaten handhabte. Nach der Übersicht von Messerschmidt/Wüllner wurden im Ersten Weltkrieg 48 Todesurteile gegen Militärangehörige vollstreckt, während es im Zweiten Weltkrieg 50.000 gewesen seien (S. 25). Daher vermitteln die ausgewählten Gesetzestexte Informationen über die atmosphärischen Bedingungen, unter denen der Flüsterwitz im Dritten Reich entstand. – Vgl. dazu auch Ingo Müller: *Furchtbare Juristen. Die unbewältigte Vergangenheit unserer Justiz.* München, 1987.

Literatur in Auswahl

A. Allgemeine Literatur

Freud, S.: *Der Witz und seine Beziehung zum Unbewußten.* In: *Ges. Werke*, Bd. 6, Frankfurt/M., 1969.

Jean Paul: *Vorschule der Ästhetik* (1804). In: *Ges. Werke*, München, 1974.

Kalkschmidt, E.: *Deutsche Freiheit und deutscher Witz. Ein Kapitel Revolutions-Satire aus der Zeit 1830-1850.* Hamburg, 1928.

Kant, I.: *Kritik der Urteilskraft* (1790). In: *Kant: Werke*, hg. v. W. Weischedel, Band X., Frankfurt/M., 1968.

Lipps, Th.: *Komik und Humor. Eine psychologisch-ästhetische Untersuchung.* Leipzig, 1924.

Plessner, H.: *Lachen und Weinen.* Bern, [2]1950.

Preisendanz, W.: »Über den Witz« (= Konstanzer Universitätsreden, 13). Konstanz, 1970.

Röhrich, L.: *Der Witz. Figuren, Formen, Funktionen.* Stuttgart, 1977.

(Das Buch von R. läßt sich als Standardwerk über den Witz und seine literarischen Abgrenzungen bezeichnen. Die Spezialbibliographie enthält mehrere hundert Verweise.)

Schmidt-Hidding, W.: *Humor und Witz* (= *Europäische Schlüsselwörter*, Bd. 1). München, 1963.

Schöffler, H.: *Kleine Geographie des deutschen Witzes.* Göttingen, 1964.

Schweizer, R.: *Der Witz.* Bern/München, 1964.

Thiele-Dohrmann, K.: *Unter dem Siegel der Verschwiegenheit. Die Psychologie des Klatsches.* Düsseldorf, 1975.

Vischer, Fr. Th.: *Über das Erhabene und Komische. Ein Beitrag zur Philosophie des Schönen* (1836), Neudruck, Frankfurt/M., 1967.

B. Literatur zum politischen Witz

(An den Erscheinungsdaten und -orten ist abzulesen, welche politischen Witze gegen die Nazis von Emigranten veröffentlicht wurden.)

Brandt, H.-J.: *Witz mit Gewehr.* Stuttgart, 1965.

Buchele, M.: »Der politische Witz als getarnte Meinungsäußerung gegen den totalitären Staat. Ein Beitrag zur Phänomenologie und Geschichte des inneren Widerstandes im Dritten Reich.« München, Phil. Diss., 1955.

Cerf, B. A.: *The Pocket Book of War Humor*. New York, 1943.

Danimann, F.: *Flüsterwitze und Spottgedichte unterm Hakenkreuz*. Wien/Köln/Graz, 1983.

Dor, M./Federmann, R.: *Der politische Witz*. München, 1964.

Fricke, K.W.: »Witz als Waffe« in: *Deutsche Rundschau*, 78, (1952).

Friedrich, E.: *Man flüstert in Deutschland*. 2 Hefte, Paris/Prag, 1934.

Hanfstaengl, E.: *Hitler in der Karikatur der Welt. Tat gegen Tinte. Ein Bildsammelwerk*. Berlin, 1933.

Harden, H.: *Als wir alle Nazis waren. Notizen eines Zeitgenossen*. Öhringen, 1952.

Hartmann, R. (Hg.): *Flüsterwitze aus dem Tausendjährigen Reich*. Gesammelt v. F. Goetz. München, [2]1983.

Hermes, R.: *Witz contra Nazi. Hitler und sein Tausendjähriges Reich*. Hamburg, 1946.

Hessenstein, A.: *Jokes on Hitler. Underground whispers from the land of the Concentration Camp*. London, 1939.

Hirche, K.: *Der »braune« und der »rote« Witz*. Düsseldorf, 1964.

Hoffmann, O.: *Witze, Karikaturen und sonstige Ergötzlichkeiten aus dem Dritten Reich*. Cassarate, [2]1935 (Libreria Internazionale).

Kerr, A.: *Die Diktatur des Hausknechts*. Bruxelles, 1934.

Klemperer, V.: *LTI (Lingua Tertii Imperii)*. Berlin, 1974.

Königswarter, W.: *Der Witz als Waffe*. Hannover/Frankfurt, 1947.

Meyer, J. A.: *Vox populi. Geflüstertes. Die Hitlerei im Volksmund*. Heidelberg, 1946.

Picton, H.: *Nazis and Germans. A record of personal experience*. London, 1940.

Poddel, P.: *Flüsterwitze aus brauner Zeit*. München, 1954.

Ronge, P.: »Flüsterwitze« in: *Aufbau*, H. 2, 1946.

Shaw, B.D.: *Is Hitler Dead? and Best Anti-Nazi-Humor*. New York, 1939.

Strohmeyer, K. (Hg.): *Zu Hitler fällt mir noch ein . . . Satire als Widerstand*. Reinbeck, 1989.

Vandrey, M.: *Der politische Witz im Dritten Reich*. München, 1967.

Willenbacher, J.: *Deutsche Flüsterwitze. Das Dritte Reich unterm Brennglas*. Karlsbad, 1935.

Register

Das Dritte Reich im Überblick

Chronik · Ereignisse · Zusammenhänge
Herausgegeben von Martin Broszat und Norbert Frei
in Verbindung mit Wolfgang Benz, Manfred Funke,
Hermann Graml, Lothar Gruchmann, Ludolf Herbst,
Hartmut Mehringer, Günter Plum, Werner Röder,
Albrecht Tyrell
335 Seiten. Serie Piper 1091

Dieser Band ist Nachschlagewerk und Gesamtdarstellung in einem: In zwölf Studien beschreiben ausgewiesene Sachkenner die einzelnen Phasen und die wichtigsten Aspekte des nationalsozialistischen Herrschaftssystems, seine Zielsetzungen, die Innen- wie die Außenpolitik. Kernstück des Buches ist eine ausführliche Chronik aller wesentlichen Daten und Fakten des Dritten Reiches.

Inhalt:

Das Dritte Reich als Gegenstand historischen Fragens · Das Scheitern der Weimarer Republik und der Aufstieg der NSDAP
Übernahme und Sicherung der Macht 1933/34
Konsolidierung und Konsens 1934–1939 · Deutschland im Krieg 1939–1945 · Hitler, die Partei und die Institutionen des Führerstaates · Das weltanschauliche und gesellschaftliche Kräftefeld · Gegner, Widerstand, Emigration · Die Juden im NS-Staat · Großmachtpolitik und Weltmachtstreben
NS-Besatzungspolitik und Résistance in Europa
Die Kapitulation und ihre Folgen
Die NSDAP in der Weimarer Republik · Das Dritte Reich